ऑफ़ द कैमरा

ऑफ़ द कैमरा

टीवी रिपोर्टिंग के किस्से

ब्रजेश राजपूत

मंजुल पब्लिशिंग हाउस

मंजुल पब्लिशिंग हाउस

कॉरपोरेट एवं संपादकीय कार्यालय

•द्वितीय तल, उषा प्रीत कॉम्प्लेक्स, 42 मालवीय नगर, भोपाल-462 003

विक्रय एवं विपणन कार्यालय

•सी-16, सेक्टर 3, नोएडा, उत्तर प्रदेश, 201301

वेबसाइट : www.manjulindia.com

वितरण केन्द्र

अहमदाबाद, बेंगलुरू, भोपाल, कोलकाता, चेन्नई,
हैदराबाद, मुम्बई, नई दिल्ली, पुणे

ऑफ़ द कैमरा

कॉपीराइट © 2022 ब्रजेश राजपूत

सर्वाधिकार सुरक्षित

यह संस्करण 2022 में पहली बार प्रकाशित
द्वितीय आवृत्ति 2022

ISBN 978-93-5543-092-2

यह किताब रजनी, बेटू और बुलबुल के हिस्से की है...
मगर मध्य प्रदेश के ज़िलों के मेरे साथी भी परिवार का हिस्सा हैं
तो यह किताब उनकी भी है...

अनुक्रम

अपनी बात

करीब तीन साल पहले जब *ऑफ़ द स्क्रीन* में टीवी रिपोर्टिंग के क़िस्से सुनाए गए तब पढ़कर पाठकों ने यही कहा कि अरे! आप टीवी रिपोर्टर तो बड़ी मेहनत करते हैं। लगा, संदेश सही जगह पहुंचा, क्योंकि टीवी स्क्रीन पर कुछ सेकेंडों या मिनट की स्टोरी में रिपोर्टर व कैमरामैन की लंबी भागदौड़ मारामारी होती ही है, अब यह सब जानने लगे हैं।

रिपोर्टिंग में लंबा वक़्त बिताने के बाद मैं मानता हूं कि टीवी रिपोर्टर पर्दे पर जो दिखाता है वो कई दफ़ा इससे भी आगे जाता है। वो मौक़े पर सबसे पहले पहुंच कर आख़िर तक वहां रहता है। वहां घटने वाली हर छोटी-बड़ी घटना को वो गहराई से देखता-परख़ता है। उसके पास घटना से जुड़ी इतनी जानकारी होती है जो वो टीवी के तेज़ माध्यम में अक्सर नहीं बता पाता। मगर हर घटना एक रोचक क़िस्सा है। उसकी क़िस्सागोई अच्छा रिपोर्टर ही कर सकता है, चाहे उसे टीवी पर सुना दे, अख़बार में लिख दे और ना हो तो फिर *ऑफ़ द स्क्रीन* के तौर पर एक यादगार किताब पाठकों के हाथ में दे दे।

इस नई *ऑफ़ द स्क्रीन* में रिपोर्टिंग के भागादौड़ी के क़िस्से तो हैं ही साथ ही किसी घटना को देखने का रिपोर्टर का नजरिया भी नया है। इसमें कोरोना की मार्मिक कथाएं हैं तो मध्यप्रदेश में 2020 में हुए सत्ता परिवर्तन की उठापटक, उनके उपचुनाव और फिर बीजेपी की वापसी के किस्से हैं। साथ में ही कुछ श्रद्धांजलियां भी हैं अपनों को।

उम्मीद है *ऑफ़ द कैमरा* आपको पसंद आएगी।

पुस्तक की प्रशंसा में

कभी कलम ज़बान हुआ करती थी, अब कैमरा आंख है। सत्ता का इन दोनों से बैर है। उसे बिना ज़बान की भीड़ और बगैर आंख के लोग हमेशा अच्छे व निरापद लगते हैं। इसलिए ही तो दुष्यंत कुमार को ज़रूरी लगा यह लिखना : 'तेरा निजाम है सिल दे ज़बान शायर की, ये एहतियात ज़रूरी है इस बहर के लिए।' लेकिन उन्हें पता था कि ना ज़बान कभी सिली जा सकी है, ना आंखें कभी हमेशा के लिए बंद की जा सकी हैं। इसलिए साथ ही यह भी लिखा उन्होंने : 'वो मुतमईन हैं कि पत्थर पिघल नहीं सकता, मैं बेकरार हूं आवाज़ में असर के लिए।' ब्रजेश ऐसे ही गिनती के बेकरार लोगों में एक हैं जिनका लिखा पढ़ कर समझ में आता है कि हमारे पास एक सच्चाई पहुंचाने के लिए रिपोर्टर को कितनी सच्चाइयों की खाई-खंदक पार करनी पड़ती है। इसलिए कभी कहीं लिखा था मैंने, उसे फिर से लिखता हूं कि कागज़ का हो या टीवी के परदे का, रिपोर्टर तब सबसे आसान काम करता है, जब वह वह लिखता या दिखाता है कि जो है नहीं; और सबसे मुश्किल काम तब कर रहा होता है, जब वह वह लिखता या दिखाता है जिसे सब दबाने या छिपाने में लगे होते हैं। ब्रजेश की इस किताब में आप ऐसे प्रसंगों से रू-ब-रू होंगे, जो बता सकेंगे कि सच कितनी अजीब शै है – 'सच घटे या बढ़े तो सच ना रहे,झूठ की कोई इंतहा ही नहीं!'

मुझे ब्रजेशजी की कलम व कैमरे से ऐसे ही सच की उम्मीद रहती है।

—कुमार प्रशांत
गांधी शांति प्रतिष्ठान

हमारे समय के संजीदा और प्रखर पत्रकारों में एक ब्रजेश राजपूत पहले भी अपने किताबों में पत्रकारिता के पीछे का सच बताते रहे हैं। उनकी यह

पांचवीं किताब पिछली किताबों से कई मायनों में अलग है। यह किताब उस दुनिया का सच बताती है हम जिसे छोड़ते और भूलते जा रहे हैं। इस किताब में जो कहानियां हैं, वे सब उनकी टीवी रिपोर्ट का हिस्सा नहीं बन सकीं, क्योंकि एक माध्यम के रूप में टीवी की अपनी सीमाएं हैं। मगर ब्रजेश ने ये कहानियां बचाए रखीं और अब इस किताब में इन्हें पढ़ते हुए एक तरह का सुकून भी होता है और एक तरह की बेचैनी भी। बेचैनी इस बात की कि हमारे समाज में ऐसी सच्चाइयां बची हुई हैं और सुकून इस बात का कि इसे लिखने वाले लोग भी बचे हुए हैं। हमारे समय में बहुत सारे सवालों से घिरी पत्रकारिता के भीतर अगर गर्व और आत्मसम्मान के कुछ अवसर पैदा होते हैं तो ऐसी किताबों की वजह से भी, जो बताती हैं कि हालात जो भी हों, बहुत सारे पत्रकार अपना काम कर रहे हैं। मुझे भरोसा है कि यह किताब पढ़ी जाएगी और जिस दुनिया से लोग आंख मिलाने से बचते हैं, उस दुनिया से आंख मिलाने पर उन्हें मजबूर करेगी।

—प्रियदर्शन
वरिष्ठ पत्रकार और लेखक

एक बार फिर ब्रजेश राजपूत एक मंजे हुए लेखक के रूप में! क़िस्सागोई और ज़बरदस्त अंदाज़-ए-बयां। ब्रजेश के लेखन में दुःख-सुख, राजनीति के उतार-चढ़ाव व अनेक घटनाओं का जीवंत वर्णन वह भी साक्षी भाव से; वे तमाम चीज़ें, जो टीवी रिपोर्टर ख़बर करने की भाग-दौड़ और रिपोर्ट में नहीं बता पाता है। एक बेहतरीन प्रस्तुति।

—रशीद किदवई
लेखक और राजनीतिक विश्लेषक

ब्रजेश राजपूत कुछ भी लिखें उसमें कुछ तत्व अनिवार्यतः मिलेंगे - ज़बरदस्त पठनीयता, शब्दों से दृश्य और भावनाएं उकेरने की कला, बारीक़ ब्योरों के साथ ही मनोभावनाओं को पकड़ने की गहरी संवेदनशीलता, जो इतने दशकों से रिपोर्टिंग करते हुए भी ना घटी है ना थकी है। ब्रजेश की यह पांचवीं कृति हमें घटनाओं और ख़बरों के साथ-साथ उनके नेपथ्य की उन सच्चाइयों से रूबरू करवाती है जो कैमरे की पहुँच से परे रहती हैं।

ये छोटी सच्ची कहानियां सिद्ध करती हैं कि इतने सालों बाद भी ब्रजेश की मानवीय संवेदना, लेखकीय दक्षता, सजग दृष्टि तथा सधी हुई चिंतनशीलता उसके अनुभव, समझ की गहराई और सरोकारों की तरह ही निरंतर विकसित और विस्तारित हुई है।

'मामा' के लिए राखी और आशाओं की थाली लेकर गई शिक्षिका की निराशा और दुर्दशा का मार्मिक वर्णन हो या नदी के कुछ घंटों के उफान से ही घर-गृहस्थियों के नष्ट होने के बावजूद किसानों का अटूट मनोबल, ज़िंदगियां लील गए अंधे कुएं की विनाशलीला की करुण कथा, ब्रजेश की निगाहें, दिल और कलम सबको अपनी सहज सहानुभूति में समेटते हैं। बधाई ब्रजेश!

—राहुल देव
वरिष्ठ पत्रकार और विश्लेषक

1
___

किस धातु का बना है
ग्रुप कैप्टन वरुण का परिवार

वो तकरीबन मेरी करेली जाने वाली ट्रेन का टाइम हो ही गया था। जब मैं घर से बैग लेकर नीचे उतर रहा था। तभी आफिस का फोन बजा। सर, वरुण सिंह की अंत्येष्टि कल भोपाल में होने की खबर आ रही है जरा पता करिये ना। बस फिर क्या था चलती गाड़ी में बैठते ही इनर कोर्ट में रहने वाले कर्नल केपी सिंह के पड़ोसी को फोन लगाया ही था कि उन्होंने फोन उठाते ही कहा आपने सही सुना, कल सब यहीं आ रहे हैं, और अंत्येष्टि परसों होगी। अगला फोन कलेक्टर भोपाल को था, उन्होंने भी खबर की पुष्टि की, तब तक हबीबगंज अरे नहीं! रानी कमलापति स्टेशन का गेट आ गया था। मैंने गाड़ी मुड़वायी और वापस घर आ गया। आफिस को ये खबर बतायी तो अगले दो दिन मुस्तैदी से तैनात रहने का आर्डर मिल गया।

अगले दिन दोपहर दो बजे से मीडिया तैनात था। भोपाल के पुराने एयरपोर्ट के कार्गो के गेट पर, जहां से विशेष विमान से ग्रुप कैप्टन वरुण सिंह की पार्थिव देह आने वाली थी। भोपाल के ईएमई सेंटर और एयरफोर्स के ढेर सारे अफसरों के अलावा भोपाल के प्रशासनिक अफसरों की भीड़ के बीच जब काले ताबूत में रखी वरुण सिंह की पार्थिव देह आयी तो थोड़ी देर पहले तक जगह बनाने के लिए धक्का मुक्की कर रहे मीडिया के कैमरे सन्नाटे में हो गये। दो टेबलों को जोड़ कर बने अस्थायी मंच पर काले ताबूत पर सफेद कागज की बड़ी पर्ची लगी थी। ग्रुप कैप्टन वरुण सिंह शौर्य चक्र

15

फिर उनका सर्विस नंबर 27987 एएफपी। ताबूत के पास ही थी वरुण सिंह की बोलती हुई तस्वीर। ताबूत के ऊपर उनका कैप और बैच भी रखे गये। इस ताबूत के पास ही गमगीन खड़ा था वीर सैनिक का परिवार। पिता केपी सिंह, मां, वरुण की पत्नी, दो छोटे बच्चे और भाई तनुज सिंह। सब उदास और गमगीन, ऐसा लगता था कि आंसू सबकी आंखों में सूख गये थे। सच में आठ तारीख के हेलीकॉप्टर हादसे में जख्मी होने के बाद से अगले आठ दिन तक वरुण ने मौत को हराया। वरना जलते हेलीकॉप्टर से कोई जिंदा बचता है क्या। केपी सिंह ने कहा भी कि वो तो फाइटर था, आठ दिन लड़ता रहा मौत से। उसकी इस जिजीविषा पर डॉक्टर भी हैरान थे। मगर भगवान को शायद ये मंजूर नहीं था और वो हमारे बीच नहीं रहा।

रीथ सेरेमनी यानि की फूलों के गोल चक्र को ताबूत पर चढ़ाकर सम्मान देने के बाद वरुण की देह को सेना के सजे ट्रक में रख कर उनके घर सन सिटी इनर कोर्ट तक लाया गया। रास्ते भर लोग खड़े थे अपने वीर सैनिक के दर्शन करने के लिये। किसी के हाथ में फूल थे तो कोई हाथ जोड़कर ही खड़ा था। अपार्टमेंट में ले जाने से पहले वरुण की बहन दिव्या ने उस ताबूत की आरती उतार कर टीका लगाया, ठीक वैसा ही जैसा किसी सैनिक के मोर्चे पर जाने से पहले और लौट कर आने पर घर के लोग करते हैं। पूरे परिसर में जगह-जगह वरुण के पोस्टर ही लगे थे। लोग दुख और गम से भरे थे। अधिकतर लोग इस बात से हैरान थे कि उनको मालुम ही नहीं कि इस कैंपस में ऐसा वीर परिवार रहता है जिसके पिता आर्मी तो एक बेटा एयरफोर्स और एक नेवी में था। और जब ये बात मालुम चली तो शौर्य चक्र विजेता वरूण सिंह उनके बीच नहीं रहे।

अगला दिन और दुख भरा था। बैरागढ़ के श्मशान घाट पर ग्यारह बजे वरुण सिंह का शव सजे हुये ट्रक से आ चुका था। यहां पर एक बार फिर से रीथ सेरेमनी हुई। ये शहीद जवान को अंतिम विदाई देने का क्षण था। वरुण के साथी पायलट दूर दूर से बहादुर दोस्त को आखिरी सैल्यूट करने आये थे। सबकी आंखें नम थीं। सबके पास अपने साथी को लेकर ढेर सारी बातें और किस्से थे, जो रह रहकर याद आ रहे थे। मगर देश को अपना सर्वोच्च बलिदान देकर वरुण तो अपने साथियों को बहुत पीछे छोड़कर निकल गया था।

शमशान घाट के शेड में जब वरुण का शव गोकाष्ट से सजी चिता पर रखा गया। तो माहौल और भावुक हो उठा। भारत माता की जय और जब तक सूरज चांद रहेगा, वरुण तेरा नाम रहेगा जैसे नारों के बीच जैसे ही वरुण के भाई तनुज और उनके बेटे ने चिता को मुखाग्नि दी तो अब तक आंसू रोक कर खड़े वरुण के परिजनों के सब्र का बांध टूट पड़ा। पिता केपी सिंह, मां उमा और पत्नी गीतांजलि के आंसू छलक उठे। थोड़ी देर बाद ही तनुज भी अपने को रोक ना सके और चिता के करीब बैठकर ही फफक पड़े।

सच है देश ने वीर सैनिक को खोया, मगर इस बहादुर परिवार ने तो बेटा, पति, भाई और पिता खोया है। इस कमी को कभी कोई भी पूरा नहीं कर सकता। ये वहां मौजूद हर शख्स जानता था। मगर सेना का परिवार किसी और ही धातु का बना होता है, ये पता मुझे तब चला, जब उनके पिता ने अंत्येष्टि के बाद मुझसे कहा कि हम भी आंसू बहा सकते हैं, मगर क्यों बहायें! ये हमारे लिये गर्व का विषय है। इस घड़ी में पूरा देश जिस तरीके से हमारे साथ खड़ा हुआ है, वो अविस्मरणीय है। वो हर हाल में फायटर पायलट ही बनना चाहता था। अपने औसत नंबरों के बाद भी वो पायलट ही बना। जब भी चुनौती आई डटकर मुकाबला किया। तेजस जब बिगड़ा तो उसे छोड़कर निकला नहीं बल्कि काबू करके ही नीचे उतारा। वो अपने साथी पायलटों में सबसे तेज था, इसलिए सबसे पहले आगे निकल गया, हम सबको छोड़कर मगर हमारे बीच वो हमेशा रहेगा दूसरे जांबाज पायलटों के रूप में। इसलिये दुखी मत हों, ये गौरव का पल है। इतना कह कर उनकी आंखें नम हो उठीं। बात खत्म होते ही मैंने भी उस वीर पिता के चरणों में अपना सर झुका दिया।

2

शहीद के गांव से लौट कर...
नन्हे चैतन्य के सवाल

धामंदा गांव के उस विश्राम घाट में जब डेढ़ साल के चैतन्य ने अपने पिता की चिता को अग्नि दी तो हजारों लोगों की नम आंखों के बीच एक सुर में नारा गूंजा, शहीद जितेंद्र कुमार वर्मा अमर रहें। जब तक सूरज चांद रहेगा, जितेंद्र तेरा नाम रहेगा। और थोड़ी देर बाद ही चिता की लपटें ऊंचाई को छूने लगीं। नारों की आवाज भी तेज होने लगी और अपने नाना की गोद में चैतन्य कौतूहलवश चारों और फैली इस भीड़ और उससे उठे शोर को सुनकर समझने की कोशिश करने लगा। फिलहाल वो कुछ सालों तक इन नारों और शोर को समझ नहीं पायेगा। समझ तो उसकी मां सुनीता और उससे तीन साल बड़ी बहन शव्या और बुजुर्ग दादा-दादी भी नहीं पाये हैं कि ये अचानक क्या हो गया। अभी पिछले महीने तो उसके पापा जितेंद्र गांव आये थे। टैक्टर खरीदा था। पूरे परिवार को सलकनपुर घुमाने ले गये थे और जल्दी ही वापस आने का वायदा कर अपने काम पर वापस चले गये थे। मगर वो लौट कर इतनी जल्दी और इस तरीके में आएंगे, कोई नहीं जानता था।

हैरानी इस बात की है कि उसके पापा क्या काम करते हैं, किसके साथ काम करते हैं, कितने खतरे वाला काम करते हैं, ये भी तो कोई नहीं जानता था सिवाय उसकी मां के जो समझती थी कि उसके पापा किसी बहुत बड़े अफसर के साथ साये की तरह दिन रात रहते हैं। और वो सेना के बहुत बहादुर सिपाही हैं। इससे ज्यादा उसके पापा ने किसी को कुछ बताया ही

18

नहीं था। शायद यही उनकी नौकरी का दस्तूर होगा, मगर पिछले चार दिन में उसके घर और गांव में सब कुछ बदल गया। ढेर सारे लोग उसके गांव चले आ रहे हैं, छोटे-बड़ा कैमरा लेकर मीडिया वाले, सफेद कुर्ते पायजामे वाले नेता, सब घर के बाहर आकर बैठ रहे हैं। नाना के साथ वो बाहर आता है तो उसके फोटो हर कोई खींचने लगता है। उसके घर में भी हलचल बढ़ गयी है, घर पर पहरा बढ़ गया है। पुलिस और प्रशासन के अधिकारी उसके दादा शिवराज को जाने क्या समझाते रहते हैं। उसके चाचा धर्मेंद उसी दिन के बाद से दिल्ली चले गये हैं। उसकी दादी धापू बाई और मां सुनीता का बुरा हाल है सिर्फ रोती और सुबकती रहती हैं। घर में रिश्तेदार आ गये हैं, जो उनके लिए खाना पीना खिला रहे हैं मगर माँ और दादी कुछ भी नहीं खा रहीं। दिन में चार बार डॉक्टर आकर उनके स्वास्थ्य का हालचाल जान रहे हैं।

घर पर चार दिन से पापा जितेंद्र का इंतजार हो रहा है। मां और दादी को बताया है कि कहीं कोई हेलीकॉप्टर गिरा है, जिसमें पापा भी घायल हो गये हैं और वो अस्पताल में हैं। वो जल्दी ठीक होकर वापस आयेंगे। मगर आज जब चार दिन बाद आये तो इस तरीके से आये कि कोई उनसे बात ही नहीं कर पाया। मुख्यमंत्री शिवराज सिंह चौहान भी उसके घर आये। मां और दादी के साथ नीचे बैठकर बातें की। मुझे और मेरी बहन को गोदी में बैठाया, प्यार से सर पर हाथ फेरा, और कहा कि घबराना नहीं, अब मामा तुम सबका ध्यान रखेगा। मगर ध्यान रखने के लिये तो मेरे बहादुर पापा ही बहुत हैं। किसी ने घर आकर बताया था कि मेरे पापा तीन पैरा कमांडो थे, वो सब काम करना जानते थे, तेजी और फुर्ती ताकत में वो पक्के थे। निशानेबाज भी नंबर एक थे, मगर उनको हुआ क्या! ये कोई बताने को तैयार नहीं था। सब कह रहे थे कि सब ठीक होगा, वो जल्दी घर आ जायेंगे। ये बात मेरी बहन शय्या को भी समझ नहीं आ रही थी मगर वो भी घर आये मेहमानों के बच्चों के साथ खेलने में लगी रहती थी। खेलना तो मुझे भी अच्छा लगता था, मगर अब खेलूं कहां। घर पर भीड़, घर के बाहर उससे ज्यादा भीड़। आज जैसी भीड़ तो मैंने कभी देखी ही नहीं। इतने सारे लोग आये कि घर के सामने लगे पंडाल में जगह कम पड़ने लगी। धक्का मुक्की हो रही थी। जिस गाड़ी में पापा को लाया गया, उसे खूब सजाया गया था। ऐसी सजी गाड़ी मैंने तो पहली बार देखी। मगर वो गाड़ी सजी क्यों थी।

गाड़ी जब घर के बाहर रुकी तो मुझसे बहन ने कहा देख चैतन्य पापा आये। मगर पापा कहां थे वो, वो सब लोग एक बड़ा सा बॉक्स लाये। मेरी मां और दादी उससे लिपट कर रोयी, मगर मैं समझ नहीं पाया कि वो रोई क्यों। जब पापा आये तो उनको खुश होना चाहिये था, मगर उस बाक्स को बहुत जल्दी ही बाहर ले गये सब। पापा को हम देख ही नहीं पाये। कोई ये नहीं बता पाया कि उस बाक्स में पापा थे, तो वो उससे बाहर निकले क्यों नहीं।

फिर जब मैं अपने नाना की गोदी में गांव के बाहर मैदान में आया तो वहां चारों तरफ बहुत सारे लोग थे। कोई घरों की छतों पर खड़े थे तो कोई पेड़ पर चढ़े थे। वहां मेरे पापा की फोटो के सामने फूल चढ़ाये जा रहे थे, मगर क्यों! मेरी निगाहें तो उस भीड़ में मेरे लंबे खूबसूरत पापा को तलाश रहीं थीं, जो वहां उस हजारों की भीड़ में दिख ही नहीं रहे थे। हां उनके फोटो कई जगह लगे हुए थे और ये क्या! बाद में उस बाक्स को लकड़ियों पर रखकर आग लगा दी गयी। लोग नारे लगा रहे थे, जब तक सूरज चांद रहेगा, जितेंद्र तेरा नाम रहेगा। शहीद जितेंद्र अमर रहें। ये अमर क्या होता है, कोई मुझे बताये मेरे पापा कहां गये। कोई मुझे उनके पास ले जाये और हां मेरी मां और दादी की तबियत ठीक कराये। हो सकता है मेरे पापा कहां गये, ये अभी नहीं जान पाउं, मगर जब मैं बड़ा हो जाऊंगा तो क्या तब अपने पापा से मिल पाउंगा। क्या तब तक उनका नाम लोगों की जबान पर रहेगा। हां बेटा! हां, ये मेरे दादा थे जिन्होंने मुझे अचानक रोते हुए सीने में दुबका लिया।

3
———

वो मौत का कुआं

विदिशा जिले के गंजबासौदा कस्बे से क़रीब एक डेढ़ किलोमीटर पक्की सड़क पर चलने पर ही पड़ता है – लाल पठार गांव। गांव के रास्ते में हर ओर पुलिस का पहरा है। सरकार और प्रशासन का ऐसा कोई अधिकारी नहीं था, जो वहां पर शुक्रवार की रात से लेकर शनिवार की रात तक मौजूद ना था। क़रीब हज़ार लोगों की आबादी वाले इस गांव में गुरुवार की रात हुए हादसे ने पुलिस व प्रशासन के हाथ पैर फुला दिए थे। इसलिए ये सख़्ती और चुस्ती दिख रही थी। गांव की संकरी गलियों में घुसते ही माइक हाथ में देख दो लोगों ने हाथ पकड़कर कहा कि भाईसाहब! आप यह ज़रूर बताना कि यदि हमारे गांव में पीने के पानी की व्यवस्था होती तो ये हादसा नहीं होता और इतने सारे लोगों की जान नहीं जाती। गांव में सिर्फ़ दो कुएं हैं – एक उस तरफ़ ओर दूसरा ये जिसमें इतने लोग गिर गए कि अब ये भी ख़त्म हुआ समझो। सच कहें तो ये लोग कुएं में डूब कर मर गए, हम बाक़ी तो प्यासे मरेंगे। मगर इस दर्द भरी राच्च्बाई में हमारी रुचि कम थी। हमें तो घटनास्थल पर पहुंचने की जल्दी थी तो 'हां-हां' कह कर हाथ छुड़ा कर भागे।

उफ़! वो घटनास्थल क्या था। गांव के किनारे जहां बसाहट ख़त्म होती है, वहां तीन तरफ़ खेतों से घिरा कुआं था जिसका अब नामोनिशान ही मिट चुका था। चार जेसीबी और दो बड़ी पोकलेन मशीनें अपनी भारी घरघराहट के साथ उस कुएं को चौड़ा कर गीली मिट्टी और मलबा किनारे लगाने में जुटी थी। हर तरफ़ पुलिस के जवान तमाशबीनों को रोकते हुए खड़े थे। आपदा प्रबंधन में माहिर एनडीआरएफ़ और एसडीआरएफ़ के जवानों की

निगरानी में राहत और बचाव कार्य देर रात से जारी था। गुरुवार रात को हुए हादसे के बाद जो तीन शव रात में ही निकाले गए थे, उसके बाद से शुक्रवार की दोपहर तक और कोई शव नहीं निकाला जा सका था। इससे गांव वालों का धीरज जवाब दे रहा था। जो गांव के लोग रात से लेकर सुबह तक पुलिस प्रशासन और प्रेस को सहयोग की मुद्रा में दिख रहे थे। अब वो बात-बात पर नाराज़ हो रहे थे। टीवी कैमरों को देख कर भड़क रहे थे। घटनास्थल वो कुआं था जिसमें गुरुवार की रात रवि अहिरवार गिरा। उसे बचाने आए तीस लोग कुएं की जगत पर चढ़ गए और फिर कुएं के पास का स्लैब टूटा तो सारे ऊपर खड़े लोग कुएं में गिर गए। इनमें से उन्नीस तो किसी तरह फिर निकल आए थे। बाक़ी के लोगों को निकालने की कोशिश जारी थी। कुएं के पास ही खड़ा था कीचड़ में सना वो ट्रैक्टर जिसके सहारे कुएं में डूबे लोगों को निकालने की कोशिश की गई थी मगर दुर्भाग्य देखिए कि यह ट्रैक्टर ही कुएं में जा गिरा था।

तमाशबीन आम जनता और परिजनों की तलाश में कुएं की तरफ़ टकटकी लगाए जनता को कुएं से थोड़ी दूरी पर रैलिंग लगाकर रोका गया था, मगर उन्हीं रैलिंग में सिर फंसा-फंसा कर कहीं औरतें सुबक रही थीं तो कहीं पुरुष। इन्हीं में थी पार्वती जो कुएं के पास एक मकान की छांव में बैठी हुई थी। आंखों के आंसू रो-रोकर सूख चुके थे, गले से आवाज़ नहीं निकल पा रही थी। कुछ पूछो तो हाथों के इशारे से ही बता रही थी कि उसका चौदह साल का नाती कुएं में गिरा है। जैसे ही इस घटना का पता चला है तभी रात से यहीं जमकर बैठी हैं और उस अभागे कुएं की तरफ़ टकटकी लगाकर देखे जा रही हैं जिसने इसके कलेजे के टुकड़े को लील लिया। गांव की और औरतें भी कुएं से थोड़ी दूर पर खड़ी हैं और कैमरे देखते ही भड़क उठती हैं – 'रात से अपनी फ़िल्म बनवा रहे हैं, अब नहीं बनवानी। हमारे लोगों को ज़िंदा निकाल दो, तो हम मानें बड़े मीडिया वाले हो।' मगर यह सब जान रहे थे कि अब किसी का भी ज़िंदा निकलना नामुमकिन ही है। बस इंतज़ार है लाशों का – कितनी और किनकी निकलती हैं? गांव में सर्वे करवाया गया तो क़रीब दस लोग लापता हैं, जिनका अंदेशा इस कुएं में गिरने का था। गांव क्या था? पठारी इलाक़े की ऊंची-नीची, कच्ची गलियों के बीच पत्थरों से बने छोटे-छोटे कोई पच्चीस-पचास मकान। इन मकानों में बच्चे ही खेलते दिख रहे थे। पुरुष और महिलाओं ने कुएं के पास ही रात

से डेरा जमा रखा था। कुछ के परिजन लापता थे तो कुछ की जवान औलादें। कोई रो रहा था तो कोई किसी को सहारा दे रहा था। गांव में रात के बाद से शायद ही किसी घर में चूल्हा जला होगा। भूखे बच्चे हम अजनबियों को देख-देखकर सहम रहे थे। कुएं के पास ही उस रवि का घर था जो कुएं में पहले गिरा। कच्चे कबेलू वाले छोटे से घर में रवि की मां पछाड़ खाकर बेसुध पड़ी थी। उनको सहारा दे रही पास बैठी औरत ने बताया कि कल शाम छह बजे से ही यही हालत है। अगर बेटा नहीं मिला तो वह अपनी जान दे देंगी। इतना चाहती थी छोटे बेटे रवि को। इस छोटी-सी बस्ती में हर घर में मातम है, किसी का सगा तो किसी का नाते-रिश्तेदार उस मौत के कुएं में गिरा है। हर थोड़ी दूर पर घरों के अंदर से महिलाओं के दहाड़ मारकर रोने की आवाज़ें लगातार आ रही थीं।

लाल पठार के उस मौत के कुएं ने शुक्रवार की रात तक ग्यारह लाशें उगलीं। मरने वालों के परिजनों के लिए सीएम से लेकर पीएम तक ने राहत का ऐलान किया। मगर उस गांव से लौटने में यह अहसास हो रहा था कि यह दर्दनाक कहानी लाल पठार की नहीं, उन सभी गांवों की है जहां पर पानी की किल्लत साल भर बनी रहती है। गांवों में सरकारी काग़ज़ों में नलकूप ओर हैडपंप बने और खुदे हैं मगर असल में वो या तो होते नहीं या फिर बिगड़े होते हैं। जिनको सुधारने की सुध किसी को नहीं। लाल पठार में भी इस हादसे के बाद गांव के लोगों को पीने के पानी के लिए नलकूप की खुदाई शनिवार शाम से शुरू हो गई। हमारी सरकार मूलभूत सुविधाओं के लिए भी हादसों का इंतज़ार करती है। हद है!

4

टीकमगढ़ में फ़िशिंग
और फ़िसिंग का चक्कर

भोपाल से हम सुबह छह बजे निकले थे। रास्ते में हमारे टीकमगढ़ के साथी धर्मेश त्रिपाठी के तीन बार फ़ोन आ गए थे, कहां तक पहुंचे? कब आ जाओगे? हर फ़ोन के दौरान हम पूछते कि वहां फ़िसिंग वालों से बोल रखा है ना कि हम आ रहे हैं। सारी तैयारी दुरुस्त है या नहीं? उधर से धर्मेश दोगुने उत्साह से कहते आप आ तो जाइए, सब तैयार है। खाना खाकर ही निकल पड़ेंगे। हम बारह बजे भोपाल से क़रीब तीन सौ किलोमीटर दूर टीकमगढ़ पहुंच चुके थे। जाते ही धर्मेश के आग्रह पर घर में खाना खाया और हाथ धोने के बाद ही हमने पूछा, 'तो बताओ कहां चलना है?'

धर्मेश भोलेपन से बोल उठे, यहां से दस किलोमीटर दूर एक तालाब है, वहां पर इंतज़ाम कर रखा है और दूसरा बांध है, वहां पर भी अवैध तरीक़े से मछली मारी जाती है तो वहां पर चले चलेंगे। धर्मेश की बातें सुन अब हमने सिर पीट लिया। हम बैंकिंग फ़्रॉड वाले फ़िसिंग की बात कर रहे थे पिछले चार दिन से और वो मछलियों वाली फ़िशिंग समझ रहा था। क़रीब-क़रीब मेरे हाथ के तोते उड़ गए। भोपाल से भागे-भागे आए कठिन स्टोरी करने और यहां रायता फैल चुका था। मेरे उड़े होश देखकर धर्मेश ने हौसला बंधाया, कहा आप चिंता नहीं करिए। आए हैं तो स्टोरी करके ही जाएंगे।

बस फिर क्या था? हम निकल पड़े टीकमगढ़ से निवाड़ी की ओर, जहां के गांवों में बैंकिंग फ़्रॉड यानि फ़िसिंग करने वाले लोग सक्रिय थे। ये

24

सब वही लोग होते हैं जो आपको फ़ोन पर लॉटरी लगने की जानकारी देकर आपके खातों से पैसा निकलवा लेते हैं। हमें भोपाल से सायबर पुलिस से ख़बर मिली थी कि यूपी-एमपी बॉर्डर के इन गांवों के युवक इन ग़लत हरकतों में लगे हुए हैं और अच्छा पैसा कमा रहे हैं। इन गांवों में कभी दिल्ली तो कभी भोपाल तो कभी रायपुर की पुलिस ने छापे मारे हैं और अपराधियों को पकड़ा है। मगर इन गांवों में जाना आसान नहीं होता, यह हमको उन गांवों में जाने से पहले ही पता लग गया था।

टीकमगढ़ से हम पृथ्वीपुर आए और धर्मेश ने अपने कुछ पत्रकार मित्रों को साथ बिठाया और जा पहुंचे इस इलाक़े के सबसे ख़तरनाक गांव अस्तारी में। गांव में हमारी गाड़ी के पहुंचते ही हलचल हुई, लोग सतर्क हुए मगर हम बिना परवाह किए गांव में हमारे संपर्क के घर जा पहुंचे। जब उन सज्जन को हमने अपने आने का मक़सद बताया तो उसने हाथ जोड़ लिए – 'कहां महाराज! हम बामहन हैं और यह यादवों का गांव है। आपके जाते ही हमारी आफ़त आ जाएगी। लोग पूछेंगे कौन आए हैं और क्यों आए हैं। पिछली बार ही पुलिस जिन लड़कों को उठाकर ले गई, उनके मां-बाप ही हमसे अब तक नाराज़ चल रहे हैं। इसलिए आप चाय पियो और रवानगी डालिए।' इस बीच में उनकी पत्नी ने आकर भी यही बात कही। उसने माना कि हमारे गांव में ये काम करने वाले बहुत हैं, मगर कैमरे के सामने आकर कोई नहीं बोलेगा।

अब क्या करें जिसका सहारा लेकर गांव आए थे, उसी ने हाथ खड़े कर दिए। ख़ैर! उसी गांव से जुड़े कुछ और पत्रकारों को फ़ोन लगाया वो आए और लौट कर कहा कि आपकी गाड़ी देखकर ही यह काम करने वाले गांव से दूर खेतों में जा छिपे हैं। उनको लग रहा है कि पुलिस आई है – भोपाल से। आपकी गाड़ी का नंबर एमपी ज़ीरो फ़ोर जो है। उनका कहना है कि किसी पर फ़ायर करवा लो, मगर कैमरे के सामने नहीं आएंगे। बताइए, अब क्या करें। इस बीच धर्मेश ने कुछ और को तैयार करना चाहा, मगर कोई कैमरे के सामने बोलने को तैयार नहीं कि हम फ़िसिंग का काम कैसे करते हैं। इधर गांव में हमारे ख़िलाफ़ धीरे-धीरे माहौल बन रहा था, तो हमने अब निकलने में ही भलाई समझी। गाड़ी लेकर गांव से निकले ही थे कि दो लड़के गाड़ी के पीछे-पीछे आने लगे। हमने उनको रोककर बात की तो वो अपनी पहचान छिपाकर सब कुछ बताने को राज़ी हो गए। बस फिर

क्या था? लड़के की पीठ से कैमरा लगाकर रिकॉर्ड किया उसका बयान – काम करने का तरीक़ा, कैसे करते हैं, क्या बोलते हैं, वो पैसा कहां रखते हैं? वगैरह-वगैरह। थोड़ा काम तो हुआ, मगर पृथ्वीपुर आते-आते भी हमने उम्मीद नहीं छोड़ी और गांव छोड़कर पृथ्वीपुर में छिपे लोगों को तलाशना शुरू किया। धर्मेश के दोस्त मोंटू ने शाम तक एक व्यक्ति को राज़ी किया जो पुलिस के डर से किसी होटल में छिपा था और पहचान छिपाने की शर्त पर सब बताने को राज़ी हो गया। यह गुड्डू था जिसने फ़िसिंग में पैसा कमाने और गंवाने के बाद अब यह काम शुरू कर दिया था।

उसने हमारे सामने ख़ुद को बतौर बैंक मैनेजर पेश करते हुए कुछ लोगों को फ़ोन लगाए और बताया कि हम सैकड़ों लोगों को झूठे एसएमएस भेजते हैं, लॉटरी या गाड़ी निकलने का बताकर। उनमें से कुछ लालच में आकर लोग हमारी बातों में आ जाते हैं। हम उनका पैसा अपने किसी परिचित के खाते में डलवा लेते हैं। जैसे ही पैसा आता है, हम निकालकर बैठ जाते हैं। ना सिम हमारे नाम पर ना बैंक खाता हमारे नाम पर, इस तरह हमें पकड़ना बहुत कठिन होता है। इसलिए यह काम करते हैं और महीने में कभी बीस से पचास हज़ार तो कभी दो लाख तक कमा लेते हैं। रोजी-रोटी चल रही है। जब उससे पूछा कि शर्म नहीं आती, ज़रूरतमंद लोगों के पैसे झूठ बोलकर हड़प लेते हो तो उसका जवाब था कि वो हमारे लालच में नहीं आएं तो उनका पैसा सुरक्षित रहेगा।

ख़ैर! फ़िसिंग करने वालों को कैमरे के सामने लाने की ज़िद में हम टीकमगढ़ आए थे और थोड़ी-बहुत परेशानी के बाद ही हमने कुछ लोग अपने कैमरे में क़ैद कर लिए थे। यह अलग बात थी कि बाद में सभी थानों से फ़ोन आए कि आप उन गांवों में बिना सुरक्षा के कैसे चले गए। वो सारे ख़तरनाक गांव हैं जहां पुलिस पर हमले होते हैं। मगर हम पत्रकारों का तो काम ही है ख़तरे उठाना और सच्चाई सामने लाना। मगर फ़िशिंग और फ़िसिंग की यह ग़लतफ़हमी हमेशा याद रहेगी।

5

पाली में प्रियंका और वो बंद गली का आख़िरी मकान

भोपाल से मुंह अंधेरे तड़के सुबह पांच बजे निकले थे तो क़रीब दस बजे एमपी-यूपी सीमा पार कर हम यूपी के ललितपुर जिले के पाली में थे। पहले लगा कि छोटा गांव होगा मगर यह सड़क किनारे बसा कस्बा था। 'खाद वाला किसान,' बोलते ही रोड के पान के टपरे पर खड़े आदमी ने दाएं हाथ का इशारा अंदर जाने वाली सड़क की ओर किया और कुछ सेकेंड बाद मुंह में रखे गुटखे को क़ाबू में कर बस इतना बोला - 'बस निकल जाओ सीधे।' सीधे चलते-चलते पहले सड़क किनारे का बड़ा बाज़ार फिर संकरी होती सड़क के कारण छोटा बाज़ार और आख़िर में कच्चे पक्के मकान आने लगे। 'खाद' बोलते ही सब वैसा ही इशारा करते जैसा मेन रोड पर उस व्यक्ति ने किया था। थोड़ी दूर पर पुलिस की गाड़ियां और कांग्रेस के कुर्ते-पायजामे में सजे-संवरे नेता दिखने लगे थे।

यह संकरी-सी गली थी जिसके आख़िरी में पीएम आवास के सामने पुलिस वालों के घेरे में मोबाइल धारी हमारे स्ट्रिंगर साथी खड़े थे। बीच-बीच में पुलिस के थानेदार साब वहां सबको लाइन में खड़े रहने की ताक़ीद कर चले जाते। उस संकरी-सी गली में जहां दोनों तरफ़ पुलिस, कांग्रेसी कार्यकर्ता और मीडिया वाले खड़े हों, वहां कितनी-सी जगह होगी प्रियंका गांधी के आने के लिए। जी हां, कांग्रेस महासचिव प्रियंका गांधी लखनऊ से रात में चलकर सुबह सात बजे ललितपुर आ गई थीं और पाली आकर उन किसानों के परिजनों से मिलना चाह रही थीं जिन किसानों ने खाद की किल्लत में

जान गंवाई या मौत को गले लगाया। ये किसान आस-पास के गांवों के थे इसलिए पाली के वल्लू पाल के इस छोटे-से घर में सबको बुला लिया गया था।

उस एक कमरे के बिना छपाई वाले पीएम आवास में मैंने झांक कर देखा तो कुछ महिलाएं, एक दो पुरुष और सिर घुटाए दो बच्चे दरी बिछाकर बैठे हुए थे। ये सब इंतज़ार कर रहे थे दीदी के आने का। थोड़ी देर बाद ही सफ़ेद इनोवा गाड़ी से प्रियंका आती हैं। उनके समर्थन में कुछ उत्साही नारे लगाते हैं तो उनको रोका जाता है कि समझो तो कहां आई हैं दीदी। प्रियंका उस छोटे-से घर में जाती हैं और वहीं दरी पर बैठकर सबसे बात करती हैं। उनकी टीम के सदस्य उन सारे विजुअल्स को सोशल मीडिया पर लाइव करते हैं और हमारे टीवी चैनलों पर वो वीडियो सीधे चलने लगते हैं ब्रेकिंग न्यूज़ की पट्टी के साथ।

इधर, बाहर खड़ी कार्यकर्ताओं और मीडिया की भीड़ बेसब्र होती है कि प्रियंका आएंगी तो कहां से बाइट मिलेगी, वो कहां खड़ी होंगी तो हम कहां खड़े होंगे, माइक कौन पकड़ेगा? वगैरह-वगैरह। मगर इन सारी समस्याओं का समाधान प्रियंका की टीम के साथी निकालते हैं। इनोवा की छत पर सारे माइक धर दिए गए और गाड़ी के एक तरफ़ कैमरे मोबाइल तो दूसरी तरफ़ प्रियंका गाड़ी के दरवाज़े को पकड़ कर खड़ी हो जाती हैं। गुलाबी छापे वाले सलवार सूट में प्रियंका पहले आस-पास की छत पर खड़े होकर आसपास उनको देखने के लिए छतों पर खड़ी महिलाओं और बच्चों को देख मुस्करा कर हाथ हिलाती हैं और फिर कार की दूसरे तरफ़ खड़े मीडिया से मुखातिब होकर कहती हैं, 'यह दुखद है कि यहां पर चार किसानों की मौत खाद की किल्लत के कारण हुई। क्या राज्य सरकार खाद भी किसानों को आसानी से नहीं दे सकती?'

वो सरकार से मांग करती हैं कि इन किसानों की मौत के ज़िम्मेदार अफ़सरों पर कार्रवाई की जाए जो किसानों को कई-कई दिनों तक लाइन में लगाते हैं जिससे उनकी हालत बिगड़ी और उनको जान गंवानी पड़ी। पाली में वो जिन चार किसानों के परिवार से मिलीं, कहा जाता है उनमें से वल्लू पाल और सोनू अहिरवार ने फांसी लगाकर जान दी तो महेश बुनकर और भोगीराम की खाद की लाइन में लगे-लगे हालत बिगड़ी और बाद में उनकी मौत हुई।

प्रियंका के जाते ही हम उस घर में पहुंचे, जहां पर वो किसानों के परिजनों से मिली थीं। अंधेरे से कमरे में अनेक शोक संतृप्त लोग बैठे थे। दरवाज़े पर ही वल्लू की बुज़ुर्ग मां मिल गईं। कैमरा ऑन करते ही रोने लगीं – 'मोड़ा चलो गओ हमरो, जा खाद के चक्कर में। कछु बताओ भी नहीं बाने और खेत में फांसी धर लई।' भोगीराम की बेटी सबिता चौदह साल की होगी। पूछने पर बोली – 'प्रियंका दीदी ने कहा है कि मदद करेंगे, भैया! मगर क्या कोई मदद करेगा? खाद की मदद कर देते तो पापा खाद की लाइन में तीन-चार दिना भूखे-प्यासे नहीं लगते।' घर से निकलते ही दो मासूम से बच्चे दिखे जिनके सिर घुटे हुए थे, ये बनियाना गांव के महेश बुनकर के बच्चे थे। महेश के पास आधा एकड़ ही ज़मीन थी और उसे एक बोरी खाद ही चाहिए था, जो कई दिन लाइन में लगने के बाद भी नहीं मिल पाया और उसी लाइन में लगे-लगे ही कहा जा रहा है कि उसकी मौत हुई।

इन परिजनों से मिलकर निकले ही थे कि माइक कैमरा देखकर कुछ और लोगों ने घेर लिया बोले – 'भाई साहब! यह खाद तो ठीक है मगर महंगाई से भी तो लोग मर रहे हैं, उन पर ज़रा ध्यान दो। हम हफ़्ते में तीन दिन रोज़ दो सौ रुपये की मज़ूरी करते हैं मगर खाने का तेल ही सौ रुपये किलो का आता है। वो जो उज्ज्वला गैस मिली है, वो हज़ार रुपये का सिलेंडर भराता है। दाल में भी आग लगी है। बताओ जिएं कैसे?'

ये ग़रीब अपना दुखड़ा सुना ही रहे थे कि आ गए थानेदार साब। 'चलो-चलो हो गया सारा तमाशा। गईं नेता जी। अपने घर जाओ सब। और आप मीडिया वाले भी खाद को ज़्यादा नहीं दिखाओ। आ रही है खाद खूब! शहर में जाकर देख लो।' मगर थानेदार साब का दावा थोड़ी दूर पर ही झूठा साबित हो गया जब मोदी ट्रेडर्स, पाली के सामने खाद की हमने लंबी लंबी तीन कतारें किसानों की देखीं। पुलिस के पहरे में बंट रही थी खाद। सड़क पर फिर वही गुटखे वाले सज्जन मिले। हमने पूछा – 'भोपाल?' तो फिर हाथ के इशारे से रोड की तरफ़ देख कर बोले – 'बस निकल जाओ सीधे।'

6

महाकाल भी विकास
की मौत टाल नहीं सके

टीवी न्यूज़ में काम करने का मज़ा और सज़ा यही है कि आपको पता ही नहीं लगता कि अगले क्षण आप क्या कर रहे होंगे। बढ़िया गुरुवार की सुबह अख़बार पढ़ने के बाद फ़ोन पर दोस्तों से लंबी बात शुरू की ही थी कि एक पुलिस अधिकारी मित्र का फ़ोन आया। 'आपको वाट्स एप पर फ़ोटो भेजे हैं, देखें। उज्जैन में कुछ बड़ा हो गया है।' फ़ोटो देखते ही होश फ़ाख़्ता हो गए। ये फ़ोटो उस विकास दुबे के थे, जिसकी तलाश में यूपी पुलिस देश भर में छापे मार रही है। फ़ोटो में विकास महाकाल मंदिर प्रांगण में टहल रहा था। तुरंत अपने उज्जैन के साथी विक्रम को फ़ोन लगाया और विक्रम धाराप्रवाह शुरू हो गया। 'सर! विकास दुबे को पकड़ने की ख़बर है। वो ढाई सौ रुपये की पर्ची कटाकर वीआईपी दर्शन को गया था। उसे निकलते में पकड़ लिया है। फ़िलहाल पुलिस अधिकारी कुछ बोल नहीं रहे हैं पर बड़ी ख़बर है। आपको इसलिए कन्फ़र्म करने के बाद ही बताता।'

बस फिर क्या था? अगला फ़ोन एसपी उज्जैन को लगाया मगर बिज़ी आया तो फिर कलेक्टर उज्जैन को लगा दिया और यहां संबंध फिर काम आए। फ़ोन की घंटी बजते ही कलेक्टर आशीष सिंह ने फ़ोन उठाया और कहा – 'हां भाई! ख़बर तो है। जो सारी चीज़ें उससे मिल रहीं हैं, उससे तो लग रहा है कि वो वही विकास दुबे है। मगर फिर भी पुलिस अभी वेरिफ़ाई कर रही है। थोड़ा वक़्त और लगेगा मगर नब्बे फ़ीसदी तो वही लग रहा है।

किसी बड़े अधिकारी के नब्बे प्रतिशत पर तो ख़बर ब्रेक की जा सकती है। ये समझते ही अगला फ़ोन ऑफ़िस को लगाया और साथ में फ़ोटो भेजा। बस फिर क्या था? अगले ही क्षण हम ऑन एयर थे, ब्रेकिंग न्यूज़ की फ़ोटो के साथ। लंबे-लंबे फ़ोनो शुरू हो गए थे जिनमें विक्रम और अधिकारियों से मिली जानकारी दर्शकों को बताई जा रही थी। यूपी से भी हमारे साथियों के फ़ोनो चलने लगे थे। थोड़ी देर बाद ही नए-नए वीडियो और सीसीटीवी फ़ुटेज भी फ़ोन पर लगातार आने लगे थे। चूंकि विकास को मंदिर परिसर से निकलते ही गिरफ़्तार किया था अतः मंदिर के अंदर के कैमरों और मंदिर परिसर के बाहर लगे वीडियो कैमरों में उसकी गिरफ़्तारी रिकॉर्ड हो गई थी। पुलिस की गाड़ी में बिठाते वक़्त वो चिल्लाया भी – 'मैं विकास दुबे हूं कानपुर वाला।' मोस्ट वांटेड क्रिमिनल! जिस पर पांच लाख का इनाम हो, उसकी गिरफ़्तारी इतनी नाटकीयता से होगी, किसी को उम्मीद नहीं थी मगर यह उस वक़्त की देश की सबसे बड़ी ख़बर थी। क्योंकि छह दिन पहले ही यह खूंखार अपराधी आठ पुलिस जवानों की हत्या कर फरार हुआ था और उसकी तलाश में यूपी एसटीएफ़ देश-दुनिया खंगालने पर उतारू थी।

इधर फ़ोनो चल रहे थे, उधर उज्जैन भागने की तैयारी भी साथ-साथ होने लगी थी। उज्जैन के विक्रम तब तक मंदिर पहुंच कर अपने वाकथ्रू भेजने लगे थे जिससे मुझ पर ख़बर की निर्भरता कुछ कम हुई मगर थोड़ी-थोड़ी देर में ही ऑफ़िस के छोटे-बड़े सभी का फ़ोन आ रहा था कि निकल गए ना। मगर कौन समझाए कि अकेले नहीं गाड़ी, ड्राइवर और कैमरामैन सबको लेकर निकलना होता है। सबका कॉल टाइम होता है।

ऑफ़िस से बज रहे तमाम कॉल के बीच नहाना, धोना, बैग में कपड़े जमाना और सुबह का नाश्ता भी चलता जा रहा था। घर गें अब सुकून के माहौल में तनाव घुल गया था। सारे काम इमरजेंसी सरीखे किए जा रहे थे। साढ़े दस बजे निकले तो बिना रुके तीन घंटे में क़रीब डेढ़ बजे सीधे महाकाल मंदिर में जाकर हम यह समझने की कोशिश कर रहे थे कि अब काम कहां से शुरू करें। विकास को पकड़ कर अज्ञात जगह पर ले जाया गया था। उज्जैन के पुलिस अधिकारियों ने पत्रकारों के फ़ोन उठाने क़रीब-क़रीब बंद ही कर दिए थे। टीवी पत्रकार दल हर संभावित जगहों पर टहल कर आ चुके थे। भोपाल से भी क़रीब-क़रीब सारे राष्ट्रीय चैनलों के संवाददाता उज्जैन आ गए थे। सबका सवाल यही था कि पूछताछ चल कहां रही है।

हालांकि इस बीच मंदिर के पास महाकाल थाने में इस घटना से जुड़े लोग पहुंच गए थे तो उनके ही इंटरव्यू कर काम चलाया जा रहा था।

यदि पुलिस ख़बर नहीं बताए तो प्रशासनिक अधिकारियों को खंगाला जाए। इसी क्रम में हम अपने संपर्कों से लगातार बात कर रहे थे। इसी दौरान क्लू मिला कि भैरूगढ़ जेल या भैरवगढ़ थाने में कुछ हो रहा है। बस फिर क्या था? कोर्ट के बाहर फ़ील्डिंग कर रही टीमों को हमने भैरूगढ़ जेल चलने को कहा और जब वहां पहुंचे तो पता चला कुछ नहीं हो रहा। इतने में यह ख़बर आ गई थी कि विकास को यूपी एसटीएफ़ के हवाले कर दिया गया है ओर वो किसी भी क्षण रवाना हो रहा है। उसके बाद उज्जैन पुलिस कंट्रोल रूम में प्रेस वार्ता कर जानकारी देगी।

हम फिर जेल से शहर की ओर चल दिए। मगर यहां हमारे विक्रम भेरूगढ़ जेल से भैरवगढ़ थाने जा पहुंचे थे और फ़ोन कर रहे थे कि सर! यहां आ जाइए। एसपी सहित सारे बड़े अफ़सर यहीं हैं और लोग बता रहे हैं कि यहीं पर दिन भर विकास को रखा गया था। फिर हम शहर से भैरवगढ़ थाने की ओर पलटे और थाने जाकर खड़े हुए ही थे कि एसपी मनोज कुमार सिंह निकले और फ़ोन नहीं उठाने पर अफसोस जताने लगे। हमने हमारे कैमरामैन साथी होमेंद्र को इशारा किया और अब सारी बातें कैमरे पर रिकॉर्ड की जाने लगीं यानी कि एक अच्छा-सा एक्सक्लूसिव इंटरव्यू एसपी का हो गया। उन्होंने बता दिया कि आधे घंटे पहले विकास को रवाना किया जा चुका है और सुबह वो आठ बजे तक कानपुर पहुंच जाएगा।

दिन अच्छा गुज़रा था। ऑफ़िस ने रात में रुकने को कहा था इसलिए होटल जाकर नहाया। अफसोस यही था कि उज्जैन में इतने संपर्कों के बाद भी एक बार भी विकास का फुटेज मिल नहीं पाया। मगर यह क्या? थोड़ी देर बाद ही किसी चैनल पर विकास के काफ़िले के लाइव फुटेज चल रहे थे और ऑफ़िस से फ़ोन आने लगे। दिन भर का किया-धरा चौपट हो गया था। तात्कालिक व्यवस्था यही की गई कि रास्ते भर अपने जिलों के संवाददाताओं से टोल नाकों पर खड़ा कर काफ़िले के फुटेज इकट्ठे करवा कर रात डेढ़ बजे सोए मगर सुबह एक बड़ा सरप्राइज इंतज़ार कर रहा था। सुबह उठकर टीवी खोला तो विकास के एनकाउंटर की ख़बर थी। उस रात शिवपुरी के साथी केके दुबे ने एक फुटेज भेजा था। उसमें एक फ़ोटो में विकास कैमरों

की लाइट की तरफ़ देख हंस रहा था मगर यह उसकी आख़िरी हंसी थी। यहां टीवी स्क्रीन पर विकास की काले पॉली बैग में लिपटी लाश थी। मन में यही विचार आया कि अकाल मौत को हरने वाले महाकाल के दर्शन भी दुर्दांत अपराधी को अकाल मौत से बचा नहीं सके।

7

बाढ़ के बाद जो बचा वो हौसला है

भोपाल से विदिशा होते हुए अशोकनगर जिले की सीमा आने से पहले ही रोड पर पड़ता है बिसनपुर गांव। क़रीब डेढ़ सौ कच्चे-पक्के मकानों वाला यह गांव बुरे हाल में दिखा। एक तरफ़ नदी तो दूसरी तरफ़ बड़े-से नाले से घिरा यह गांव एक दिन तक पानी में डूबा रहा। अब जब पानी उतरा है तो पूरा गांव ऐसा गीला लग रहा है जैसे किसी ने हमारे आपके ऊपर बाल्टी भर कर पानी डाल दिया हो और फिर पोंछने को कुछ ना दिया हो। बाढ़ की तबाही सड़क से ही नज़र आने लगती है। सड़क किनारे ही किसान श्रीदास का मकान था। था इसलिए कि वो शुक्रवार को उफनती नदी के पानी में तहस-नहस हो गया। मकान के नाम पर अब मलबा बाक़ी है। इस बर्बाद मलबे को बरसते पानी में हटाकर घर गृहस्थी की चीज़ों को निकालने की कोशिश श्रीदास का पूरा परिवार कर रहा था। टूटे मकान के मलबे में कहीं टीवी दबा हुआ दिख रहा है तो कहीं पर रसोई में अनाज का सामान तो कहीं भीगे हुए गद्दे और रजाइयां।

श्रीदास बताते हैं कि सुबह आठ बजे के क़रीब ऐसा पानी आया कि चाय-नाश्ता छोड़कर बस किसी तरह हम ही घर के बाहर निकल कर खड़े हो पाए और थोड़ी ही देर में हमारा यह पुश्तैनी चार कमरों का मकान हमारे सामने ही ढह गया। फिर हमें ख़बर आई अपने ढोरों की तो वो बेचारे कमर-कमर तक पानी में घिरे खड़े थे तो उनको किसी तरह निकाल कर

34

ऊंचाई पर पहुंचाया मगर अब हमारे पास कुछ नहीं बचा है। सब या तो तहस-नहस हो गया या फिर बुरी तरह गीला।

श्रीदास की पत्नी रामबाई कहती हैं कि कल से ही ये गीले कपड़े पहने हैं। आटा, दाल-चावल सब गीला हो गया है। कल शाम को कोई खाना दे गया था तो मुश्किल से गले से नीचे उतरा। अब फिर सोच रहे हैं कि बच्चों को क्या खिलाएं? श्रीदास से बात करते वक़्त ही हरि कहार आ गए। उघाड़े बदन नीचे बस छोटा-सा तौलिया लपेटे हुए। 'टीवी वाले भैया अंदर गांव में भी चलो। हमारे घर भी देख लो। ऐसे ही टूट गए हैं। अब देखो ना को खाने को बचा है, ना पहनने को। यह तौलिया भी किसी और से मांग कर पहने हुए हैं। बच्चे भूखे हैं कल दिन भर से। पटवारी की राहत तो नहीं आई मगर हमारे सरपंच कुछ पैकेट दे गए थे तो गुज़ारा हो रहा है। अब आप टीवी पर दिखा दोगे तो जल्दी मदद मिल जाएगी और टूटे घर बनाने के लिए पैसे भी।' गांव वालों के मीडिया पर अभी तक के इस भरोसे पर कुर्बान होने को मन करता है।

बिसनपुर अशोकनगर की तरफ़ बढ़ने पर ही सड़क किनारे के खेतों में पानी के आकर गुज़र जाने के निशान दिखते हैं। सोयाबीन के छोटे-छोटे पौधे पानी में या तो डूबे हैं या फिर ज़्यादा पानी से मुरझाए हुए हैं। सड़क किनारे के घरों में ऊपर तक से पानी जाने के सबूत दूर से ही दिखते हैं। विदिशा छोड़ घाट बमुरिया चौराहा आता है, जहां से अशोकनगर जिले की सीमा शुरू हो जाती है। इस छोटे-से सड़क किनारे के गांव पर भी बगल से गुज़रने वाली कैथन नदी काल बनकर गुज़री। गांव के कच्चे मकान ढह गए हैं।

ब्रजेश दांगी का मकान सड़क से ही दिखा जो बाढ़ में बुरी तरह तहस-नहस हो गया था। वो बताते हैं कि ज़्यादा पानी आया तो हम खेत की तरफ़ भागे, क्योंकि किसान की जान तो फ़सलों में फंसी रहती है। हमारी संपत्ति तो वही होती है। मगर खेत में तो पानी ने बर्बादी की है। वहां से आया पानी यहां मकान में घुस गया और बाप-दादों के इस पुराने मकान को गिरा दिया। बच्चे पड़ोसी के घर में दो दिन से हैं। वहीं खाना-पीना और सोना हो रहा है। अब क्या होगा टीवी का? यह सवाल सुनते ही चेहरे पर हल्की-सी मुस्कराहट ला कर पचास साल के ब्रजेश कहते हैं कि हमारा क्या होगा? साहब, जो सबका होगा वो हमारा होगा। कोई हमारा घर ही तो नहीं

गिरा। अंदर गांव में बहुत घर गिरे और अनाज बर्बाद हुआ है। तो क्या अब सरकारी मदद का भरोसा है? अरे नहीं साहब! भगवान का भरोसा है, उसी ने जन्म दिया वही पालेगा, हमें और हमारे बच्चों को भी। पानी का क्या है? कल था, आज नहीं है। हम तो यहां हमेशा रहेंगे।

किसान के हौसले की दाद देते हुए सड़क पर आए तो देखा घाट बमुरिया से अशोकनगर जाने वाला पुल को लकड़ी के बड़े टूंठ रखकर रोका गया है। उतर कर देखा तो पुल में कोई ख़राबी नहीं दिखी। पानी भी पुल से बहुत नीचे से जा रहा था। क्यों बंद कर दिया यह रास्ता? वहां खड़े सिपाही से सवाल किया तो जवाब हमारे साथी स्वदेश जैन का आया जो हमसे मिलने मुंगावली से यहां आ गए थे। ‘सर! यह पुल ऊपर से ठीक है मगर थोड़ा नीचे चलकर देखिए। असलियत समझ जाएंगे।’ पुल के किनारे लगे पत्थरों पर डगमगाते हुए उतरे तो दिखा कि पुल को सड़क से जोड़ने वाली मिट्टी कैथन नदी जब उफनी तो अपने साथ ले गई। अब पुल के पाये तो सलामत हैं, मगर किनारे की मिट्टी ग़ायब है। थोड़ा-सा भी बोझ पुल और सड़क के बीच गहरी खाई बना देगा। पुल बंद होने से लोग अब कुनमुनाते हुए मुंगावली होते हुए अशोकनगर जाने को मजबूर हो रहे थे। सच है कि बाढ़ ना खेत देखती है, ना मकान और ना ही बड़े पुल और रास्ते।

मध्यप्रदेश के छह जिले पिछले दिनों भारी बारिश और उसके बाद आई बाढ़ की आपदा झेल रहे हैं। अशोकनगर भी उनमें से है, जहां पानी ने जनता को परेशान भले ही कर दिया हो मगर हौसले पर ज़रा भी असर नहीं डाला है – यह इतनी देर में ही मैं समझ गया था।

8
———

राजनीतिक तरीक़े से
कोरोना से नहीं जीतेगी सरकार

कोरोना ऐसी अबूझ बीमारी निकली जिसका इलाज समझने में डॉक्टर हारे, तो इस विभीषिका से निपटने के उपाय सरकार और हमारे कर्णधार भी सोच नहीं पाए। हमारे नेताओं ने कोरोना के पहले दौर में बीमारी से लड़ने के लिए थालियां बजवाईं तो दूसरे दौर में उनके सामने चुनौती थी कि क्या नया करें कि नेता की सक्रियता दिखे, प्रचार हो और कोरोना से जी-जान से लड़ने का संदेश भी जनता में जाए। दवाओं, इंजेक्शन आदि के साथ अस्पतालों में बेड की किल्लत थी इसलिए अब पूरा ज़ोर जागरूकता पर आ गया। इसके लिए कैसे नए-नए कार्यक्रम आयोजित हुए एक की बानगी।

मुख्यमंत्री शिवराज सिंह चौहान का स्वास्थ्य आग्रह - यानी कि भोपाल के बीचोंबीच राजभवन के सामने बने मिंटो हॉल। इसे भोपाल की बेगम सुलतानजहां ने 1909 में अंग्रेज़ शासकों के अतिथि गृह के तौर पर बनाया था और जिसमें बाद में मध्यप्रदेश की विधानसभा लगी, वहां पर महात्मा गांधी की प्रतिमा के बगल में साफ़-सुथरा ऊंचा तंबू ताना गया था। इसमें धवल सफ़ेद मंच पर मुख्यमंत्री शिवराज सिंह चौहान ने सत्य का आग्रह या सत्याग्रह करने जैसा स्वास्थ्य आग्रह का कार्यक्रम रखा, वो भी पूरे चौबीस घंटे का।

मुख्यमंत्री इस जगह पर बने अस्थाई टेंट-तंबू में 24 घंटे रहेंगे और वो भी अपने सारे कामकाज निपटाते हुए तो निश्चित ही यह हम पत्रकारों के लिए चौंकाने वाली बात थी। आख़िर इस तमाशे सरीखे आग्रह की ज़रूरत भला क्यों पड़ गई? प्रदेश के मुख्यमंत्री इतने जनप्रिय हैं कि उनके आग्रह

और मनुहार को टालना सचमुच में मुश्किल काम होता है, यह बात हम सारे पत्रकार, जो उनको लंबे समय से कवर कर रहे हैं, जानते हैं। फिर मास्क पहनकर लोगों को अपने स्वास्थ्य के प्रति आग्रह या कोरोना से बचाव की बात तो वो कई दिनों से लगातार जनता से प्रचार के अलग-अलग माध्यमों से कर ही रहे हैं। कुछ दिनों पहले वे भोपाल के भवानी चौक पर गोले में खड़े होकर हूटर बजने पर शामिल हुए। फिर वहीं बाज़ार में दुकानों के सामने बैठकर ग्राहकों की जगह तय करने के लिए गोले बनाए। उसी दिन वो शाम को इंदौर गए और छप्पन दुकानों के सामने भी ऐसे ही गोले बनाकर आए। साथ ही जनता से आग्रह किया कि मास्क लगाएं और अपना स्वास्थ्य बचाएं। वो यहीं नहीं रुके। वो इंदौर से उज्जैन भी गए और भगवान महाकाल के दरबार में सपत्नीक प्रार्थना की कि इस महामारी से हमारे प्रदेश को बचाओ। उज्जैन में भी उन्होंने जनता से मास्क पहनने का आग्रह किया। महाकाल मंदिर में उन्होंने जो दंडवत प्रणाम किया, उसके फ़ोटो अगले दिन सारे अख़बारों में प्रमुखता से छपीं।

स्वास्थ्य आग्रह के इस कार्यक्रम के पहले भी मुख्यमंत्री जी ने भोपाल के आनंद नगर सहित कई इलाक़ों में मास्क को लेकर जागरूकता फैलाने के लिए रोड शो भी किया। इस दौरान उनके लंबे-चौड़े काफ़िले को देखने और उनको सुनने भीड़ जुटी। हम पिछले साल के अनुभव से जान चुके हैं कि जहां भीड़, वहां कोरोना और यह संभव नहीं है कि जहां पर मुख्यमंत्री जाएं उनको देखने, मिलने, सुनने लोग यानी कि भीड़ नहीं आए। भोपाल, इंदौर और उज्जैन सभी जगह यह हुआ। यही सवाल स्वास्थ्य आग्रह की पहली पत्रकार वार्ता में हमारे किसी साथी पत्रकार ने पूछ दिया जिससे मुख्यमंत्री तो नहीं पर वहां मौजूद प्रशासन बुरी तरह असहज हो गया और देर तक उस पत्रकार साथी का नाम पूछता रहा जिसने यह सवाल पूछ कर रंग में भंग कर दिया था। प्रशासन के अफ़सर भूल गए कि सवाल वही होते हैं जो सच्चाई सामने लाएं और असहज करें वरना बाक़ी तो मुंह दिखाने, जनसंपर्क करने और नंबर बढ़ाने के लिए कुछ भी पूछा जा सकता है।

कड़वी सच्चाई यह है कि ऐसे कोरोना रिटर्न की केंद्र और राज्य सरकारों ने कल्पना भी नहीं की थी। कोरोना वायरस का असर हल्के होते ही सरकारें जल्दबाजी में तैयार की गई वैक्सीनों की जय-जयकार में लग गईं। जबकि वायरोलाजी के जानकार जानते हैं कि महामारी कुछ महीनों में जाती

नहीं बल्कि कई सालों तक रहती है। पिछले साल ही विशेषज्ञ बताने लगे कि यह वायरस तेज़ी से म्यूटेट हो रहा है यानी कि अपना रूप बदल रहा है। इससे आने वाले दिनों में यह तय करना मुश्किल होगा कि जिस वायरस के फ़ार्म के लिए वैक्सीन बनी है, उसका दूसरा रूप तैयार होने पर तो वैक्सीन की प्रामाणिकता संदिग्ध हो जाएगी। वही हो रहा है। वैक्सीन लगाना अब रामबाण उपचार नहीं रहा। किसी को पहली तो किसी को दूसरी वैक्सीन डोज़ लगने के बाद भी कोरोना जकड़ रहा है।

सरकारें यदि विशेषज्ञों के संपर्क में होतीं और सलाह लेतीं तो इस बीमारी से मेडिकल तरीक़े से निपटने में अपनी ऊर्जा लगातीं। मगर सारा ज़ोर फ़ोटोबाज़ी, टीवी पर लंबे प्रसारित भाषण और इवेंट बनाने पर लगाया जा रहा है। यही वजह है कि बीमारी दोबारा आई है तो अस्पताल तो हैं मगर उनमें ऑक्सीजन और दवाओं की भारी कमी है। बीमार मरीज यदि अस्पताल पहुंच भी गया तो वहां वो इन जीवनरक्षक संसाधनों के अभाव में अंदर और बाहर दम तोड़ रहा है। सरकार पहले कोरोना को केवल हाथ धोने से ख़त्म होने वाली बीमारी बता रही थी तो अब मास्क पहनकर बचाव करने की बीमारी बता कर सरलीकरण कर रही है। जबकि असल चुनौती अस्पताल और संसाधनों की ही है जिसकी बात ना वह कर रही है और ना करना चाह रही है।

सवाल वही है कि आज़ादी के इतने सालों बाद भी क्यों अस्पतालों के नाम पर सिर्फ़ भवन ही खड़े हैं। बाक़ी संसाधन कहां ग़ायब हैं, उनके बारे में क्यों नहीं सरकारें बात करतीं? क्यों आग लगने पर ही कुआं खोदने की आदत का शिकार हो कर रह गई हैं हमारी सरकारें? पूछता है आम आदमी।

9

भोपाल के अस्पताल में आग...
एक डॉक्टर की आँखों देखी

कमला नेहरू अस्पताल में उस दिन मेरी इमरजेंसी ड्यूटी थी। तीसरी मंज़िल पर ही बच्चों के दो वार्ड आमने-सामने थे। एक एसएनसीयू यानी कि न्यू बोर्न केयर यूनिट जिसमें 28 दिन से कम के वो बच्चे रखे जाते हैं जो पैदा होते ही किसी बीमारी का शिकार हो जाते हैं, और दूसरा वार्ड पीआईसीयू यानी कि पीडियाट्रिक इंटेंसिव केयर यूनिट है जिसमें 28 दिन से बड़ी उमर के बच्चे रहते हैं। मेरी ड्यूटी पीआईसीयू में थी और रात के करीब पौने नौ बजने को थे। मैं अपने वार्ड में भर्ती कुछ बच्चों के पर्चे पलट रहा था कि बाहर अचानक हड़बड़ी और शोर सुनाई दिया तो मैं सारे काम छोड़कर बाहर आया। बाहर का नज़ारा देख मेरे होश उड़ गए। सामने की एसएनसीयू से धुआं निकल रहा था और एक वार्ड बॉय आग बुझाने के टेंडर उठाकर ला रहा था तो दूसरा आग बुझाने के दौरान उपयोग में आने वाला पानी का पाइप खींच रहा था। किसी की समझ में कुछ नहीं आ रहा था कि करना क्या है। उधर, बच्चों के वार्ड में से निकलने वाला धुआं लगातार बढ़ता ही जा रहा था।

मैंने बदहवासी में वहां खड़े अपने साथी डॉक्टर से पूछा ये आग कैसे लगी और बच्चे कहां हैं। मारे धुआं के खांसते हुए वो कुछ बोल तो नहीं पाया मगर हाथ के इशारे से बताया कि बच्चे अंदर ही हैं। ओह! अब मुझे काटो तो ख़ून नहीं! वो नन्हे मासूम जिन्होंने कुछ दिनों पहले ही इस दुनिया में आंखें खोली हैं जो सांस लेने के लिए भी मेडिकल इक्विपमेंट के सहारे

हैं, वो इस धुएं में कैसे रह पा रहे होंगे। जाने क्या मुझे सूझी और मैंने अपना मास्क नाक पर लगाया और वार्ड में घुस गया। अंदर तो और ही भयावह नज़ारा था। हर तरफ़ अंधेरा ही अंधेरा था। वार्ड के कोने में वेंटिलेटर में आग लगी थी और उसी से निकल रहे धुएं से अंधेरा छाता जा रहा था। वार्ड की लाइट से कुछ दिख नहीं रहा था। उधर, वार्मर पोर्ट पर वो बच्चे अब तक रखे हुए थे जिनको इलाज देकर स्वस्थ करने की ज़िम्मेदारी हमारी थी। मुझे तुरंत लगा कि इन बच्चों को तुरंत यहां से हटाना पड़ेगा।

वार्ड में इक्के-दुक्के डॉक्टर और नर्सिंग स्टाफ़ बच्चों को लगी हुई आईवी हटाकर उठाने भी लगे थे। मुझे भी लगा समय कम है जो करना है, जल्दी करना होगा। मैंने भी जो वार्मर पोर्ट सामने दिखा उसमें लेटे बच्चों की आईवी हटाई और चार बच्चे दोनों हाथों से उठा लिए। ये नन्हे नींद में ही थे। उनको नहीं मालूम था कि उनकी जान पर क्या आफ़त आ गई है। इन बच्चों को लेकर मैंने दूसरे वार्ड के पलंग पर रख दिया। जहां एक-दो बच्चे उसी वार्ड से लाकर रखे गए थे। तुरंत मैं पलटा और फिर गहरी सांस लेकर धुएं वाले वार्ड में घुस गया। अब नई मुसीबत ये आई थी कि शॉर्ट सर्किट के कारण एसएनसीयू की लाइट भी चली गई और अंदर कुछ भी नहीं दिख रहा था। प्लास्टिक का ज़हरीला धुआं तेज़ी से लगातार बढ़ता जा रहा था। मैंने जल्दी अपना मोबाइल निकाला और उसकी टॉर्च ऑन की और सामने दिख रहे पोर्ट से फिर चार बच्चों को उठाया और वार्ड से निकल कर सामने के वार्ड के पलंग पर रख दिया।

तब मैंने देखा मेरे साथी लेडी डॉक्टर्स भी उस घुप अंधेरे वार्ड में, जहां चालीस नवजात रखे थे, उनकी नाक और हाथों से आईवी निकालकर वार्ड से बाहर ला रहे हैं। उस अंधेरे कमरे में धुआं के कारण कोई भी ज़्यादा देर तक ठहर नहीं पा रहा था। हम सब थोड़ी-थोड़ी देर में खांसते हुए बाहर आते और फिर गहरी सांस लेकर एसएनसीयू में वैसे ही घुसते थे जैसे पानी में डुबकी लगाने के पहले कुछ लोग ख़ूब सारी सांस भर कर उतरते हैं। यह वार्ड हमारा इतना जाना-पहचाना था कि हममें से अधिकतर को मालूम था कि वार्ड में कहां क्या है, क्या रखा है, यही अंदाज़ हमें काम आ रहा था। बच्चों को उस धुएं वाले अंधेरे कमरे से बाहर निकालने का काम इतनी तेज़ी से हो रहा था कि कई बार हम आपस में टकरा भी रहे थे। वार्ड में जब गाढ़ा ज़हरीला धुआं छत की ओर छा गया तो फिर मैंने पंजों के बल

नीचे झुके-झुके जाकर भी देखा कि किसी पोर्ट में कोई बच्चा रह तो नहीं गया। इस दौरान मैं उस जलते हुए वेंटिलेटर के पास भी पहुंच गया। वहां आग तो बुझ गई थी मगर धुआं उठ रहा था। वेंटिलेटर के पास वाले पोर्ट से जब मैंने एक बच्चे को उठाया तो वो इतना गर्म था कि उठा नहीं सका। मगर उस नवजात के गरम शरीर ने मुझे अंदर तक ठंडा कर दिया। वो बच्चा मर चुका था। मैं उलझन में था कि उसे ले जाऊं या नहीं कि तभी जाने क्या हुआ, मैं पास की चादर खींच कर उसे लपेट कर बाहर ले आया।

बीस मिनट की मशक़्क़त के बाद अब तक हम क़रीब-क़रीब सभी बच्चों को निकाल चुके थे। सामने के वार्ड पर उनको एक साथ दो को पलंग पर लिटाकर उनको फिर आईवी लगाई जा रही थी। उनके शरीर से धुएं को नर्म रुई से पोंछा जा रहा था। अब तक मंत्री विश्वास सारंग और हमारे सुपरिंटेंडेंट भी आ गए थे। अब सब कुछ उनकी देखरेख में हो रहा था। बाहर आग लगने की ख़बर फैल गई थी तो इन बच्चों के परिजन आपा खो रहे थे। इधर, हम सब डॉक्टर निढाल हो गए थे। आंखें धुआं खाकर लाल हो गई थीं। हर कोई खांस रहा था। हाथों में कालेपन की परत चढ़ गई थी। हमारे सफ़ेद एप्रिन काले पड़ गए थे और मास्क का पता नहीं था। मगर इन सारी परेशानियों से बढ़कर चेहरे पर संतोष चमक रहा था कि हमने उन नौनिहालों को आग और धुएं से बचा लिया जो हमारे भरोसे ही इन वार्डों में सांस ले रहे थे। जब मैं अपने रूम पर आया तो तड़के साढ़े तीन बज रहे थे। अगली सुबह फिर अस्पताल जाना था, उन नवजात नौनिहालों को देखने, जिनको हम सबने बिना आपा खोए आग व धुएं से बचाया था।

10

मैं कोविड से अनाथ बालक

कैसे कहूं कि मेरा परिचय क्या है? बस यह समझिए कि साल के शुरुआती महीनों में जब कोरोना कहर बनकर पूरे देश पर छाया तो मेरे सिर से भी पहले पिता फिर मां का साया उठ गया। मैं अनाथ हो गया, तेरह साल की उम्र में ही। भरी दुनिया में अकेला होना क्या होता है, यह मुझे उन दिनों पता चला। मगर भला हो मेरे चाचा-चाची का, जो उन्होंने मुझे अपने साथ रख लिया। अब मैं उनके साथ रह रहा हूं विदिशा में। कुछ दिनों पहले मेरे घर सरकारी विभाग के लोग आए और मेरे चाचा से मुझे भोपाल ले जाने के लिए सहमति मांगी। मैं भी हैरान था कि मुझे भोपाल क्यों जाना है? वहां जाकर क्या करूंगा? फिर बाद में चाचा ने बताया कि मुख्यमंत्री शिवराज सिंह चौहान ने उन बच्चों को रविवार को अपने घर बुलाया है, जो मेरे जैसे हैं यानी कि जिनके मां-बाप कोरोना में चल बसे। हम बदनसीब बच्चों को शिवराज क्यों बुलाना चाहते हैं, यह सब मेरे छोटे दिमाग़ की समझ में नहीं आ रहा था।

रविवार की सुबह हम भोपाल की श्यामला हिल्स में मुख्यमंत्री निवास के सामने थे। सजा हुआ बड़ा-सा बंगला जिसमें अंदर घुसते ही दाईं तरफ़ एक बड़ा पंडाल था। इसमें आगे छोटा-सा मंच फिर उसके सामने बैठने की कुर्सियां और उनके पीछे गोल टेबल लगे थे। किनारे की ओर वैसे ही खाने-पीने के स्टाल थे, जैसे कि हम शादियों के रिसेप्शन में देखते हैं। मुझे आगे की कुर्सियों पर कुछ दूसरे बच्चों के साथ बिठा दिया गया। उस पंडाल में मुझे सब कुछ थोड़ा अजीब-सा लग रहा था। मैं कभी इतनी बड़ी जगह नहीं गया था।

थोड़ी देर बैठने के बाद ही वहां मुख्यमंत्री शिवराज सिंह चौहान आ गए। चश्मा लगाए, दुबले-पतले, पेंट-शर्ट पहने मुस्कराते हुए वो मेरी ही तरफ़ आ गए। मेरे खड़े होने से पहले ही वो पूछने लगे - कैसे हो तुम? क्या नाम है तुम्हारा? मैं शिवराज हूं, तुम्हारा मामा।' धीमी-धीमी आवाज़ में मेरे जवाबों को सुनकर वो आगे बढ़ गए। वो सबसे ही ऐसी बात कर रहे थे। उनके साथ उनकी पत्नी भी थीं। वो भी हमारी तरफ़ प्रेम भरी निगाहों से देख रहीं थीं। उन्होंने भी मेरे पास आकर नाम पूछा। अब मुझे यहां थोड़ा अच्छा लगने लगा था, क्योंकि मेरे आसपास भी जो बच्चे बैठे थे वो सारे भी मेरी ही तरह थे यानी कि बिना मां-बाप वाले। उन सबको देख अब मेरा हौसला बढ़ने लगा था कि कोरोना ने मेरे मम्मी-पापा को ही नहीं छीना। ये बुरा वक्त इतने सारे बच्चों पर भी आया है और जब ये सारे प्रसन्न हैं तो मैं खुश क्यों नहीं हो सकता।

इस बीच, शिवराज जी ने माइक लेकर बात करनी शुरू कर दी। वो सच में मामा जैसी बातें कर रहे थे। बोले - 'सुनो। तुम्हारे मां-बाप की कमी तो हम दूर नहीं कर सकते मगर तुम सबकी पढ़ाई-लिखाई और रहने खाने में कोई परेशानी नहीं हो, यह काम हम करेंगे। हर महीने पांच हज़ार रुपये तुम्हारे खाते में आएंगे। घर पर राशन और स्कूल का ख़र्च भी हम उठाएंगे।' सच में यह तो अच्छी बात थी। इससे हमारे चाचा-चाची पर हम बोझ नहीं बन पाएंगे, यह शिवराज समझा रहे थे। वो बोले - 'तुम अच्छा पढ़ोगे तो तुम्हारे मम्मी-पापा जहां भी होंगे, खुश होंगे इसलिए उनको खुश करने के लिए ख़ूब पढ़ो।' इसके बाद वो हम बच्चों से दिवाली के दिये भी जलवाने लगे। हम सारे बच्चों ने लाइन में लगकर शिवराज जी के साथ दिये जलाए। वो यह भी देख रहे थे कि कोई बच्चा छूटे नहीं और बहुत सारे कैमरों की भीड़ में किसी को धक्का भी नहीं लगे।

अब आई खाने की बारी। हम सबको गोल टेबल पर बैठा दिया। टेबल पर क्या था? गोल गप्पे, चाट, चाऊमीन, पाव भाजी और बड़े-बड़े गुलाब जामुन। बाप रे! इतना कुछ मेरी पसंद का, ना कभी एक साथ ना मुझे मिला था। ना मैंने देखा था। मैं मज़े में चाऊमीन खा रहा था कि पीछे से आवाज़ आई - 'अरे! तुम तो विदिशा वाले होकर गुलाब जामुन नहीं खा रहे? लो यह खाओ।' फिर मेरी कटोरी से गुलाब जामुन उठाकर मुझे चम्मच से खिला दिया। सच बताऊं, मुझे बहुत अच्छा लगा। तभी मेरे सामने बैठे भैया ने

एक काग़ज़ पर कुछ लिख कर उनको दिया। तो शिवराज जी ने हम सबसे कहा कि जो तुम सब कहना चाहते हो, जो भी परेशानी हो उसे मुझे लिख कर दे दो। मैं कोशिश करूंगा कि तुम्हारी सारी छोटी-बड़ी दुख-तकलीफ़ दूर कर सकूं। फिर वो बोले – 'अरे भाई! मुझको भी तो खाना खिलाओ। इन बच्चों के साथ-साथ मुझे भी बहुत भूख लगी है।' मुख्यमंत्री के इस तरह, हम बच्चों की तरह, खाना मांगने पर मुझे हंसी आ गई। फिर क्या था? एक टेबल पर उनको और मामी को खाना परोसा गया।

इतने अच्छे मनपसंद खाने के बाद अब हम सब बच्चे इस माहौल में सामान्य हो गए थे। अब यहां अच्छा लगने लगा था। हमें विदिशा से लेकर आए अधिकारी भी बीच-बीच में आकर हमारी ख़बर ले रहे थे। खाने के बाद शिवराज जी और उनकी पत्नी घर परिवार की तरह हम सबको सीएम हाउस दिखाने ले गए। इतना बड़ा बंगला अंदर से मैंने तो पहली बार देखा था। बंगले के अंदर हरी घास का बड़ा-सा लॉन, लंबा रास्ता और ख़ूब सारे कमरे! सब कुछ था।

शिवराज जी ने हमें उनके काम करने का कमरा, टेबल-कुर्सी सब दिखाई और कहा कि यहां बैठकर ही उन्होंने हम बच्चों के लिए मुख्यमंत्री कोविड बाल सेवा योजना बनाई है। इसके तहत मेरे जैसे प्रदेश के 1365 बच्चों के रहने और पढ़ने-लिखने का ख़र्च भी सरकार उठाएगी। अरे वाह! यह तो अच्छी बात है। लौटते में हमें शिवराज जी ने उपहार भी दिए, मगर मेरे लिए सबसे बड़ा उपहार था यह अहसास कि अब मैं अकेला नहीं हूं, मेरे जैसे बहुत सारे बच्चे हैं जिनकी ज़िंदगी में अचानक दुख और अकेलापन आया है। मगर हमारा दुख बांटने वालों में शिवराज मामा भी हैं जिनकी मदद से हम अच्छा पढ़ेंगे-लिखेंगे जिससे हमारे मम्मी-पापा जहां भी होंगे ख़ूब खुश होंगे।

11

मैं एक चयनित शिक्षिका

सुबह का अलार्म बजते ही नींद खुली। घड़ी देखी तो तड़के साढ़े तीन बजे थे। तुरत-फुरत बिस्तर छोड़ा। रात की नींद आंखों में भरी थी। फिर भी किचन में जाकर बेटे और पति के दिन के खाने के लिए कुछ बनाया। उसी में से थोड़ा-सा अपने लिए टिफ़िन में रखा। राखी की थाली तो रात में ही सजा रखी थी। उसे बड़े जतन से बैग में रखा। अंधेरा था मगर अपने मोहल्ले की गली छोड़कर उस रोड पर आ गई थी, जहां हमारे अन्य साथी टैम्पो-टैक्सी लेकर आ चुके थे। एक छोटी-सी गाड़ी में नौ लोग सवार थे। महिलाओं में मैं अकेली थी।

'राखी रख ली?' शर्मा जी ने मुस्कराकर पूछा। 'मैडम! आप देखना इस बार आपकी राखी ही मामा की कलाई पर सजेगी। यह मैं कह रहा हूं।' मैंने कहा, 'सच कहते हैं आप, इसी उम्मीद में मैंने महंगी वाली राखी ख़रीदी है।' हमारे कस्बे से भोपाल का सफ़र पांच घंटे का था। रास्ते में एक जगह गाड़ी रुकी तो जब तक हमारे साथ के लोगों ने चाय पी मगर मैं चाय नहीं पीकर पास में बने शंकर भगवान के मंदिर में चली गई। अगरबत्ती लगाई और प्रार्थना की कि हम सबका भला करना।

नौ बजे के क़रीब हम भोपाल में बीजेपी दफ़्तर के सामने इकट्ठे होने लगे थे। यह देखकर खुशी हो रही थी कि इस बार दूर-दूर से बहुत सारे साथी आए थे। नीमच, मंदसौर, रीवा, सीधी से भी कुछ लोग और बहनें आई थीं जो एक दिन पहले से होटलों या रिश्तेदारों के यहां रुके थे। मैं ये देखकर खुश थी कि इस बार सबके मन में उत्साह ओर उम्मीद ज़्यादा है।

शायद यह रक्षाबंधन का असर था। इस बार हम आंदोलन करने नहीं, मामा को राखी बांधने आए थे और वादे में नियुक्ति की पक्की तारीख़ लेकर जाने वाले थे। इसलिए महिलाएं पीले कपड़ों में थीं और सभी के पास राखी के थाल सजे थे। हम बीजेपी दफ़्तर में तो नहीं जा पाए तो उसके बगल की सड़क पर नीचे बैठा दिए गए। पुलिस ने चारों तरफ़ से हम पर डेरा डाल कर बैठा दिया। उम्मीद थी कि बीजेपी दफ़्तर से कोई पदाधिकारी मामा का संदेश लेकर आएगा। वक़्त बिताने के लिए हम भजन गा रहे थे। हनुमान चालीसा का पाठ कर रहे थे। 'वंदे मातरम्' और 'भारत माता की जय' बोल रहे थे। मीडिया की भीड़-भाड़ तो आ गई थी मगर हमें तो इंतज़ार था – अपने मामा मुख्यमंत्री शिवराज सिंह जी का। वो कब आएंगे और राखी बंधवाएंगे। पिछली बार उन्होंने हम आंदोलनकारियों से राखी बंधवाई थी। थोड़ी देर बाद डीपीआई वाले अधिकारी आए और रटी-रटाई बात करने लगे। जब हमने उनसे ज्वॉइनिंग की तारीख़ मांगी तो वो भी चुप्पी साध गए।

इस बीच, दिन गुज़रता जा रहा था। सुबह से हमने कुछ खाया नहीं था। जो लाए थे वो इतने सबके बीच खाने की हिम्मत नहीं हो रही थी, क्योंकि किसी ने भी कुछ नहीं खाया था। फिर भी किसी के कहने पर पास जाकर चाय पी और फिर बैठ गए। जैसे-जैसे दिन गुज़रता जा रहा था, हमारी उम्मीद टूटती जा रही थी। ना मामा आ रहे थे और ना ही कोई ज़िम्मेदार अधिकारी। यह तो हम भी जानते थे कि यहां आकर तो कोई नियुक्ति पत्र देगा नहीं। मगर इस राखी के बदले पक्का आश्वासन पाने की उम्मीद तो यहां आए हम हज़ार से ज़्यादा लोगों को थी ही। इस बीच, घर से पति और बेटे के फ़ोन कई बार आ चुके थे। उनके सवालों के हमारे पास जवाब नहीं थे।

इधर, शाम गहरा रही थी और साथ में बरसात के बादल भी हो रहे थे। मगर यह क्या? अचानक पुलिस की तैनाती बढ़ने लगी और एक एसडीएम हमें साढ़े छह बजे तक जगह ख़ाली करने का बोल कर चले गए। अब पुलिस फ़ोर्स के साथ मीडिया के लोग भी दोबारा लौटने लगे थे। कुछ को हमने बुलाया तो कुछ को पुलिस की ख़बर लगी होगी – हमें ज़बरदस्ती हटाने की। हमारा डर बढ़ रहा था। इतनी पुलिस का मुक़ाबला हम कैसे करेंगे और वैसे भी हम मुक़ाबले के लिए आए भी नहीं थे। हम तो अपनी तीन साल से टल रही नियुक्ति का भरोसा लेने आए थे। इस बीच, पुलिस

के अधिकारी ने माइक हाथ में लेकर हमें समझाया कि हट जाइए। वरना हम आपकी ज़बरदस्ती फ़ोटो लेंगे और एफ़आईआर करेंगे फिर आपकी नौकरी और मुश्किल में पड़ जाएगी। हमारी घबड़ाहट बढ़ने लगी थी। हम महिलाओं ने एक दूसरे के हाथ थाम लिए थे।

और यह क्या? थोड़ी देर में ही महिला कांस्टेबलों ने हम महिलाओं को घेर लिया और नाम पूछकर चेहरे से मास्क हटाने लगीं। कोई हमारी राखी की थाली पर पैर रख रही थी तो कोई हमारे टिफ़िन को लात मार रही थी। पहले तो हमने थोड़ा विरोध किया मगर पुलिस के आगे हम होने वाले शिक्षक क्या थे? अचानक आई तेज़ बारिश और पुलिस के डर से उठकर सब यहां-वहां होने लगे और यही तो प्रशासन चाहता था। थोड़ी देर में ही उम्मीद-आशाओं और मामा की मंगलकामनाओं से भरा धरना तितर-बितर हो गया था। मगर यह क्या? धम्म से एक महिला पुलिस वाली ने मुझे धर दबोचा। गले में हाथ डाला और कहा – 'बहुत नारे लगा रही थी। चल तुझे बताती हूं।' वो मुझे घसीटते हुए बरसते पानी में सुलभ शौचालय तक क़रीब सौ मीटर ले गई और वहां धक्का देकर कहा – 'अब जाओ, जहां से आई थी।' मेरी राखी की थाली वाला बैग, टिफ़िन, छाता और चप्पलें कहीं छूट चुकी थीं। बस कंधे पर छोटा बैग था और मैं दुखी-निराश सड़क पर बरसते पानी में भीगती हुई, ज़ोर-ज़ोर से सिर्फ़ रोए जा रही थी।

लौटते वक़्त गाड़ी में सब चुप थे मगर मेरे मन में सवाल उमड़ रहे थे। क्या इसी दिन के लिए मैंने इंजीनियरिंग की पढ़ाई छोड़कर बीए, एमए और बीएड किया था? क्या इस अपमान के बाद मैं कभी स्वाभिमान से जी सकूंगी और कभी कोई नौकरी कर सकूंगी? शायद नहीं। बहुत कुछ अंदर से टूट गया है। जब घर पहुंची तो फिर रात के साढ़े तीन बज रहे थे।

12

संवाद गुरु शिवराज
से सीखे कोई संवाद करना

यह पत्रकारिता उतनी आसान नहीं है, जितनी दिखती है। अच्छा पत्रकार वो है जो पहले तो ख़बर को मेहनत से तलाशे, तथ्यों के आधार पर उसे पक्का करे फिर उसे अच्छी तरह से लिख दे या कह दे। मतलब यह कि पत्रकार को बेहतर संचार या कम्युनिकेशन आना चाहिए। हालांकि जब बात कम्युनिकेशन या संचार की आती है तो मैं एमपी के मुख्यमंत्री शिवराज सिंह चौहान के आगे बहुत नेताओं को और संचार पढ़कर पत्रकारिता में आने वाले हम पत्रकारों को भी पानी भरते पाता हूं। कोई बात कैसे और किस अंदाज़ में कही जानी चाहिए कि जो सामने वाले को समझ में आए और ना सिर्फ़ समझ में आए बल्कि दिल में गहराई तक उतर जाए। यह बात शिवराज सिंह चौहान से बेहतर कोई नहीं जानता। चलिए, पहेलियां बुझाना बंद करता हूं। सीधे मौक़े पर आपको ले चलता हूं।

भोपाल का लॉर्ड मिंटो हाल गुरुवार की दोपहर अंदर से बाहर तक सजा था - खिलाड़ियों के पोस्टरों से सजे स्वागत द्वारों से। इन पोस्टरों में सबसे ख़ास चेहरा चमक रहा था टोक्यो ओलिंपिक में कांस्य पदक विजेता हॉकी के खिलाड़ी विवेक सागर का। अंदर मुख्य हाल में मंच पर मुख्यमंत्री शिवराज सिंह चौहान के साथ विवेक विराजमान थे तो मंच के सामने उनके माता-पिता, परिवार और दोस्तों के साथ ही खेल अकादमियों के खिलाड़ी बैठे हुए थे। विवेक को सम्मानित किया जाना था - एक करोड़ रुपये की सम्मान राशि से। कार्यक्रम की औपचारिकताओं के बीच बोलने की बारी आई

49

मुख्यमंत्री शिवराज सिंह की। वो सुबह से ही विवेक के साथ थे। उसे पहले घर पर शॉल व श्रीफल से सम्मानित किया फिर उसे लेकर स्मार्ट पार्क में पौधारोपण कराया और अब अपने साथ यहां लाए थे।

शिवराज जी ने माइक संभाला और गौर किए शब्दों पर, सुनिए शब्दों को – 'यहां पर हैं मध्यप्रदेश को ही नहीं पूरे देश को गौरवान्वित करने वाले हमारे लाड़ले बेटे विवेक सागर! ज़रा इनका इतना ज़ोरदार स्वागत करिए कि हॉल गूंज जाए। अभिनंदन विवेक! स्वागत कीजिए विवेक सागर का। अभिनंदन करिए, शुभकामनाएं दीजिए विवेक सागर को! तुम ख़ूब आगे बढ़ो। मध्यप्रदेश की साढ़े आठ करोड़ जनता की ओर से तुम्हारा स्वागत करता हूं, विवेक!' मुख्यमंत्री की इस बात के बाद सामने बैठे सारे लोग, जिनमें शिवराज मंत्रिमंडल के कई मंत्री भी थे, उठकर देर तक ताली बजाते रहे। अब कार्यक्रम चार्ज हो चुका था।

शिवराज सिंह कुछ बातें खेल विभाग और अपनी सरकार की करने के बाद फिर संचार स्किल को साधते हुए भावनात्मक भाषण पर आ गए। सुनिए, 'विवेक की माता जी कमला देवी भी हैं यहां पर। उनकी आंखों में मैंने आज बार-बार आंसू देखे। आपको प्रणाम, आपने ऐसे पुत्र को जन्म दिया है! जीतने के बाद विवेक की एक ही हसरत है कि अपनी मां को, जो कच्चे छोटे घर में रहती है, पक्का घर बना दूं। आज मैं कमला देवी से पूछना चाहता हूं कि बताओ मेरी बहन कहां मकान चाहिए? आपने गौरवान्वित किया है देश को, प्रदेश को इसलिए आप जहां चाहेंगी, राज्य सरकार वहां मकान उपलब्ध कराएगी। रहने के लिए पक्की छत देगी आपको।' बस, फिर क्या था? यहां स्क्रीन पर विवेक की मां के आंसू पोंछते विजुअल्स आ रहे थे तो उधर हाल तालियों की गड़गड़ाहट से गूंज रहा था।

कार्यक्रम में हर आदमी भावुक हो रहा था और मुख्यमंत्री की दरियादिली पर खुश हो रहा था। मगर अभी संचार गुरु शिवराज सिंह का मास्टर स्ट्रोक आना बाकी था। तालियों के बाद वक्ता शिवराज जी की वक्तृत्व कला और निखरती है। फिर वो आवाज़ में उतार-चढ़ाव भी लाने लगते हैं। सस्पेंस और रुचि पैदा करते हैं। सुनिए, "अभी मैं कुछ कह रहा तो विवेक सकपका गए। गाड़ी में मैंने विवेक से कहा तो तुमको डीएसपी बना दें, विवेक बोला कि डीएसपी बनूंगा तो खेलूंगा कैसे? तो मैंने कहा कि तुमको डीएसपी

पीएचक्यू में बैठाने के लिए थोड़े ही बना रहे हैं। अरे! तुम तो हॉकी खेलना। डीएसपी मध्यप्रदेश सरकार ऐसे ही बना देगी। खेलते रहो और नाम कमाते रहो तो विवेक आज से मध्यप्रदेश पुलिस के डीएसपी भी हैं।" बस फिर क्या था? मंच पर और सामने बैठी जनता फिर खड़े होकर तालियां पीट रही थी और मुख्यमंत्री की दरियादली को वाह-वाह कर रही थी। विवेक मिंटो हॉल के इस कार्यक्रम से एक करोड़ रुपये का इनाम, एक पक्का मकान और डीएसपी की नौकरी लेकर लौटे। साथ ही, वो उनका परिवार, दोस्त गांव आदि सब मुख्यमंत्री शिवराज सिंह के इस भाषण के बाद उनके पक्के मुरीद और वोटर भी बन चुके थे।

अब इस संवाद को अलग रखकर देखें। मुख्यमंत्री शिवराज सिंह चौहान ने वही किया जो दूसरे राज्यों की सरकारें ओलिंपिक का पदक लेकर लौटे अपने राज्य के खिलाड़ियों को कर रही हैं। इनाम की बड़ी राशि, एक पक्का मकान और सरकारी नौकरी! मगर शिवराज ने ये सारी चीज़ें जिस रोचक और दिल को लुभाने वाली अदा के साथ सामने रखीं, वो शायद ही कोई दूसरा मुख्यमंत्री उस चतुराई और संवाद कुशलता के साथ रख सकता है। इसलिए मैं मानता हूं शिवराज सिंह की लोकप्रियता में बड़ा योगदान उनकी संवाद कला का है। कुछ शब्दों के दोष पूर्ण उच्चारण के बाद भी शिवराज जी की संवाद अदायगी लुभाती है तो उसकी वजह है उनकी सहजता, बोलने में सीधे-सरल शब्दों का प्रयोग। साथ ही, सामने बैठे लोगों से लगातार संवाद करते चलना।

संचार में शिवराज सिंह सरीखी प्रवीणता पाने के लिए ही वसीम बरेलवी ने लिखा है –

कौन सी बात कहां, कैसे कही जाती है।
ये सलीकां हो तो हर बात सुनी जाती है।।

13

अब बड़ा तमाशा
यानी बड़ा समाचार

'देश मेरा रंगरेज ओ बाबू, घाट-घाट यहां घटता जादू,' मेरी पसंदीदा फ़िल्म *पीपली लाइव* का यह गाना जाने क्यों सुबह से ही दिमाग़ में गूंज रहा है। असल बात यह है कि हम जिस माहौल में रहते हैं, वैसा ही गीत गुनगुनाने लगते हैं। तो मैं बता दूं कि शनिवार की सुबह से देर शाम तक हम कोरोना के ख़िलाफ़ टीकाकरण कार्यक्रम की रिपोर्टिंग में ही उलझे रहे। इस कार्यक्रम में अफ़सरों की आपाधापी और मीडिया की मारामारी देख यही गाना कानों में बजता रहा। तो सबसे पहले शुरू से ही शुरू करते हैं।

एक दिन पहले तक यह तय था कि इस बहुप्रचारित अभियान का प्रादेशिक स्तर का मुख्य कार्यक्रम भोपाल के जेपी अस्पताल में होगा। वहां प्रदेश के स्वास्थ्य मंत्री उपस्थित रहेंगे और इस अस्पताल में यहां के सुरक्षा गार्ड हरदेव यादव को कोरोना का पहला टीका लगेगा। एक दिन पहले तक मीडिया हरदेव का गुणगान करता रहा और करे भी क्यों नहीं? हरदेव भले ही सुरक्षा गार्ड हो मगर उससे प्रधानमंत्री मोदी जी ऑनलाइन चर्चा करने वाले थे। उधर, इस अभियान के कवरेज की निराशा पैदा करने वाली यह ख़बर थी कि प्रदेश के मुख्यमंत्री, जो हर वक़्त मीडिया में डिमांड में रहते हैं, भोपाल में नहीं रहकर सिंगरौली जा रहे थे और वहीं से वो इस कार्यक्रम में शामिल होंगे। मगर नींद से उठने यानी कि सुबह तक सब बदल चुका था।

टीकाकरण का मुख्य कार्यक्रम जेपी अस्पताल से बदल कर हमीदिया अस्पताल में रख दिया गया था। इसमें चिकित्सा शिक्षा मंत्री के साथ ही

मुख्यमंत्री भी वहीं आने वाले थे। मुख्यमंत्री कार्यालय से जो कार्यक्रम जारी हुआ, उसमें बताया गया कि रीवा में कोहरा होने के कारण मुख्यमंत्री अब भोपाल का कार्यक्रम करने के बाद ही रीवा और सिंगरौली जाएंगे। बस, फिर क्या था? कई दिनों की तैयारियों से चमक रहे जेपी अस्पताल में हर ओर लटके फूलों की रौनक जैसे ग़ायब ही हो गई। हालांकि हरदेव के उत्साह में ज़रा भी कमी नहीं थी। जब हमने उससे बात की तो वो उसी उत्साह से दमक रहा था। हालांकि तब तक उसे यह भी नहीं पता था कि मुख्य कार्यक्रम स्थल तो बदल ही गया है, साथ ही मोदी जी का उससे बात करने के कार्यक्रम में भी रद्दोबदल हो गया है। जेपी अस्पताल में दिन भर जमने की सोच रहा भोपाल का मीडिया हमीदिया अस्पताल की ओर तेज़ी से भागा जा रहा था।

उधर, हमीदिया अस्पताल में हालात अफरा-तफरी वाले थे। यहां अब तक तो तैयारी टीकाकरण सेंटर की थी मगर अब जब मुख्यमंत्री और दोनों मंत्री आ रहे थे तो तैयारियां उस हिसाब से होने लगीं। तंबू सुबह सात बजे से ही तनने लगा था तो नीचे फ़र्श हमारे आते-आते बिछ रहा था। अतिथियों के लिए सोफ़े कहां लगाएं, यह सबसे बड़ा सवाल था। कभी सोफ़े अंदर तो कभी बाहर हो रहे थे। क्योंकि कोई कहता अंदर लगाओ तो कोई कहता बाहर लगाओ। ऐसे में सबसे अच्छा यह कि सोफ़े दोनों जगह लगा दिए गए और कार्यक्रम का शुभारंभ हर बार की तरह मोदी जी को अपने लंबे भाषण के साथ करना था तो उसे सुनने और देखने के लिए एलईडी भी लगती है। अतः सोफ़ा और एलईडी के दो सेट दो जगह लगा दिए गए थे।

उधर, इस सबसे बेपरवाह मीडिया के लोकल, रीजनल और नैशनल चैनल के ढेरों कैमरामैन पीठ पर बैक पैक लादे और हाथों में रंग-बिरंगे माइक पकड़े रिपोर्टर बदहवासी में भाग रहे थे। हमारे पास हर घड़ी एक नई फ़रमाइश आ रही थी। पहले उसे पकड़ो जिसे सबसे पहले टीका लगना है। वो अभी आया नहीं तो दूसरे को पकड़ो जिसे दूसरा टीका लगना है। वो भी नहीं मिल रहा तो छोड़ो लाइव फ़्रेम देकर खड़े हो जाओ। 'आइए, चलते हैं हमारे संवाददाता के पास हमीदिया अस्पताल। बताइए क्या माहौल है वैक्सीनेशन को लेकर?' हमारे साथी उस बदहवासी के माहौल में भी उत्साह तलाश कर उसका बखान लगातार कर रहे थे। इस बीच, वक़्त काटने के लिए हम मीडिया वालों को मिल गए हमारे युवा चिकित्सा मंत्री विश्वास सारंग, जो मीडिया से दोस्ताना संबंध रखते हैं। हम सब एक-एक कर उनको

लाइव में सवाल-जवाब करने लगे। हमारे मंत्री जी के सारे जवाब मोदी जी से शुरू होकर शिवराज जी पर ख़त्म होते रहे।

इस बीच, सायरन की आवाज़ों के साथ मुख्यमंत्री आयोजन स्थल पर आते हैं और दोनों मंत्रियों से हल्की-सी चर्चा कर बैठ जाते हैं। बाहर सोफ़े के साथ लगे एलईडी टीवी पर प्रधानमंत्री मोदी जी का उद्बोधन शुरू हो जाता है। मुख्यमंत्री का लगातार कवरेज़ करने के लिए वहां मौजूद मीडिया तीन हिस्सों में बंट जाता है - आधा दाएं, आधा बाएं तो बचा-खुचा सामने घुटनों के बल। क़रीब चालीस मिनट के भाषण में मोदी जी कोरोना काल की साल भर पुरानी बातें याद दिलाकर वैक्सीन की उम्मीद पर बात ख़त्म करते हैं। भाषण ख़त्म होते ही मुख्यमंत्री तेज़ी से उठते हैं और वैक्सीन लगाने वाले कक्ष में पहुंचते हैं, जहां उनकी मौजूदगी में गर्मजोशी के साथ हमीदिया अस्पताल के वार्ड बॉय संजय यादव की बांह में वैक्सीन लगती है। मुख्यमंत्री उसे बधाई देते हैं, हौसला बढ़ाते हैं और बाहर इंतज़ार कर रहे अनेक कैमरों के सामने बाइट या बयान देकर इस अभियान पर खुशी ज़ाहिर कर निकल पड़ते हैं।

अब मीडिया का काम सबसे पहले वैक्सीन लगने वाले संजय की तलाश का होता है जिसे सीएम के सामने टीका लगा। आधे घंटे बाद वो निकलता है और कैमरामैन व रिपोर्टरों की भीड़ उस पर टूट-सी पड़ती है - एक्सक्लूसिव वन टू वन करने के लिए। अचानक और बिना मांगे मिली इस प्रसिद्धि से संजय बहुत घबड़ा जाता है वो कुछ बोल नहीं पाता, क्योंकि एक के बाद लगातार उससे सवाल पूछे जा रहे होते हैं। थोड़ी देर बाद ही डॉक्टरों के इशारे पर उसे अस्पताल के गार्ड घेरकर कैंपस से बाहर ले जाते हैं। जल्द ही यहां पर तमाशा थमने लगता है।

अब यह सब देख कर मेरे दिमाग़ में दिन भर फ़िल्म *पीपली लाइव* का गाना फिर बजने लगता है, 'राई पहाड़ है कंकर-शंकर, बात है छोटी बड़ा बतंगड़, इंडिया सर ये चीज़ धुरंधर!'

14

देखो, धुएं के
साथ मेरी मां जा रही हैं

भोपाल के भदभदा विश्राम घाट पर वो आठ तारीख़ की शाम का वक़्त था, जब सूरज लगभग डूबने को था और अंधेरा हर कोने पर छा रहा था। आमतौर पर श्मशान घाट का अंधेरा डरावना होता है, मगर उस अंधेरे को और ज़्यादा भयावह बना रहीं थीं वो लपटें जो पास में जल रहीं चिताओं से उठ कर हवाओं से होड़ कर ऊपर की ओर उठ रहीं थीं। कतार में दस से बारह चिताएं एक साथ जल रहीं थीं। आग में मांस के जलने और लकड़ियों के चटकने की आवाज़ें आ रहीं थीं जिसमें जुड़ रहीं थीं चिताओं से दूर खड़े शोकाकुल परिजनों की तेज़-तेज़ सिसकियां। आंखों में आंसू भरकर कोई इन चिताओं की तरफ़ हाथ जोड़े खड़ा था तो कोई किसी को सहारा देकर ढांढस बंधा रहा था और ख़ुद भी सुबक रहा था। ये सारे वो अभागे परिजन थे जो ना तो अपने परिजन को अस्पताल में भर्ती कराते वक़्त मिल पाए और ना इस अंतिम विदाई के दौरान उनको अच्छे-से देख पाए।

पीपीई किट की पॉलिथिन और कोरोना के संक्रमण का ख़तरा मृत देह से अपनों को दूर किए हुए था। ये चिताएं मुख्य विश्राम घाट के दूसरी ओर बनीं थीं, जहां कोरोना से दम तोड़ने वालों की देह का ही अंतिम संस्कार किया जाता है। पिछले कुछ दिनों से क़रीब रोज़ पचास से साठ कोरोना शवों का इस जगह अंतिम संस्कार हो रहा है। अंतिम संस्कार के लिए आ रहे शवों की यह रफ़्तार विश्राम घाट में सालों से काम कर रहे लोगों को याद नहीं पड़ती।

परंपरागत लकड़ी की मदद से किए जाने वाले इस अंतिम संस्कार स्थल के पास ही बना हुआ है विद्युत शवदाह गृह, जहां की ऊंची चिमनी लगातार धुआं उगल रही थी आसमान की ओर। इसी चिमनी की ओर एकटक निहारे जा रही थी दिव्या। उसकी मां मीना जैन का अंतिम संस्कार इस विद्युत शवदाह में हुआ। दिव्या की आंखों से आंसू लगातार गिर रहे हैं और वो है कि उस धुएं की लकीर का पीछा अपनी निगाहों से किए जा रही है। दिव्या को अपने कंधे का सहारा देकर दीपक खड़ा है।

अचानक जैसे निढाल-सी खड़ी दिव्या के शरीर में हरकत होती है। वो कहती है - 'दीपक! देखो-देखो, वो मेरी मां जा रही हैं। देखा तुमने? वो धुएं के बीच में देखो उनका चेहरा दिख रहा है। देखो, अच्छे से देखो, वो मुस्करा रही हैं। देखो दीपक गौर से देखो, मेरी मां के चेहरे का फ़ोटो उतारो। जल्दी कैमरा निकालो।' उधर, पास में ही दीवार पर खड़े होकर फ़ोटोग्राफ़र संजीव गुप्ता अपने कैमरे से श्मशान घाट में अनवरत जल रही चिताओं के फ़ोटो ले रहे थे। उनकी तरफ़ देख कर दिव्या चीखी - 'भैया, ओ भैया! वो मेरी मां का फ़ोटो निकालो। देखो, वो जा रही हैं उस धुएं के बीच में बैठकर। आप जल्दी उनकी फ़ोटो उतारो। जल्दी करो भैया वो दूर हो जाएंगी।' कोरोना की विभीषिका को अपने कैमरे की नज़र से देख रहे संजीव के लिए यह अचानक आई चुनौती थी। संजीव ने विद्युत शवदाह गृह से निकल रहे धुएं की लंबी लकीर की फ़ोटो तो ली ही साथ में शोक में डूबे एक दूसरे का हाथ थामे खड़े दीपक और उसकी पत्नी दिव्या की फ़ोटो भी खींच ली।

दीपक और दिव्या की ज़िंदगी दो दिन में ही उजड़ गई। कोतमा में रहने वाले डॉक्टर दीपक की शादी दिव्या से हुई थी जो खंडवा की रहने वाली हैं। खंडवा में दिव्या के पिता रिटायर्ड डिप्टी कलेक्टर जेके जैन हैं जो पत्नी मीना के साथ रहते हैं। अचानक जेके जैन और उनकी पत्नी मीना की तबियत बिगड़ती है। दोनों को भोपाल लाकर हमीदिया अस्पताल में भर्ती कराया जाता है। जैन साहब के दामाद और बेटी दीपक व दिव्या कोतमा से अपने दो बच्चों के साथ भोपाल भागे-भागे आते हैं। जैन की तबियत और बिगड़ती है, उनको वेंटिलेटर पर रखा जाता है। मगर सुबह भर्ती कराई गई मीना कोविड का इलाज शुरू होते ही शाम तक हार्ट अटैक के कारण दम तोड़ देती हैं। अचानक आई इस आपदा से दीपक व दिव्या संभल भी नहीं पाते कि फिर शुरू हो जाता है - डेड बॉडी या मृत शरीर को लेने

की लंबी-सी प्रक्रिया। मर्चुरी से लेकर शमशान घाट तक एंबुलेंस की मदद से पहुंचाने के लिए इतनी काग़ज़ी खानापूर्ति करनी पड़ती है कि दुख-दर्द सब भूल कर इसी उबाऊ प्रक्रिया में लगना पड़ता है।

मौत के बाद अगले दिन सुबह से शाम हो जाती है तब जाकर बॉडी मिलती है और फिर उसके बाद शमशान घाट में लंबा इंतज़ार। शहर के सारे विश्राम घाट इन दिनों मृत देहों से पटे पड़े हैं। ढेर सारी एंबुलेंसें मृत शरीरों को रखे अपनी बारी का इंतज़ार करती रहती हैं। फिर चाहे भदभदा विश्राम घाट हो या सुभाष विश्राम घाट सब जगह इतने शव आ रहे हैं कि प्रबंधकों के चेहरे पर पसीना ही दिखता है। कहीं पर लकड़ी की कमी हो गई है तो कहीं पर लगातार एक जैसा काम करने से विश्राम घाट के कर्मचारियों के चेहरे पर ऊब थकान और तनाव भी दिखने लगा है।

दीपक कहते हैं कि हम अपनी सास का अंतिम संस्कार कर जल्दी अपने ससुर के पास अस्पताल और बच्चों के पास होटल जाना चाहते थे मगर जब हमको बताया गया कि बीस बॉडी के बाद आपका नंबर आएगा तो हमने विद्युत शवदाह की मदद ली और उसमें से निकली धुएं की लंबी लकीर को देखकर दिव्या को अपनी मां की याद आती रही। यह सारी मर्मांतक कहानी सुनाने के बाद दीपक के मन का असल दर्द अब बाहर आता है। बोलते हैं – 'सर! आपको बताऊं, नरक कहीं नहीं है। कोविड के ये अस्पताल और उनकी अव्यस्थाएं, उसके बाद शमशान की ये लंबी कतारें, लगातार जलती चिताएं ही असली नरक हैं। इनके बीच इन दिनों हम सब रह रहे हैं।'

15

ओ री चिरइया
नन्ही-सी चिड़िया

विदिशा जिले के गंजबासौदा के मेन रोड चार खंबा के पास जहां सबसे ज़्यादा पक्षियों की चहचहाहट गूंज रही हो तो समझ जाइए कि वो घर है विकास यादव का। विकास पिछले दस सालों से पक्षी संरक्षण समिति चला रहे थे जिसका मुख्य काम चिड़ियों के लिए लकड़ी के घोंसले तैयार करना है, जिसे वो गौरेया कुटी या बर्ड नेस्ट कहते थे। विकास कहते थे कि उन्होंने बचपन में बहुत सालों तक अपने घरों की सफ़ाई में पक्षियों के घोंसले तोड़े हैं तो अब वह प्रायश्चित कर रहे हैं और देश भर में ये कुटियाएं लगाने का काम कर रहे हैं। चाहे भरतपुर का पक्षी अभयारण्य हो या आगरा के फ़ॉरेस्ट डिपार्टमेंट की कॉलोनी या फिर दक्षिण के राज्यों में भी कूरियर से विकास की गौरेया कुटी भेजी जाती थीं।

विकास यादव की डिज़ाइन की हुई ये गौरेया कुटी भी बहुत ख़ास होती है, जिसमें हमारे आपके घरों जैसी तीखी ढलानदार छत के नीचे दो कमरे का फ़्लैट, घर या मकान कुछ भी कह लें चिड़िया का होता है। इसमें वो पहले तिनके जोड़-जोड़ कर भर देती है या कहें कि पक्के मकान में देसी घोंसला बनाती है, फिर तिनकों के ऊपर अंडे देती है। उन अंडों को सेती है और जब नन्हे बच्चे आ जाते हैं। इस कुटी, मकान, घर या चिड़िया के फ़्लैट में आने-जाने के लिए एक छोटा-सा छेद होता है। इस छेद के पास ही उसके बैठने के लिए एक छोटा-सा बार या डंडा होता है जिस पर बैठकर चिड़िया घोंसले से मुंह निकालकर बैठे अपने नन्हे-नन्हे से बच्चों को दुनिया भर से

चुन-चुन कर लाई निवाला देती है। ये सारी गतिविधियां चिड़ियों के प्रजनन काल के दौरान ही आपको हमको दिखती हैं।

लंबे समय से पक्षियों और ख़ासकर चिड़ियों पर अपने अनुभव और अध्ययन से मिली जानकारी के आधार पर विकास बताते थे कि चिड़ियां हमारे आसपास से ग़ायब होती जा रहीं हैं। उसकी वजह यह है कि हमारे घर, जहां हमने उनके रहने और प्रजनन की जगह नहीं छोड़ी। हमारे पुराने कच्चे घरों में चिड़ियां चौखट छत या छज्जे के नीचे मिली छोटी-सी जगह पर अपना घर बनाकर हमारे साथ रहती थीं और दिन भर अपनी चहचहाहट से हमारा घर गुलजार रखती थीं। साफ़-सफ़ाई के नाम पर हमने उनके घर तो छीने ही उनका दाना-पानी भी छीन लिया। चिड़ियां दाल के दाने पके चावल और बाजरे का दाना चाव से खाती हैं, मगर हम उनके इस खाने को भी कचरा समझ कर फेंक देते हैं। यदि इसी दाने को किसी खुली जगह पर रोज़ बिखेरने लगेंगे तो आप देखेंगे कि चिड़ियाएं आने लगेंगी। वो बताते हैं कि चिड़ियों की कमी को मोबाइल टावर के रेडिएशन से जोड़कर देखना ठीक नहीं है। दरअसल, हमने ही उनके लिए आबोदाना और दाना-पानी नहीं छोड़ा है तो भला चिड़ियां कब तक हमारे आसपास रहतीं। पिछले साल जब रजनीकांत और अक्षय कुमार की फ़िल्म *टू प्वाइंट ज़ीरो* आई थी तो उसमें चिड़ियों की चिंता की गई थी। इस फ़िल्म से प्रभावित होकर विकास ने रजनीकांत, अक्षय कुमार और फ़िल्म के निर्देशक शंकर को गौरेया कुटी भेजी थी जिस पर उन सबका शुक्रिया भी आया था। उस फ़िल्म के बाद लोगों ने चिड़ियों की परवाह करनी शुरू की और उनसे बहुत सारी कुटियाएं लगवाई गईं।

विकास कहते थे कि यदि चिड़ियां पनप जाएं तो वन विभाग को पौधारोपण करने की ज़रूरत ही नहीं पड़ेगी। क्योंकि चिड़ियां ही पेड़ों के फलों के बीज खाकर उनको अपनी बीट की मदद से एक स्थान से दूसरे स्थान तक फैला देती हैं। घरों की दीवारों, किनारों या छतों पर लगने वाले पीपल के पेड़ इन चिड़ियों की मदद से ही लगते हैं, क्योंकि चिड़ियां पीपल का बीज खाकर जब बीट करती हैं तो वो बीज इधर-उधर फैलकर पहले पौधा फिर वृक्ष बन जाता है।

मध्यप्रदेश के कुछ जिलों में विकास वन विभाग के साथ मिलकर काम कर रहे थे। उनका दावा था कि उनकी कुटी में चिड़ियों के आने और ब्रीडिंग

या प्रजनन का प्रतिशत अस्सी फ़ीसदी से भी ज़्यादा है। इस बात से मैं भी इत्तेफ़ाक रखता हूं। पिछले साल कोरोना के दिनों में विकास भोपाल में मुझे ढूंढ़ते हुए आए। मेरे घर के बाहर उन्होंने तीन कुटियाएं लगाईं और आज तीनों में हर वक़्त चिड़ियों की मधुर चहचहाहट सुबह से शाम तक गूंजती रहती है। कोरोना के शांति काल में लॉक डाउन के दौरान यह हमारा दिन भर का सबसे अच्छा काम होता था कि घरों के छज्जों पर लगे बर्ड नेस्ट में चिड़ियों का आना-जाना देखना और मधुर चहचहाहट सुनना।

कोरोना के लॉक डाउन में हम सबने चिड़ियों, पक्षियों और जानवरों की परवाह करना सीखा है। विकास निशुल्क गौरेया कुटी लगाते थे। वो किसी से डोनेशन या चंदा नहीं मांगते थे। बस, जितना भी कोई पैसा देता था, उसकी कुटी बनाकर उस व्यक्ति का नाम लिखकर उसी को लौटा देते थे। निर्मम कोरोना ने विकास यादव को भी हमसे मई 2020 में छीन लिया।

नन्ही चिड़ियों के लिए विकास का काम देखकर स्वानंद किरकिरे की दिल को छूने वाली वो लाइनें याद आती हैं जो उन्होंने *सत्यमेव जयते* में लिखीं और गाई थीं।

ओ री चिरइया, नन्ही-सी चिड़िया, अंगना में फिर आजा रे,
अंधियारा है घना और लहू से सना,
किरणों के तिनके अंबर से चुनके अंगना में फिर आजा रे।

16

फिर सड़कों पर
डंडे खाती कांग्रेस

भोपाल के जवाहर चौक पर कांग्रेस का छोटा-सा मंच था और इस छोटे-से मंच पर प्रदेश कांग्रेस के सभी बड़े नेता मौजूद थे। मौक़ा था केंद्र के कृषि क़ानूनों के ख़िलाफ़ कांग्रेस का राजभवन घेराव, जिसकी तैयारी लंबे समय से कांग्रेस कर रही थी। पहले जिलों में कांग्रेस नेता ट्रैक्टर रैलियां निकाल रहे थे, तो अब बारी थी भोपाल में आकर राजभवन का घेराव और राज्यपाल को ज्ञापन देने की। सुबह साढ़े ग्यारह बजे का वक़्त दिया गया था घेराव का और हमारे पहुंचते-पहुंचते एक बज गए, मगर भीड़-भाड़ के नाम पर कांग्रेस नेताओं के झंडे, बैनर और वाहन ज़्यादा दिख रहे थे।

कम भीड़ पर अफसोस जताते हुए हमारे एक साथी ने कह ही दिया – 'यार! यह देख कर बड़ा दुख होता है कि इन कांग्रेसियों की कुंडली में इतना लंबा संघर्ष क्यों लिखा है? पंद्रह साल के संघर्ष के बाद सत्ता में आए और पंद्रह महीनों में ही बाहर होकर फिर सड़कों पर आ गए डंडे खाने।' यह बात सुनकर हमारे दूसरे साथी बोले – 'तो क्या आज डंडे खाएंगे कांग्रेसी? नहीं यार, पहले ही सैटिंग हो गई है। चूंकि इस कांग्रेस में उम्रदराज नेताओं की भीड़ ज़्यादा है तो डंडे चमकाने की गुंजाइश नहीं है और बीजेपी की सरकार ने पुलिस से इतना तो कह ही रखा होगा कि भाई इन कमज़ोर कांग्रेसियों को डंडे मारकर ज़्यादा कवरेज नहीं देना। वरना ये तो आए ही हैं डंडे खाने और अख़बारों की सुख़ियों में जगह पाने के लिए। और फिर डंडा खाओ, सरकार में वापस आओ का नारा देने वाले दिग्गी राजा तो मौक़े पर हैं ही।'

थोड़ी देर बाद ही कमलनाथ का काफ़िला मंच से भाषणों की औपचारिकताओं के बाद चल पड़ा राजभवन की ओर। कमलनाथ एक खुले छोटे-से ट्रक पर थे, उनके साथ सुरेश पचौरी, अरुण यादव, जीतू पटवारी, रामनिवास रावत, सज्जन वर्मा और जयवर्धन सिंह साथ थे। मगर ऐसे मौक़ों पर कैमरों से दूर रहने वाले दिग्विजय सिंह पीछे की और हमेशा की तरह कैमरों की आंख से छिपे थे। कांग्रेस के इस प्रदर्शन के लिए जवाहर चौक से रंगमहल टाकीज के चौराहे होते हुए रोशनपुरा चौराहे तक एक डेढ़ किलोमीटर का रास्ता पूरी तरह ख़ाली करवा लिया गया था। ट्रैफ़िक रोका हुआ था और दुकानें भी बंद करवाई हुई थीं। सड़क पर बीच-बीच में कांग्रेस कार्यकर्ताओं के जत्थे कमलनाथ की रैली से जुड़ते जा रहे थे। मगर अनुभवी कार्यकर्ता समझ रहा था कि रास्ता चलने से नहीं, बैरिकेड के पास झूमा-झटकी करने से अख़बारों के लिए फ़ोटो बनते है, जो बाद में सोशल मीडिया पर छा जाते हैं। इसलिए कमलनाथ के पहुंचने के पहले ही अच्छी खासी भीड़ जीटीबी कॉम्पलेक्स के सामने लगे कई परतों वाले बैरिकेड के पास पहुंच गई थी।

लोहे के बैरिकेड के इस पार यदि ढेर सारे जवान हेलमेट पहन कर हाथों में डंडे और शील्ड लेकर खड़े थे तो उस पार भी पूरी तैयारी थी। वाटर कैनन के दो ट्रक खड़े थे जिनके ऊपर खड़े सिपाही पूरे वक़्त उनके नोजल का डायरेक्शन ठीक करने और पानी चलाकर टेस्टिंग करने में लगे थे। बैरिकेड के पास थोड़ी-थोड़ी देर में एनएसयूआई के कार्यकर्ता आकर पुलिस से उलझ रहे थे। पुलिस उनको बच्चा समझ कर सिर्फ़ धक्का देकर दूर भगा रही थी। थोड़ा-बहुत हल्का-फुल्का लाठीचार्ज एक दो बार हो भी चुका था। मगर इंतज़ार हो रहा था कमलनाथ के काफ़िले के आने का।

कमलनाथ के ट्रक के बैरिकेड के पास आते ही धक्का-मुक्की और नारेबाजी तेज़ हो गई। भोपाल के लंबे छरहरे एसएसपी इरशाद वली माइक लेकर बैरिकेड के उस तरफ़ से कांग्रेस नेताओं के नाम ले-लेकर ऊपर नहीं चढ़ने का आग्रह कर रहे थे। इस बीच एसडीएम ने कांग्रेस के बड़े नेताओं से ज्ञापन लिया और सारे बड़े नेता काफ़िले वाले ट्रक से उतर कर वापस जाने लगे। हम सबको भी लगा कि हो गया प्रदर्शन ठंडा-ठंडा। मगर हमारी पीठ करते ही वाटर कैनन चल पड़ी बैरिकेड पर चढ़ने वाले कांग्रेसियों के ऊपर। पानी से भीग कर कांग्रेसी फ़ोटो खिंचवा रहे थे। मगर यह तो ट्रेलर

था, पिक्चर अभी बाक़ी है की तर्ज पर थोड़ी देर बाद ही फटाक-फटाक आंसू गैस के गोले छूटने लगे। अब भागने की बारी कार्यकर्ताओं और हम मीडिया वालों की थी, क्योंकि गोलों के साथ-साथ पुलिस वाले डंडे भी चलाने लगे थे कांग्रेसियों को खदेड़ने के लिए। कांग्रेसियों को भागते देख पुलिस और हमलावर हो गई। बस फिर क्या था? आगे-आगे कांग्रेसी और पीछे डंडे फटकारती पुलिस। अब तक हम सबकी आंखों में गैस का असर होने लगा था। समझ में नहीं आ रहा था कि इस बार आंखों के साथ चेहरे पर भी जलन क्यों हो रही थी। जीटीबी कॉम्पलेक्स के पीछे की गलियों में चाय की दुकानों से पानी लेकर लोग रूमाल भिगो कर आंखों में लगा ही रहे थे कि यहां भी पुलिस आ गई और लगी खदेड़ने। अब तक प्रदर्शन का मज़ा ले रहे दुकानदार दुकानों के शटर बंद कर छिप से गए थे। कांग्रेसी देर तक दूर-दूर तक खदेड़े जाते रहे। हालांकि नेताओं के जाने के बाद यह लाठीचार्ज समझ से परे था।

हमने आंखें धोते-धोते एक परिचित से पूछा - ‘नेताजी, कैसा रहा प्रदर्शन?’ तो उनका जवाब था - ‘बढ़िया रहा भाईसाहब, अब फ़ोटो भी छप जाएगी और अच्छा कवरेज भी मिल जाएगा।’ प्रदर्शन से लौट रहे अधिकतर कांग्रेसियों के चेहरे पर ऐसा ही संतोष का भाव था मगर मेरे मन में तो वही सवाल गूंज रहा था जो हमारे साथी ने शुरुआत में किया था। यार! इन कांग्रेसियों की कुंडली में इतना संघर्ष और बार-बार डंडे खाना ही क्यों लिखा है, भाई?

17

ये बंगाल नहीं आसान
एक आग का दरिया है

भोपाल में सुबह साढ़े दस का वक़्त। शहर में नए बने अटल पथ का वो कोना जो मध्यप्रदेश के मुख्यमंत्री शिवराज सिंह चौहान के उस संकल्प को समर्पित है कि वो पूरे साल रोज़ एक पौधा लगाएंगे। दमोह जाने से पहले शिवराज यहां आते हैं, पौधे को तैयार गड्ढे में उतारते हैं, फावड़े से मिट्टी गिराते हैं, फ़व्वारे से पानी देते हैं और हाथ पोंछ कर खड़े होते ही हैं कि अब तक संतुलित खड़े मीडियाकर्मी अचानक उनके पास कैमरे और माइक लेकर सामने खड़े हो जाते हैं। मुख्यमंत्री जी आज शाम बंगाल जाने वाले हैं बीजेपी का प्रचार करने के लिए। वो दावा करते हैं कि पश्चिम बंगाल में जनता अब परिवर्तन चाहती है, इसलिए रविवार को होने वाली परिवर्तन रैली में मैं शामिल होने बंगाल जा रहा हूं।

पश्चिम बंगाल की राजधानी कोलकाता से क़रीब डेढ़ हज़ार किलोमीटर दूर खड़े होकर शिवराज सिंह चौहान का यह बयान पॉलिटिकल रूप से करेक्ट हो सकता है, क्योंकि वो अपनी पार्टी के पक्के कार्यकर्ता हैं। मगर बंगाल की राजनीति की गहराई को जानने के लिए हमें चुनावी आंकड़ों और राजनीतिक इतिहास को खंगालना पड़ेगा। वैसे भी पश्चिम बंगाल क्रांतिकारियों और भद्र लोगों का राज्य है। जहां पर विरोध, संघर्ष और हिंसा की राजनीति का इतिहास दूसरे राज्यों से हटकर रहा है। पश्चिम बंगाल में पहले कांग्रेस बीस साल, फिर सीपीआई पैंतीस साल और अब टीएमसी दस साल से सत्ता में है। इशारा साफ़ है यहां सत्ता आसानी से नहीं बदलती, जब तक कि

जनता बदलाव का मन नहीं बना ले। तेईस जिलों वाले इस विशाल राज्य में साढ़े आठ करोड़ के क़रीब वोटर हैं। एक बात और बंगाल को बाक़ी राज्यों से अलग करती है वो यह कि यहां के वोटर जब वोट डालने निकलते हैं तो हिंसा के अलावा वोट प्रतिशत का इतिहास रचते हैं।

पिछले तीन चुनावों से यहां पर वोटर अस्सी फ़ीसदी से ज़्यादा मतदान कर रहे हैं। पिछले दो चुनावों में यहां महिला वोटिंग का प्रतिशत कुल प्रतिशत से ज़्यादा रहा। 2011 में महिला वोटर 84.5 फ़ीसदी थीं तो 2016 में 83 फ़ीसदी महिला वोटरों ने वोट किया। इन दोनों चुनावों में महिला वोटरों के इस बढ़े हुए प्रतिशत ने ही ममता दीदी की सरकार बनवाई। यह साफ़ दिख रहा है। 2011 में ममता के पास 62 फ़ीसदी वोटों के साथ 184 सीटें थीं तो 2016 में ये सीटें बढ़कर हो गईं 211 और वोटों का प्रतिशत बढ़कर पहुंचा 71।

‘द पॉलिटिक्स डॉट इन’ के विकास जैन बताते हैं कि बंगाल की महिला वोटर अपने जैसे सीधे-सादे पहनावे वाली अपनी दीदी पर जान छिड़कती है। इस वोटर को बीजेपी कैसे तोड़ेगी, यह पार्टी के सामने बड़ा सवाल होगा। क्योंकि बंगाल में चुनरी यात्रा या साड़ी बांटने से काम नहीं चलेगा। विधानसभा की कुल 294 सीटों में से ममता की टीएमसी का दो सौ से ज़्यादा सीटों पर क़ब्ज़ा है। इसमें से कुछ विधायकों के इधर-उधर चले जाने से पार्टी को कुछ बहुत फ़र्क़ नहीं पड़ेगा, क्योंकि चुनाव के पहले विधायकों का इधर-उधर जाना अब रस्म हो गई है। जिस विधायक को अपना टिकट ख़तरे में दिखता है वो दूसरी पार्टी की चुनावी गाड़ी में बैठ जाता है। बंगाल में टीएमसी के बाद पिछले दो चुनाव में नंबर दो की पार्टी कांग्रेस रही है जिसकी 44 और 42 सीटें रहीं हैं। नंबर एक और नंबर दो पार्टी का फ़र्क़ देख लीजिए, फिर कुछ अनुमान लगाइएगा।

पश्चिम बंगाल में जिस विधायक के दल बदलने पर सबसे ज़्यादा चर्चा हुई वो रहे सुवेंदु अधिकारी। सुवेंदु ममता सरकार में परिवहन मंत्री रहे और वो मिदनापुर जिले के नंदीग्राम सीट से आते हैं। इस सीट का इतिहास बड़ा ज़बरदस्त है। अंग्रेज़ों के राज में मिदनापुर जिसे पहले मेदनीपुर कहा जाता था, बंगाल का सबसे बड़ा जिला रहा है। इसी के दो ब्लॉक हैं – नंदीग्राम और तामलुक। यह इलाक़ा हुगली, हल्दिया और बंगाल की खाड़ी के किनारे

बसा है। 2006 में नंदीग्राम की बीस हज़ार एकड़ जमीन कैमिकल हब के लिए विशेष आर्थिक क्षेत्र (सेज) के लिए अधिग्रहित की गई। जिस पर यहां के किसानों ने उस वक़्त की वामपंथी सरकार के ख़िलाफ़ ग्यारह महीने तक लंबा संघर्ष किया। जमकर ख़ून-खराबा हुआ। इतना कि पश्चिम बंगाल के गृह सचिव ने नंदीग्राम को युद्ध क्षेत्र घोषित कर मीडिया के वहां जाने पर पाबंदी लगा दी थी।

इस ख़ून-खराबे का असर कोलकाता की सड़कों पर भी दिखा। नंदीग्राम के ग़रीब किसानों के पक्ष में बंगाल के भद्र लोक ने नारे लगाए – 'आमार ग्राम, तोमार ग्राम, नंदीग्राम-नंदीग्राम।' तब के वामपंथी मुख्यमंत्री बुद्धदेव को लोगों ने 'बुद्धूदेव' और 'बंदूक देव' तक कहा। उसी का असर रहा कि पैंतीस साल शासन करने के बाद वामपंथी सरकार का अंत 2011 में हो गया। इतिहास गवाह है कि इसी नंदीग्राम में अंग्रेज़ सरकार के पहले कलेक्टर और दारोगा को जनता ने मार डाला था। जिस जगह की जनता ने अंग्रेज़ कलेक्टरों को मारा हो, वहां की जनता किस कदर धधकती होगी। यहीं से टीएमसी के विधायक रहे हैं सुवेंदु अधिकारी, जिनके पिता शिशिर अधिकारी ने नंदीग्राम आंदोलन में बड़ी भूमिका निभाई थी। सुवेंदु के बीजेपी में जाते ही ममता ने यहीं से अगला चुनाव लड़ने की बात कर इस धधकते इलाक़े की राजनीति को और हवा दे दी।

ममता ने पिछला चुनाव भवानीपुर से जीता था, मगर ममता पीछे हटने नहीं बल्कि आगे बढ़कर राजनीति करने वाली नेता रहीं हैं। आठ चरणों हुए चुनाव, केंद्रीय बलों की बड़ी मौजूदगी, अमित शाह की रणनीति और बीजेपी के देश भर के चुनावी रणनीतिकार बंगाल में फेल हो गए।

बीजेपी के लिए हिंदू-मुसलमानों का ध्रुवीकरण और 'जय श्रीराम' के नारे भी काम नहीं आए। टीएमसी के 'मां-माटी मानुष' के नारे को बंगाल की जनता ने जबरदस्त समर्थन दिया। पश्चिम बंगाल में ममता बनर्जी ने फिर सरकार बनाई मगर वो नंदीग्राम से चुनाव हार गईं।

18

जब्बार, जिसने कभी ना मानी हार

वो इंडियन कॉफ़ी हाउस की दोपहर ही थी, जब दिग्विजय सिंह ने हम पत्रकार मित्रों के बीच फ़ोन लगाकर प्रदेश के मुख्य सचिव को कहा था कि अब्दुल जब्बार के जल्दी भोपाल से बाहर देश के किसी अच्छे अस्पताल में आज ही ले जाने की व्यवस्था करो। उसके बाद उन्होंने दो बार चिरायु अस्पताल के डॉक्टर अजय गोयनका से भी फ़ोन पर बात की और हिदायत दी कि देर नहीं करो। उसे जल्दी मुंबई या दिल्ली के किसी अस्पताल में एयर एंबुलेंस से भेजो और वो वहां से उठकर जब्बार को देखने अस्पताल भी गए, तब भी हमें अहसास नहीं था कि जब्बार भाई के इतने चाहने वालों की कोशिशों के बाद भी उनके नहीं रहने की दुखद ख़बर आज रात को ही आ जाएगी। वैसे पिछले कुछ अर्से से उनके और उनकी सेहत के बारे में अच्छी ख़बरें नहीं मिल रही थीं। लंबे समय से वो बीमार चल रहे थे। कुछ साल पहले उन्हें आंख से दिखना कम हुआ, फिर मधुमेह बहुत बढ़ गया और फिर स्कूटर से गिरे तो पैर में चोट लगी और यह चोट गेंगरीन में बदल गई जिससे अंगुलियां कटने की नौबत आ गई। दिल तो उनका इतने लंबे अर्से से हज़ारों गैस पीड़ितों के दुख-दर्द का बोझ उठाते-उठाते कमज़ोर हो ही गया था। यही वजह थी कि इस बार वो बिस्तर से लगे तो अपने सभी साथियों के प्रयासों के बाद भी उठ नहीं सके।

भई, वो अपनी सेहत की परवाह कभी करता ही नहीं था। अनेक गैस पीड़ितों का अस्पतालों में ले जाकर इलाज कराने वाला जब्बार जब कभी अस्पताल में भर्ती हुआ तो डॉक्टर उसे हफ़्ते भर रुकने को कहते मगर वो तो एक-दो दिन बाद ही किसी को भी बिना बताए स्कूटर उठाकर

67

निकल लेता था। जब तक लोग उसे अस्पताल देखने जाते वो अपने दफ़्तर में तब तक पहुंचकर काम में जुट जाता था। उस तोते की जान तो अपने गैस पीड़ित साथियों के बीच ही बसती थी। ये वरिष्ठ पत्रकार राजकुमार केसवानी थे जो उनके लंबे समय से साथी रहे। वह भारी मन से जब्बार भाई की बातें जनाजा उठते वक़्त बता रहे थे। पिछले कुछ सालों में भोपाल के पत्रकार जगत में शायद ही कोई ऐसा रिपोर्टर होगा जिसे जब्बार भाई जानते नहीं हों और जिसे उन्होंने कोई बढ़िया ख़बर करने में मदद नहीं की हो। हम टीवी पत्रकारों की हर गैसकांड की ख़बर बिना उनकी बाइट लिए बनती ही नहीं थी।

मैं स्वयं याद करने बैठा कि जब्बार भाई भोपाल में वो शख़्स होंगे जिनकी बाइट मैंने सबसे ज़्यादा ली होंगी। यही हाल और दोस्तों का भी होगा मगर यह अलग बात है कि पिछले कुछ सालों में टीवी की ख़बरों के कंटेंट में बदलाव आया और गांव ग़रीब के साथ गैस पीड़ितों की ख़बरें टीवी चैनलों पर चलनी बंद हुईं तो हमारा जब्बार भाई से मिलना भी उतना ही कम हो गया। मगर इस सबके बावजूद वो उनका मीठी-सी आवाज़ में फ़ोन करना, सुबह-सबेरे में छपे मेरे लेख की तारीफ़ करना और गैस पीड़ितों की समस्याओं पर लंबी-लंबी बातें करना कम नहीं हुआ। कई दफ़ा तो हम सब हैरान रह जाते थे कि इस आदमी को गैस पीड़ितों की समस्याओं के अलावा कुछ सूझता ही नहीं है। यदि वो किसी शादी-ब्याह और दूसरे आयोजनों में मिलते भी तो हाथ मिलाने के बाद खाना-पीना छोड़कर अपने स्नेह भरे अंदाज़ में शुरू हो जाते थे। अरे! आपको बताना भूल ही गया कि एक नया केस फ़ाइल कर दिया है कोर्ट में जिससे ऐसा हो जाएगा, वगैरह-वगैरह।

कौन भरोसा करेगा कि देवास में नलों की बोरिंग का काम धंधा करने वाले अब्दुल जब्बार जब तीन दिसंबर 1984 को भोपाल में गैस रिसी तो गैस पीड़ित हो गए। उसके बाद वो गैस पीड़ितों की दुख-तकलीफ़ को लेकर आवाज़ उठाने वाले पक्के आदमी बन गए। एनजीओ क्या होता है, वो जानते भी नहीं थे। ना ही समाज सेवा के लिए उन्होंने सोशल साइंस का कोई कोर्स किया था। बस, जो तकलीफ़ में दिखा, उसकी आवाज़ उठाई और ख़ासकर उन महिलाओं की जिनकी आवाज़ उनके घरों में ही नहीं सुनी जा रही थी। उन औरतों के लिए भोपाल गैस पीड़ित महिला उद्योग संगठन बनाया और वक़्त की मारी औरतों को उनके पैरों पर खड़ा कर बाकी पीड़ितों को

उनका हक़ दिलवाया। गैस कांड का फ़ैसला तो हत्यारी यूनियन कार्बाइड ने अपने पक्ष में तभी करवा लिया था, जब कोर्ट के बाहर मुआवज़ा बंटवारे का समझौता सरकार और कंपनी के बीच हो गया। मगर जब्बार अड़े थे कि हज़ारों लोगों की मौत का ज़िम्मेदार कौन है, साबित होना चाहिए और फिर बाद में कार्बाइड से जुड़े लोगों पर चला आपराधिक मुकदमा जब्बार भाई की लंबी क़ानूनी लड़ाई की जीत था। गैस पीड़ितों के बीच भोपाल में सक्रिय अन्य संगठन दिसंबर की दो-तीन तारीख़ को ही सालाना जलसा मनाते थे तो जब्बार इस सबसे जुदा पूरे साल पीड़ितों के पक्ष में कोर्ट और सरकार से जूझते रहते थे। अर्जुन सिंह से दिग्विजय सिंह और कमलनाथ तक प्रदेश के आठ मुख्यमंत्री बदले मगर नहीं बदले तो अब्दुल जब्बार के तेवर। हां, जिन गैस पीड़ितों के लिए उन्होंने रात-दिन एक किया वो ज़रूर इतने सालों में पाले बदलते रहे – कभी इस संगठन तो कभी उस संगठन। मगर जब्बार ने कभी उनका सबका ज़िक्र करने पर भी गुस्सा नहीं दिखाया। यही उनकी ताक़त थी कि अपनी सीमित क्षमताओं के बाद भी जो संघर्ष किया, उसका नतीजा झेला उनकी सेहत ने।

जब्बार पहचान थे भोपाल के हज़ारों गैस पीड़ितों की आवाज़ की। मगर वो पहचान हम भोपाली सहेज नहीं सके। जब वो बीमार पड़े तो ये अस्पताल वो अस्पताल होते रहे और नतीजा यह हुआ कि जब तक उनके दोस्तों और शासन की नज़र गई, तब तक वो भोपाल से रुख़सत होने की तैयारी में आ गए। जब्बार भाई की यह जहां छोड़ने की उमर नहीं थी, मगर वो जहां भी होंगे अपनी मीठी आवाज़ और तीखे तेवरों वाले अंदाज़ में गैस पीड़ितों के लिए संघर्ष करते दिखेंगे। अलविदा जब्बार भाई! हम भोपाल के बाशिंदे शर्मिंदा हैं जो आपको सहेज नहीं सके।

19

ऐसा अप्रैल अब ना आए दोबारा

'अप्रैल इज द क्रुअलेस्ट मंथ,' अंग्रेज़ी के प्रसिद्ध कवि टीएस इलियट की बड़ी लंबी कविता *द वेस्टलेंड* की ये बड़ी यादगार पंक्ति है। यह पंक्ति इन दिनों बार-बार याद आ रही है। दरअसल, इलियट ने भी 1918 में आई स्पेनिश फ़्लू की महामारी को झेला था, जिसमें इंग्लैंड के दो लाख लोग असमय चल बसे थे। बताया जाता है कि बीमारी से ठीक होने के बाद उन्होंने 1922 में *द वेस्टलेंड* लिखी जिसमें अप्रैल महीने की मनहूसियत और उजाड़पन का ज़िक्र है। मगर ठीक सौ साल बाद भी ऐसा अप्रैल आएगा इलियट ने कभी सोचा नहीं होगा। सच तो है ऐसा अप्रैल हमने भी पहले कभी नहीं देखा। डरावना और मौतों की मनहूसियत से भरा।

यदि मैं अपनी बात करूं तो तीन अप्रैल को दिल्ली में था और जनपथ होटल के खुशनुमा लॉन में ईएनबीए अवार्ड में अपने चैनल के साथियों के साथ था। उस जगह पर टीवी मीडिया के सारे बड़े नाम राजदीप सरदेसाई से लेकर रुबिका लियाकत और रोहित सरदाना तक सारे मित्र इकट्ठे थे। सब लोग खुशी से चहक रहे थे। मगर किसी को कल्पना भी नहीं थी कि अप्रैल महीने की इस शानदार शुरुआत के बाद अंत ऐसा डरावना होगा कि घर से बाहर कदम रखने में कई बार सोचना होगा। यह तो अविश्वसनीय था कि रोहित सरदाना जैसे मित्र साथ भी छोड़ जाएंगे।

दरअसल, कोरोना की दूसरी लहर की आहट मार्च से आनी शुरू हो गयी थी, मगर तब हमारी सरकार के प्रमुख पश्चिम बंगाल विधानसभा चुनाव जीतने की रणनीति बना रहे थे। पिछली बार की तरह इस बार भी हमने

कोरोना की गंभीरता को समझा नहीं। कोरोना से निपटने का एकमात्र उपाय वैक्सीन को हमारी सरकार दूसरे देशों को दान कर कर पुण्य कमाने में जुटी थी। नतीजा ये रहा कि अप्रैल के पहले हफ़्ते के अंत तक कोरोना ने पूरे देश में तेज़ रफ़्तार पकड़ ली। यदि हम मध्यप्रदेश की बात ही करें तो एक से सात अप्रैल तक 804, तो आठ से 14 अप्रैल तक 6652, तो 15 से 21 अप्रैल तक 11772, तो 22 से 30 अप्रैल तक एमपी में 16097 कोरोना के मरीज सामने आ गए। अब सरकार के हाथ-पैर फूल चुके थे।

कोरोना मरीजों की अस्पताल में भर्ती होने की रफ़्तार इस तेज़ी से बढ़ी कि देखते ही देखते सारे सरकारी और निजी अस्पताल ठसाठस भर गए। अस्पताल में ऑक्सीजन की मांग बढ़ी। कोरोना में फेफड़े ख़राब होने और सांस लेने में दिक़्क़त होने पर ऑक्सीजन ही जान बचाने का एकमात्र उपाय होती है। जिस भोपाल शहर के डेढ़ सौ अस्पतालों में सत्तर से अस्सी मीट्रिक टन ऑक्सीजन से काम चल जाता था, वहां पर डेढ़ सौ मीट्रिक टन से ज़्यादा ऑक्सीजन की मांग रोज़ होने लगी। नतीजा था – अस्पतालों में ऑक्सीजन की किल्लत और आक्सीजन सिलेंडर की मारा-मारी। परेशान हाल सरकार ऑक्सीजन के लिए दूसरे राज्यों पर आश्रित हो गई। पहले ऑक्सीजन के वेंडर तलाशे फिर ऑक्सीजन को लाने के टैंकर पूरे देश में तलाशे गए। इस बीच, भोपाल, ग्वालियर, इंदौर और शहडोल के अस्पतालों में ऑक्सीजन ना होने से मरीजों के बेमौत मारे जाने की घटनाएं भी हुईं।

कोरोना की दूसरी लहर ने अप्रैल आधा बीतने के बाद ऐसी गति पकड़ी कि सब कुछ अस्त-व्यस्त कर दिया। तेज़ी से बढ़ती मरीजों की संख्या के साथ अस्पतालों में बिस्तरों, ऑक्सीजन और दवाओं की किल्लत बढ़ी और साथ ही बढ़ा अकाल मौतों का सिलसिला। यदि हम भोपाल की ही बात करें तो अप्रैल महीने में मरीजों की संख्या पांच गुना बढ़ी और मौतों के आंकड़े डरावने स्तर पर जा पहुंचे। शहर के श्मशान घाटों और क़ब्रिस्तान से अप्रैल महीने में अंतिम संस्कार हुए शवों की जो संख्या आई वो 2458 थी। यानी कि ढाई हज़ार मौतें भोपाल जैसे शहर में। प्रशासन ने कुछ नए तर्क गढ़े इस संख्या को झुटलाने के लिए। मगर इससे पहले इतने मृत शरीर कभी विश्राम घाटों में नहीं आए।

मौतों के ये आंकड़े सिर्फ़ भोपाल ही नहीं देश में भी चौंकाने वाले आए। एक अनुमान के मुताबिक़ अप्रैल महीने में ही 48,894 मौतें पूरे देश में कोरोना से हुईं। ये पिछले साल महामारी से हुई मौतों के मुक़ाबले 23 गुना ज़्यादा हैं। इस महीने में कोरोना के मरीजों की संख्या भी इस तेज़ी से बढ़ी कि हमारे देश ने अगले-पिछले सारे रिकॉर्ड तोड़ दिए। इस महीने के आख़िरी नौ दिनों में तो लगातार तीन लाख से ज़्यादा मरीज रोज़ सामने आए तो एक मई को तो मरीजों की यह संख्या एक दिन में चार लाख को पार कर गई।

सवाल यह है कि जब अप्रैल इतना भयानक था तो मई का हाल क्या होगा। आईआईटी, कानपुर और हैदराबाद के वैज्ञानिकों ने गणित के एलगोरिदम से अंदाज़ लगाया है कि कोरोना के हालात सुधरने से पहले और बिगड़ेंगे यानी कि मई में कोरोना से हालात और ख़राब होंगे। पांच से दस मई के बीच रोज़ कोरोना संक्रमितों की संख्या में साढ़े चार लाख का इजाफा होगा। यदि पीक की बात करें तो सेकेंड बेव की पीक 14 से 18 मई के बीच होगी, जब देश में 38 से 48 लाख एक्टिव केस होंगे जो इन दिनों 32 लाख के आसपास हैं।

अब बड़ा सवाल यह है कि इस जालिम जानलेवा वायरस से बचे कैसे। मास्क लगाएं, घर से कम निकलें, अंजान लोगों से कम मिलें और थोड़े-बहुत भी लक्षण दिखने पर जांच कराएं और घर या अस्पताल में इलाज शुरू करवा दें। तभी इससे बचा जा सकेगा वरना पिछली स्पेनिश फ़्लू महामारी में सिर्फ़ भारत के ही सवा करोड़ लोगों ने जान गंवाई थी। इस बार यह नौबत नहीं आए तो भला।

20

बल्लामार विधायक
और उस मकान का टूटना

इंदौर के गंजी कंपाउंड की गली के अंदर वो छोटा-सा तीन तरफ़ का प्लॉट था, जिस पर बने जर्जर मकान पर तीन दिशाओं से नगर निगम की तीन जेसीबी और दो पोकलैंड मशीनें हमला किए हुई थीं। मशीनों की गड़गड़ाहट के बीच मकान के तीन तरफ़ की गलियां पुलिस के ढेरों महिला पुरुष जवान और नगर निगम की डंडा फौज के हवाले थीं। धूल के गुबार के बीच मलबा हर तरफ़ बिखरा हुआ था। ढेर सारे मीडिया मैन थे, जो इंदौर से लेकर भोपाल तक से आए थे और जिनके अनवरत चल रहे कैमरे हर क्षण गिर रहे इस मकान के दर्द की परवाह किए बगैर रिकॉर्डिंग कर रहे थे।

मकान की तीन तरफ़ की छतों पर सैकड़ों तमाशबीन भी थे जो कि अपने मोबाइल कैमरों से इसे रिकॉर्ड कर रहे थे। कुछ नई उमर के लोग इन फ़ोटो को फ़ेसबुक और ट्विटर पर धड़ाधड़ अपलोड कर रहे थे और इन सबके बीच में ये पुराना-सा मकान इन हमलों को झेल नहीं पा रहा था और उसकी ऊंची-ऊंची चूना मिट्टी से बनी दीवारें, सड़ चुकी लकड़ी के दरवाज़े-खिड़कियां और जंग लगी टीन से बनी छत ढह रही थी। दो प्लॉट पर तना करीब दो हज़ार वर्गफ़ीट का यह अस्सी साल पुराना मकान भी गिरने की जल्दबाजी में था। उसे भी ये अपमान और जिल्लत बर्दाश्त नहीं हो रही थी जो उसके नाम पर पिछले आठ दिनों से जारी थी जिसमें उसका प्यारा शहर इंदौर बदनाम हो रहा था।

वो 26 जून का दिन था, जब भोपाल में कैबिनेट बैठक का ब्यौरा देने सरकार के प्रचार मंत्री पीसी शर्मा वल्लभ भवन के मीटिंग रूम में पहुंचे ही थे। उसी वक़्त वहां बैठे क़रीब सारे पत्रकारों के मोबाइल पर एक कांग्रेस नेता की तरफ़ से वो वीडियो आ गया, जिसमें बीजेपी के युवा विधायक आकाश विजयवर्गीय नगर निगम कर्मचारियों पर क्रिकेट के बैट से हमला तो नहीं, हां बल्लेबाजी करते दिख रहे थे। उन्होंने इस मकान को गिराने आए नगर निगम के कर्मचारियों पर क्रिकेट के बैट से प्रहार किया। उसके बाद विधायक जी की वानर सेना ने तोड़फोड़ और उपद्रव शुरू कर दिया। नगर निगम के कर्मचारी पुलिस की मौजूदगी में ही पिटे। यह इंदौर में ही संभव था कि नगर निगम के कर्मचारी अपने अधिकारियों को ही पिटते देख रहे थे। यह तथ्य तब उजागर हुआ जब नगर निगम आयुक्त ने घटना का वीडियो देखकर क़रीब 21 नगर निगम के कर्मचारियों को हटाया, जो घटना के दौरान मौजूद थे।

युवा विधायक जी की बल्लेबाजी के वीडियो को टीवी चैनलों ने आईसीसी वर्ल्डकप से जोड़कर ऐसा चलाया कि हर जगह चर्चा होने लगी इस बल्लेबाजी की। कुछ चैनलों ने तो इसे शिखर धवन के घायल होकर टीम से हटने ओर आकाश को टीम में शामिल करने से जोड़ने में भी कोई कसर नहीं छोड़ी। क्षेत्रीय चैनलों में शाम को चर्चाएं हुई जिनमें विधायक के क्रिकेट प्रेम से लेकर उनकी बल्लेबाजी के अंदाज़ पर विद्वानों ने घंटों ख़र्च किए। इस बल्लेबाजी पर चुटकुले, कार्टून पैरोडी और टिक-टाक भी कुछ घंटों में ही बन कर वायरल हो चुके थे।

बस फिर क्या था? सरकार बदल चुकी थी। लिहाजा देखते ही देखते इंदौर पुलिस ने विधायक जी के ख़िलाफ़ पहले एमजी थाने में मारपीट और सरकारी कामकाज में बाधा डालने का मामला दर्ज किया और फिर उनको गिरफ़्तार कर जेल भेजने में भी देरी नहीं की। क्योंकि क्या गृहमंत्री और क्या नगरीय निकाय मंत्री सब कोई इस हरकत पर लगातार बाइट देकर मामले को गर्माने में कोई कसर नहीं छोड़ रहे थे। हां, जाने से पहले युवा उत्साही विधायक ने ऐसा जुमला टीवी की बाइट में दिया जिसकी चर्चा बहुत दूर तक बड़े-बड़े लोगों ने बंद कमरों की बैठकों में की। यह चर्चित जुमला था – 'मैं पहले आवेदन फिर निवेदन और बाद में दनादन करता हूं।'

अगली सुबह अपन भी इंदौर में ही थे, जहां पर जेल में बंद विधायक की जमानत पर सुनवाई होनी थी। दिन भर की भागदौड़ के बाद इंदौर की अदालत ने जमानत की अर्ज़ी एक तरफ़ रख कर यह कह दिया कि इस मामले को तो भोपाल की विशेष अदालत में ही सुना जाएगा, क्योंकि भोपाल में माननीय विधायकों के ऐसे ख़ास कारनामों की सुनवाई के लिए ख़ास कोर्ट बैठी हुई है। बस फिर क्या था? अगले दिन भोपाल की जिला अदालत में इंदौर के वकीलों का जमावड़ा हुआ। जहां पर उनको अदालत की परंपरा के मुताबिक़, अगले दिन की तारीख़ मिल गई। अगले दिन फिर कोर्ट बैठी मगर आज इंतज़ार हो रहा था उस केस डायरी का, जिसके आधार और अध्ययन के बाद जज साहब को जमानत पर फ़ैसला करना था। और यह कोर्ट डायरी थी कि इंदौर के थाने से चलकर भोपाल कोर्ट के रास्ते में कहीं ग़ायब-सी हो गई थी।

उधर, इंदौर से आए वकीलों की सांस ऊपर-नीचे हो रही थी, क्योंकि जेल में बंद विधायक जी को तीन दिन हो चुके थे, इस कोर्ट-कोर्ट के चक्कर में। फिर यह नई मुसीबत केस डायरी की। यदि डायरी आज नहीं आई तो फिर अगले दिन रविवार का चक्कर भी था जब कोर्ट बंद रहनी थी। ख़ैर! कई फ़ोन खड़काने और धमकाने के बाद दो पुलिस वाले दोपहर डेढ़ बजे केस डायरी लेकर अपनी गति से कोर्ट पहुंचे, तब जाकर वकीलों और विधायक प्रशंसकों की जान में जान आई और कोर्ट बंद होने से कुछ पहले जमानत मंजूरी की ख़बर आ गई।

बस फिर क्या था? इंदौर से आए लोग फ़ोन पर लगे दूर-दूर तक एक दूसरे को बधाइयां देने में। कोई जमानत केस के फ़ैसले से भी ज़्यादा महत्त्वपूर्ण होती है, यह हमने उस दिन जाना। उसके बाद तो अगले दिन सवा सात बजे विधायक जी जेल से तब बाहर आए, जब हम भोपाल से चले रिपोर्टर इंदौर-भोपाल रोड के बीच पप्पू के ढाबे पर पोहा, जलेबियां खा रहे थे और अपने दफ़्तर की डांट का एक्सट्रा डोज भी ले रहे थे कि कमाल है पहुंचे नहीं और देखो वो रिहा हो गया। अब उनको कौन बताए कि जो लोग एक रात पहले इंदौर पहुंच कर सोए थे वो भी जेल नहीं पहुंच पाए और हमारे बल्लेबाज विधायक जी घर पहुंच गए थे। ख़ैर! यह क़िस्सा बड़ा लंबा है जिसमें बाद में हमारे पीएम मोदी जी की धमाकेदार एंट्री होती है और यही वजह थी कि जब मकान गिर रहा था तो मौक़े पर मौजूद हम

टीवी रिपोर्टर माइक पर कह रहे थे कि इस मकान के साथ इंदौर के एक बीजेपी के बड़े नेता की प्रतिष्ठा भी धूल-धूसरित हुई है। उनकी मूर्ति भी खंडित हुई है, आप यह बात मानते हैं कि नहीं।

21

हज़ारों करोड़ के हीरों
की ज़मीन पर खड़ा होना

पेड़ बचाना है या पेट पालना है।

चले तो थे हम भोपाल से सुबह छह बजे और क़रीब बारह बजे हम खड़े थे ढाई सौ किलोमीटर दूर छतरपुर जिले के बक्सवाहा में बंद पड़े हीरा कारख़ाने के मुख्य दरवाज़े के सामने। हीरे जैसी चमक से दूर इस बेनूर से कारख़ाने में कई सालों से काम बंद है।

हमारे साथ आए मनीष खरया ने बताया कि इस कारख़ाने को सन् दो हज़ार में रियो टिंटो ने लगाया था। क़रीब 25 वर्ग मीटर की ज़मीन पर काम किया। हीरे निकाले। मगर जब ज़्यादा ज़मीन मांगने पर भी नहीं मिली तो 2012 में काम बंद किया और इसे जैसा का तैसा छोड़कर चले गए। अब आदित्य बिरला की नई कंपनी को हीरे की खदान ओर उसके आसपास की तीन सौ चौस८ हेक्टेयर मिल गई है तो इस कारख़ाने का उपयोग अब नई कंपनी ही करेगी।

हीरे का नाम सुनते ही आंखों में चमक आ जाती है। हमने मनीष से पूछा कि तो क्या चमकदार हीरे इस कारख़ाने से ही निकलते थे। तब पता चला कि पास के गांव की खदानों से मिट्टी खोद कर यहां ला कर उनकी प्रोसेसिंग की जाती थी जिससे मिट्टी, कंकड़ और कंकड़ों में छिपे हीरे अलग-अलग हो जाते थे। फिर इन हीरों में चमक लाने का काम तो सूरत जैसे शहरों में होता है। जहां इनको तराशा और चमकाया जाता है।

बक्सवाहा में विवाद इस बात का चल रहा है कि नई कंपनी जब काम शुरू करेगी तो खदान के आसपास के ढाई लाख पेड़ कटेंगे। पेड़ों की कटाई के कारण ही यह खदान राष्ट्रीय चर्चा का विषय बनी हुई है। हीरा कारख़ाने से जब हम हीरा खदान की तरफ़ बढ़े तो रास्ते में जंगल से लकड़ी लाने वाली कुछ महिलाएं मिलीं। इन सबने भी कहा कि पेड़ कटेंगे तो रोज़गार छिन जाएगा। हमारा घर, परिवार, जंगल और जंगल से जुड़े उत्पादों पर ही आश्रित रहता है। ऐसे में जंगल कटेंगे तो आबादी उजड़ जाएगी। उधर, खदान के पास के गांव के लोग आशंकित हैं कि क्या होगा? क्या उनको उजाड़ा जाएगा? या फिर पिछली कंपनी ने जैसे गांव में विकास के काम किए थे, वैसे किए जाएंगे। रियो टिंटो ने खदान के पास के गांवों के लिए पानी, रोज़गार आदि के प्रबंध के काम किए थे, इसलिए गांव वालों के मन में रियो टिंटो को लेकर सम्मान का भाव है। फिर भी अधिकतर गांव वाले इस बात की मांग करते हैं कि उनको रोज़गार मिलना चाहिए और गांव से उजाड़ा नहीं जाए तो कंपनी आए, काम करे।

इन गांवों से खदान की तरफ़ जाते में अच्छे घने जंगल और बंदर दिखते हैं। जो कभी पेड़ों तो कभी ज़मीन पर चहलक़दमी करते दिखे। इस प्रोजेक्ट का नाम इन्हीं बंदरों के कारण बंदर प्रोजेक्ट भी कहा जाता है। ये बंदर बोल नहीं पा रहे मगर जब पेड़ कटेंगे तो पूछेंगे ज़रूर कि हम कहां जाएं। तुमको तो हीरा मिलेगा, हमें क्या मिलेगा?

इन घने जंगल के बीच है सगोरिया गांव। यहां से सटी हुई है वो मुख्य खदान जिसके बारे में दावा है कि जिसमें चालीस हज़ार करोड़ के हीरे का भंडार है। किंबरलाइट हीरे का यह भंडार दुनिया के सबसे बड़े भंडारों में से है। गांव में प्रवेश करते ही गांव के युवक घेर लेते हैं। हीरा खदान की बात सुनते ही बोल उठते हैं – ‘सर! यहां रोज़गार की ज़रूरत है। थोड़े-बहुत पेड़ कट भी जाएंगे तो जंगल में दूसरे पेड़ भी हैं। हम उनको बचाएंगे। मगर यह खदान का काम नहीं होगा तो हमारे पास खाने-कमाने को कुछ नहीं है।’ वो याद करते हैं कि रियो टिंटो के कारण नौजवानों को काम मिला और घरों में ट्रैक्टर और मोटर साइकिलें आ गई थीं। एक ही मसले पर थोड़ी-थोड़ी दूरी पर ही नज़रिए में कितना बड़ा फ़र्क़ आ गया। खदान के पास के गांव वाले काम चाहते हैं इसलिए खनन हो। मगर खदान से दूर के गांव वाले जंगल कटने के डर से खनन का विरोध कर रहे हैं।

इस परियोजना पर लंबे समय से लिख कर जनजागरण कर रहे मनीष जैन बक्सवाहा से हमारे साथ आए। वह कहते हैं कि बड़े पैमाने पर पेड़ कटेंगे तो आसपास के गांव कस्बों और शहरों तक असर होगा। गर्मी बढ़ेगी और पानी का संकट बुंदेलखंड में गहराएगा। इसलिए परियोजना पर पुनर्विचार हो। छोटी-सी जगह पर भी खनन हो सकता है, जितने में रियो टिंटो ने किया। मगर बात बढ़ चुकी है। सरकार इस प्रोजेक्ट को सारी मंजूरी जल्दी से जल्दी देने की तैयारी में है।

सरकार इस उम्मीद से है कि परियोजना चलेगी तो उसे तीन सौ करोड़ रुपये तक राजस्व मिलेगा और कुछ लोगों को रोज़गार भी। इसलिए बक्सवाहा की बंदर हीरा खदान से बंदरों का उजड़ना तय है। यह ज़रूर है कि देश-दुनिया से लेकर यू ट्यूब ब्लॉगर ध्रुव राठी तक ने इस योजना पर वीडियो बनाकर चर्चा में ला दिया है। योजना का विरोध पर्यावरण के आधार पर हो रहा है मगर अब सरकारें पर्यावरण नहीं, कमाई देखती हैं। ऐसे में हीरे तो इस खदान से निकलना तय है। कब? इसका जवाब आने वाले दिनों में मिल जाएगा।

22

बारिश की मार से
बेजार टीवी रिपोर्टर

दृश्य एक : 'सर! एक चीज़ समझ में नहीं आ रही कि इतनी अच्छी बारिश हो रही है मगर कोई चैनल तो क्या कोई अख़बार भी एक फ़ोटो नहीं छाप रहा कि किसानों के चेहरे बारिश से चमके। सब लगे हुए हैं बारिश से हाहाकार की कहानी गढ़ने में, जबकि आप जानते हैं कि यह बारिश फ़सलों के लिए जीवन लाई है।' यह थे हमारे रायसेन के साथी विजय राठौर जिनके साथ हम रायसेन जिले में बारिश से डूबे हुए पुल-पुलिया की कहानी करने निकले थे।

दृश्य दो : हेलीकॉप्टर मंदसौर के हरे-भरे खेतों से गुज़र रहा था। क़रीब सभी खेतों में ऊपर से पानी दिख रहा था। खेत पूरी तरह डूबे तो नहीं थे मगर हां खेतों में पानी था। तभी राजस्व मंत्री गोविंद सिंह राजपूत ने इशारा करते हुए नीचे देख कर कहा – 'एक ख़ास बात पर गौर करो हमने कहा क्या?' इस पर वो बोले यह देखो कि सारे खेतों के कुओं में पानी जमीन की सतह तक आ गया है। यानी कि कुएं ऊपर तक पानी से लबालब हो गए हैं। आने वाले साल में खेती में पानी का संकट अब नहीं होगा।

दृश्य तीन : 'भाई, कोई रास्ता दिखाइए। सुबह-सुबह जगाकर एमपी में बाढ़ के दृश्य तलाशने और उसे कवर करने का आदेश रोज़ ऑफ़िस से आ जाता है। अब इनको कौन समझाए कि यह बाढ़ नहीं सिर्फ़ जल भराव है जो कुछ घंटों में ही उतर जाता है। जब लोकेशन पर जाओ तो उतरे हुए पानी के अलावा कुछ नहीं मिलता, मगर चैनल को महाराष्ट्र और

80

बिहार जैसी बाढ़ एमपी से भी चाहिए कहां से लाएं ये बाढ़?' ये अनुराग द्वारी और मनोज शर्मा थे जो पिछले कुछ दिनों से लगातार बारिश की ख़बरें बड़ी मेहनत से कर रहे थे।

सालों बाद एमपी में ज़ोरदार बारिश हो रही है। करीब पचास दिनों में ही पूरे प्रदेश में औसत से बीस फ़ीसदी ज़्यादा पानी गिर चुका है। इतने कुछ दिनों में ही भोपाल में औसत से पचहत्तर फ़ीसदी ज़्यादा बारिश हो गई और दो साल के बाद भोपाल का ताल लबालब भरा है। छलक रहे तालाब का जलस्तर बनाए रखने के लिए भदभदा के गेट कई बार खुल चुके हैं, साथ ही कलियासोत और कोलार डेम के गेट खोलकर भी पानी निकाला है। आलम यह है कि प्रदेश का शायद ही कोई बांध ऐसा होगा जो पानी की पूर्णता को प्राप्त नहीं हो पाया हो।

अधिकतर बांधों के गेट खोले गए हैं और नदियां लबालब भरी दिख रही हैं। वो नदी-नाले जिनमें ढूंढ़ने से साल भर सिवाय रेत और चट्टानों के कुछ नहीं दिखता था, उनमें पानी उफन रहा है। ऐसा पानी भरा नजारा सालों बाद दिख रहा है। इस पानी से परेशानियां भी कम नहीं हो रही हैं। उफनते नदी-नालों में डूबने और बहने से ही राज्य में सत्तर लोगों की जान जा चुकी है। फ़सलों में पानी भरने से भी नुकसान हुआ है। मकान गिरे हैं और मवेशी भी बहे हैं।

मगर इन सारी बातों के बावजूद यह पानी खुशियां लेकर आया है क्योंकि हमारी संस्कृति में बारिश खुशहाली का पैमाना है। बारिश खुशियां लेकर आती है। बारिश पर लिखे अनेक गीत और कविताओं में प्रसन्नता की अनुभूति का ही बखान है। 'सन इज शाइनिंग' जैसे मुहावरे यूरोपीय देशों में चलते हैं। हमारे यहां तो काली घटा छाने के बाद से ही मन मयूर हो जाता है और जब तक बूंदें नहीं पड़ें, नाचता ही रहता है। ऐसी बारिश को हम टीवी वाले 'आफ़त की बारिश,' 'मुसीबत की बरसात,' 'जानलेवा बारिश' और 'बारिश से हाहाकार' कहते हैं तो वो किसान दुखी होता है जो इस बारिश की आस में पूरा साल गुजारता है।

किसानी से जुड़े मामलों के जानकार योगेश द्विवेदी कहते हैं कि यह बारिश फ़सल के लिए अमृत से कम नहीं है। पानी दो दिन गिरता है फिर दो दिन रुकता है। इससे ज़मीन पानी सोखती है और फ़सल पनपती है।

देखिएगा अब अगले दो साल तक फ़सल अच्छी होगी। सोयाबीन, धान और गन्ने के लिए यह पानी प्राण फूंकने वाला है। मगर आप टीवी वाले यह नहीं दिखाते। आप बारिश से शहरों में हो रहे हाहाकार की ख़बरें बता रहे हो, जो जल भराव की परेशानी के चलते होती हैं। यदि नदी-नालों में लोग बह रहे हैं और रास्ते रुके हुए हैं तो इसमें पानी की नहीं बल्कि सरकार की प्लानिंग की कमी है कि क्यों रास्ते ऊंचे नहीं किए? क्यों उफनते रास्तों पर पुलिस का पहरा नहीं बैठाया, जिससे लोग अपनी जान जोखिम में नहीं डालें।

अब योगेश जी को कौन बताए कि टीवी मध्यमवर्गीय समाज का मीडियम है इसलिए शहरों में कचरे और अतिक्रमण के चलते होने वाले जल भराव की ख़बरों को हम ज़्यादा जगह देते हैं और इस भराव के लिए भी हम बारिश को ही ज़िम्मेदार बताते हैं बजाय स्थानीय प्रशासन के। हम टीवी रिपोर्टर की सुबह इन दिनों प्रदेश में पानी कहां-कहां है? इसके अपडेट से शुरू होती है।

सारे ही चैनल एजेंडा बनाकर बारिश और बाढ़ की कहानियां चलाते हैं। जिसमें डूबते-बहते लोगों के दृश्य सनसनी-सी पैदा करते हैं। मगर हम एमपी के रिपोर्टरों के साथ परेशानी यह है कि यहां पानी तो ज़्यादा है मगर कहीं बिहार, यूपी और महाराष्ट्र जैसी बाढ़ का सीन नहीं है। ख़ूब पानी बरसता है और थोड़े-बहुत भराव के कुछ घंटों के बाद उतर जाता है।

काग़ज़ों पर वो पानी बेतहाशा है मगर टीवी की ख़बरों के लिहाज से वैसे हैरान करने वाले दृश्य नहीं है कि रिपोर्टर गले तक पानी में डूबे और एक हाथ से पानी में माइक बाहर निकाल कर पानी से हो रही परेशानी बताए। हालांकि पाकिस्तान के एक रिपोर्टर के ऐसे वीडियो के वायरल होने के बाद हमारे कुछ साथियों ने भी ऐसे ही गले तक डूब कर पाकिस्तानी रिपोर्टर को चुनौती देने की कोशिश की। मगर मूर्खता करने में पाकिस्तानियों को पछाड़ना मुश्किल होता है।

फिलहाल हम रिपोर्टरों को राहत की बात यही है कि एक बड़े दौर के बाद अब कुछ दिन मौसम खुला है। मगर आने वाले दिनों में फिर भारी बारिश का पूर्वानुमान है मतलब बकरे की मां कब तक ख़ैर मनाएगी। सुबह उठकर पानी का अपडेट देना ही पड़ेगा।

23

यहां से अब कहां जाए कांग्रेस

दृश्य एक : बड़वानी जिले के राजपुर क़स्बे में बिरसा मुंडा जयंती का समापन समारोह। सामने पंडाल में हज़ारों आदिवासियों की भीड़, सामने मंच जिस पर मुख्यमंत्री शिवराज सिंह चौहान सिर पर लाल रंग की लंबी कलगी वाली पगड़ी पहन कर भाषण देने आते हैं। अपना भाषण शुरू करने वो माइक के पास आते हैं और फिर अचानक जैसे कुछ याद-सा आता है। वो कहना शुरू करते हैं – 'आज के कार्यक्रम में आए मेरे आदिवासी भाइयों, बहनों! सबसे पहले मैं आप सबको घुटना टेक कर प्रणाम करूँगा और उसके बाद ही अपना भाषण दूंगा।' वो माइक से हटकर जोश भरे कदमों से मंच के बीचों-बीच जाकर घुटने के बल बैठते हैं और दोनों हाथ जोड़कर शीष झुकाते हैं।

थोड़ी देर में मुख्यमंत्री के दोनों जुड़े हुए हाथ सामने लगी रेलिंग पर टिक जाते हैं। मुख्यमंत्री को ऐसा करते देख मंच पर बैठे दूसरे जनप्रतिनिधि हैरान रह जाते हैं और थोड़ी देर बाद वो भी मंच पर मन मारकर झुकने की कोशिश करते हुए दिखते हैं। कुछ क्षणों के बाद मुख्यमंत्री उठकर चल पड़ते हैं फिर वापस माइक के पास। जनता को सिर झुकाकर घुटने के बल बैठकर प्रणाम करने का संतोष शिवराज के चेहरे पर दिखता है। बात यहीं ख़तम नहीं होती। वो माइक से बोलते हैं – 'भाइयों, बहनों! आपको यह प्रणाम किसी को दिखाने के लिए नहीं कर रहा हूं बल्कि पूरे दिल से कर रहा हूं। मैं मामा मुख्यमंत्री हूं। जो करता हूं, दिल से करता हूं।' जनता उत्साह से तालियाँ बजाती रह जाती है।

83

दृश्य दो : हैदराबाद की प्रसिद्ध चार मीनार इलाक़े के सामने की गलियों में भारी भीड़ है। इस भीड़ की वजह है बीजेपी का रोड शो। यह रोड शो उन संकरी गलियों से भी गुज़र रहा है, जहां पर कभी बीजेपी के नेता जाते नहीं थे। इस रोड शो की अगुआई कर रहे हैं बीजेपी के राष्ट्रीय अध्यक्ष जेपी नड्डा। नड्डा सड़क के दोनों ओर के मकानों और दुकानों में बैठी जनता का अभिवादन करते हैं, मुस्कराते हैं, हाथ हिलाते हैं। बीजेपी के कार्यकर्ता भी पार्टी के राष्ट्रीय अध्यक्ष को अपने बीच पाकर उत्साहित हैं। हैदराबाद में लोकसभा या विधानसभा की किसी सीट के लिए यह हाई प्रोफ़ाइल प्रचार नहीं हो रहा। यह प्रचार तो ग्रेटर हैदराबाद नगर निगम के चुनावों के लिए हो रहा है। आपके मुंह का जायका नहीं बिगड़ा कि पार्टी अध्यक्ष स्वयं पार्षदों के चुनाव में प्रचार करने उतर पड़े। नड्डा ही नहीं पार्टी के पूर्व अध्यक्ष और वर्तमान गृहमंत्री अमित शाह भी 150 पार्षदों वाले इस पांच हज़ार करोड़ रुपये के बजट वाले नगर निगम चुनाव के प्रचार करने आने वाले हैं। हैदराबाद नगर निगम में चौबीस विधानसभाएं आती हैं। उन विधानसभा के कार्यकर्ताओं का हौसला बढ़ाने और आगे की रणनीति तय करने बीजेपी के सभी छोटे-बड़े नेता इस नगर निगम चुनाव में प्रचार करने आ रहे हैं। अब आप याद करिए मध्यप्रदेश के 28 विधानसभा के उपचुनाव जिसमें प्रचार करने सचिन पायलट भर ही आ सके। राहुल, प्रियंका कहां हैं? इस बारे में पता चला कि गांधी परिवार उपचुनावों में प्रचार को नहीं उतरता।

पिछले विधानसभा चुनावों की शुरुआत होने को थी और एक बार जब मेरा तत्कालीन मुख्यमंत्री शिवराज सिंह से सामना हुआ तो मैंने सवाल दागा कि आप तो अभी से चुनाव के मूड में आ गए? तब उन्होंने पलट कर कहा था – 'मैं तो साल भर चुनाव के मोड में ही होता हूं। इसमें बुराई क्या है? हम राजनेता हैं हर चुनाव हमारे लिए महत्त्वपूर्ण होता है। यही वजह है कि मुझे नगर निगम और नगर पालिका चुनावों में प्रचार करने में भी हिचक नहीं होती। किसी भी चुनाव में हम अपने कार्यकर्ता को क्यों अकेला छोड़ दें?' जब शिवराज सिंह की ये बातें याद आती हैं, तभी लगता है कि पिछले उपचुनावों में 28 में से 19 सीटों का करिश्मा शिवराज सिंह के नेतृत्व में ही बीजेपी कर पाई। जिसमें दूसरी पार्टी से विरोधी प्रत्याशी को लाना और उनको अपनी पार्टी का बनाकर जिताना आसान नहीं था, वो भी तब जब

पंद्रह महीने पहले पार्टी ने इनके ही ख़िलाफ़ प्रचार कर चुनाव लड़ा और शिकस्त पाई थी।

मध्यप्रदेश की राजनीति में शिवराज सिंह चौहान के आने के बाद से राजनीति करने का तरीक़ा पूरा बदल गया है। शिवराज प्रदेश में पिछले पंद्रह साल से मुख्यमंत्री हैं, वो चौथी बार मुख्यमंत्री बने हैं, मगर शायद ही किसी सभा में उन्होंने इस बात का ज़िक्र किया हो। वो आचार–व्यवहार में हमेशा वैसे ही बने रहते हैं। सरल और सहज साथ ही सुलभ भी। अब ऐसे में कांग्रेस को उनसे क्या खाकर मुक़ाबला करेगी, समझ में नहीं आता। राजनीति अब काम से नहीं व्यवहार से, अपने वोटरों को खुश करने का नाम हो गई है। पिछले चुनावों में कांग्रेसी कमलनाथ सरकार के पंद्रह महीने के कामकाज गिनाते रहे और शिवराज हर सभा में जनता के सामने झुक कर प्रणाम कर वोट बटोरते रहे। कहते रहे टेंपरेरी मुख्यमंत्री हूं, भैया! परमानेंट बना दो। उधर, जनता जानती है कि राजनीति में सारे पद टेंपरेरी ही होते हैं मगर शिवराज अपने लोक व्यवहार से परमानेंट मुख्यमंत्री हुए जा रहे हैं। इन्हीं शिवराज सिंह का कांग्रेस को वर्ष 2023 में मुक़ाबला करना है। कांग्रेस की युवा पीढ़ी में भारी बैचेनी और छटपटाहट है, आने वाले चुनाव तक कमलनाथ शायद इतने सक्रिय नहीं रह पाएं, तब सहज, सरल व सुलभ शिवराज का मुक़ाबला करने पार्टी किसे और किस रणनीति तहत खड़ा करेगी आज से ही सोचना पड़ेगा।

द पॉलिटिक्स डॉट इन के विकास जैन कहते हैं कि मध्यप्रदेश की जनता के लिए शिवराज सिंह चौहान इन्फ़ोसिस के नारायण मूर्ति बन गए हैं, जिनको लेकर जनता को भरोसा बनता है कि कैसी भी परिस्थिति हो वो डिवीडेंट यानी कि फ़ायदा ज़रूर देगा तो क्या आप भी ऐसा ही मानते हैं?

<u>24</u>

भोपाल के छोटे
तालाब में बड़ा हादसा

रोज़ की तरह उस दिन भी जल्दी ही उठ गया था। उठते ही अंधेरे में मोबाइल में वाट्स एप पर आए मैसेज चैक भी कर लिए थे। कहीं से कोई वैसी ख़बर नहीं थी जिससे सिर के बाल खड़े हो जाएं। तैयार होकर सुबह की सैर पर जा ही रहा था कि मोबाइल की घंटी बजी। हमारे अभिषेक का फ़ोन था – 'सर! खटलापुरा में हादसा हो गया है। नाव के साथ बहुत सारे लोग डूब गए हैं। रीजनल चैनल चलाने भी लगे हैं यह ख़बर।' बस, इस एक फ़ोन ने नींद भगा दी और अगले कुछ मिनटों में ख़बर की पक्की जानकारी लेकर ऑफ़िस को बताया और थोड़ी देर बाद ही हम अपनी कैमरा टीम के साथ खटलापुरा पहुंच चुके थे, जहां तूफ़ान के बाद की शांति या कहें कि मुर्दनी-सी छाई थी।

सुबह साढ़े चार बजे का हादसा था, जब पिपलानी के गणेश मंडल की विशाल प्रतिमा को दो नावों में विसर्जन के दौरान ले जाया गया तो संतुलन बिगड़ने से दोनों नावें डूब गईं और उनमें सवार सत्रह में से ग्यारह लोग डूब गए। छह लोगों को पास आई नाव और एक बहादुर तैराक नितिन बॉथम ने बचा लिया था। चूंकि हादसा तड़के सुबह का था, इसलिए हम टीवी वाले जब तक पहुंचते घटनास्थल पर गहमागहमी ख़त्म हो चुकी थी। तालाब में डूबे शव हमीदिया अस्पताल में पोस्टमार्टम के लिए भेजे जा चुके थे। घाट के किनारे पुलिस, होमगार्ड के जवान और नगर निगम के कर्मचारी खड़े हुए थे और इन सबके साथ थे ढेरों तमाशबीन जो हादसे की ख़बर मिलने

पर बरसते पानी में भी चले आ रहे थे। सबसे पहले हमें मिले भोपाल के सर्वसुलभ जनप्रतिनिधि और मंत्री पीसी शर्मा, जो विधायक आरिफ़ मसूद के साथ उनकी गाड़ी में बैठकर हमीदिया जा रहे थे, जहां उनकी पार्टी के बड़े नेता पहुंचने लगे थे। ऐसे में उनका वहां पहले पहुंचना ज़रूरी था। जल्दबाजी में पीसी शर्मा ने हमें अपने रुकते-ठहरते अंदाज़ में बताया, 'घटना बहुत दुखद है। हम जांच के आदेश देने जा रहे हैं। मरने वाले के परिजनों को राहत का ऐलान हो गया है। अब जाने दीजिए।' फिर मंत्री जी रवाना हो गए।

उधर, घाट के किनारे पर थोड़ी-बहुत अफरा-तफरी थी, मगर तालाब में नजारा अलग था। यहां पर एनडीआरएफ़ की चार मोटर बोट पानी में उतरी हुई थीं। उनमें से तीन पर हमारे मीडिया के साथी सवार थे, जो दुर्घटना के बाद बचाव कार्य कैसे चल रहा है, इसकी नान स्टॉप कवरेज कर रहे थे। उनमें से कुछ लाइव बुलेटिन पर जुड़े हुए थे। मास्क पहन कर गोताखोर नीचे जा रहे थे और ऊपर आने पर हमारे साथियों को साउंड बाइट में नीचे का हाल बता रहे थे। उसी बोट में पुलिस के एक बड़े अधिकारी, जो अपनी फ़िटनेस और मीडिया कवरेज के लिए जाने जाते हैं, हम मीडिया वालों को बता रहे थे कि नीचे जो दो बोट डूबी हैं, उनमें कुछ शव फंसे हो सकते हैं। उनको खोजने के प्रयास हम कर रहे हैं। मगर घाट पर खड़े एक प्रशासनिक अधिकारी हमें बता चुके थे कि जितने लोग डूबे थे, सबको निकाल लिया है। सबकी शिनाख़्त हो गई है और बचे हुए लोग ऐसे किसी का नाम नहीं बता पा रहे जो नहीं मिल रहा हो। फिर यह तालाब में क्या हो रहा है उस पर उन्होंने हंसकर कहा कि आप जानते हैं, यह आप लोगों के लिए हो रहा है।

हमारे सभी साथी नाव पर रिपोर्टिंग का अनुभव ले रहे थे। हम भी एक नाव में चढ़े और बचाव कार्य कैसे और क्यों चल रहा है, यह बताते हुए निकले, क्योंकि टीवी रिपोर्टिंग में कौन-सा इनपुट क्लिक हो जाए, यह कोई नहीं जानता इसलिए कुछ साथी मोटरबोट में बैठकर ही लाइव कर रहे थे। निश्चित ही टीवी के लिए वो अलग नजारा था जब रिपोर्टर पानी के बीच हो और दो-तीन नावों में बचाव कार्य चल रहा हो। यह अलग बात है कि हमारे स्टिल फ़ोटोग्राफ़र इस नजारे को देखकर बहुत हैरान थे कि यह क्या हो रहा है, क्यों हो रहा है? सारी बॉडी तो निकल गईं फिर यह

मशक़्क़त क्या कवरेज के लिए ही? मगर हम टीवी के साथी इससे बेपरवाह अपने काम में मशगूल थे।

उधर, पिपलानी के सौ क्वार्टर में भी गहमागहमी ज़ोरों पर थी। ये वही इलाक़ा था, जहां के ये सारे लोग थे जो हादसे का शिकार हुए। इस बस्ती पर जैसे बिजली-सी गिरी हो, इसका अहसास यहां आते ही हो रहा था। छोटी-छोटी संकरी गलियों के बीच जो बड़ा पार्क था, वहीं पर बने चबूतरे पर गणेश प्रतिमा की स्थापना की गई थी और एक रात पहले ही विसर्जन के लिए यहां रहने वाले परिवारों के युवक निकले थे। जाना था उनको हथाईखेड़ा मगर जा पहुंचे खटलापुरा।

इस बस्ती में अधिकतर भेल के मजदूरों के परिवार थे, जो एक पीढ़ी आकर पहले ही यहां बसे थे। बस्ती के मकान एक दूसरे से सटे और बेहद छोटे थे। हादसे में मारे गए विशाल के घर के पास ही उसके साथी रोहित का पानी में डूबा घर था। जहां लोग उसकी मां और बार-बार गश खाकर बेहोश हो रहे पिता को मुश्किल से संभाल रहे थे। इस छोटी-सी बस्ती में पुलिस व नगर निगम के लोगों के बीच में नेताओं की चहल-पहल चरम पर थी। भोपाल की सांसद प्रज्ञा ठाकुर अस्त-व्यस्त से भगवा कपड़ों में घर-घर जाकर परिवार की महिलाओं के गले लगकर उनका दुख बांट रही थीं। पीसी शर्मा यहां पहुंचे हुए थे ही और मंत्री जयवर्धन सिंह भी यहां आकर ऐसे मौक़ों पर क्या और कैसे लोगों का दुख बांटें, सीखने की कोशिश करते दिखे। मगर ग़म के इन मौक़ों पर आंसू पोंछने में सिद्धहस्त हैं शिवराज, जो यहां सबसे पहले आकर रुंधे गले और भरी आंखों से जो भी सामने दिख रहा था, उसके सिर पर हाथ रखकर सांत्वना दे रहे थे।

यहां जिसकी कमी खल रही थी वो थी सीएम कमलनाथ की। वह उसी वक़्त मानवाधिकार दिवस पर जल का अधिकार गोष्ठी को संबोधित कर रहे थे। ऐसे में मुझे हमारे बाबूलाल गौर साहब याद आए जो 2004 में सूखी सेवनियां में हुई रेल दुर्घटना में मारे गए बारह युवकों के घर उसी दिन शाम को जा पहुंचे थे, जिसकी सुबह उन्होंने अपने जवान बेटे की अंत्येष्टि की थी।

25

फ़िल्में भी अब
बीजेपी कांग्रेसी हो गईं

भोपाल की रंगमहल टाकीज पर सुबह दस बजे से ही भीड़ लगने लगी थी। यह अलग बात है कि ये भीड़ सिनेमा देखने वाले दर्शकों की कम, हम टीवी रिपोर्टर और उनके कहने पर आए बीजेपी-कांग्रेसी नेताओं की ज़्यादा थी। इस भीड़ को बढ़ता देख न्यू मार्केट में इधर-उधर ड्यूटी बजा रहे पुलिस जवान भी टाकीज में आने लगे थे। दरअसल, ये भीड़ बेवजह नहीं थी। शुक्रवार का दिन था तो दो नई फ़िल्में *छपाक* और *तान्हाजी* रिलीज हुई थीं और संयोग देखिए कि ये दोनों फ़िल्में एक परिसर में मौजूद अगल-बगल की टाकीज में लग रही थीं।

छपाक फ़िल्म को लेकर माहौल तो उसी दिन बन गया था, जब उसकी हीरोइन और प्रोड्यूसर दीपिका पादुकोण जेएनयू के विरोध प्रदर्शन में जाकर शामिल हो गई थीं। बस फिर क्या? दीपिका की सारी क़ाबिलियत को परे रखकर उनको सरकार समर्थक ट्रोल गैंग ने निशाने पर ले रखा था। उनके जेएनयू जाने को फ़िल्म का प्रचार समझा जा रहा था और अब दीपिका पर रोज़ नए-नए, अच्छे-बुरे आरोप लग रहे थे। मसलन दीपिका तब कहां थीं? तब क्यों नहीं बोलीं? उनको यह नहीं दिखा, वो नहीं दिखा सरीखे ऊटपटांग सवाल खड़े कर कीचड़ उछालने का खेल शुरू हो गया था। यदि दीपिका बीजेपी के कथित राष्ट्रवादियों के निशाने पर थीं, तो उनके पक्ष में कांग्रेस आ गई थी। सबसे पहले तो हमारे एमपी में उनकी इस फ़िल्म को टैक्स फ़्री किया गया। उसके बाद दिग्विजय सिंह और कमलनाथ ने दीपिका का पक्ष

लेकर उनकी सराहना की और फ़िल्म रिलीज के दिन कांग्रेस के छात्र संगठन एनएसयूआई ने फ़िल्म के मुफ़्त टिकट बांटने का ऐलान कर दिया।

अब कांग्रेस कार्यकर्ता *छपाक* के समर्थन में उतरे तो भला बीजेपी सदस्य क्यों पीछे रहते? *छपाक* के साथ रिलीज हो रही छत्रपति शिवाजी के मराठा सरदार *तान्हाजी* की ज़िंदगी पर आधारित फ़िल्म राष्ट्रवाद की परिभाषा के लिहाज़ से फ़िट बैठ रही थी। अतः बीजेपी के नेताओं ने *तान्हाजी* के टिकट बांटने का फ़ैसला कर लिया। इसके बाद का पूरा मजमा सैट था। रंगमहल टाकीज पर भगवा झंडा लहरा कर 'वंदे मातरम्' का जयघोष हो रहा था तो बगल की संगीत टाकीज पर तिरंगा झंडा लहरा कर 'भारत माता की जय' के नारे लगाए जा रहे थे। बीजेपी की भीड़ की अगुआई पूर्व विधायक सुरेंद्र सिंह उर्फ़ मम्मा कर रहे थे। कांग्रेस के लिए एनएसयूआई के विवेक त्रिपाठी अपने साथियों के साथ मोर्चा संभाले हुए थे। इस नारेबाजी और हंगामे को कैश करने के लिए हम टीवी के पत्रकार तैयार खड़े थे और हर घंटे होने वाले लाइव कवरेज के लिए कभी कांग्रेस तो कभी बीजेपी के नेताओं को पकड़ रहे थे। पुलिस ने बीजेपी-कांग्रेस के किसी भी संभावित टकराव से बचने के लिए दोनों सिनेमा हॉल के बीच में बैरिकेड लगा दिए थे मगर नारों का शोर तो दोनों तरफ़ आ रहा था।

उधर, इस हंगामे से घबड़ाए हुए थे वो दर्शक जो सच में फ़िल्म देखने आए थे। यहीं पर मिली पत्रकारिता की छात्रा अपूर्वा खंडेलवाल। उनका कहना था कि समझ में नहीं आ रहा है कि फ़िल्म का विरोध करने की क्या वजह है। दोनों अच्छी फ़िल्में हैं और मैं दोनों देखना चाहती हूं। ये कला-संस्कृति और फ़िल्म पर पहरे नहीं लगाए जाने चाहिए - ये देखो, ये नहीं। अरे! हम अपनी पसंद का देखेंगे, आप कौन होते हो बोलने वाले - ये नहीं देखो, ये देखो। यदि दोनों फ़िल्में अच्छी हैं तो पहले कौन-सी देखोगी? मेरे इस सवाल पर थोड़ा सोचने के बाद वो बोली *छपाक* एक अच्छे विषय पर फ़िल्म बनी है - महिलाओं की सुरक्षा पर। यह ऐसा विषय है जिस पर कोई बात नहीं करता। यदि दीपिका ने यह फ़िल्म बनाई है तो हिम्मत का काम है। पहले वही देखूंगी मगर *तान्हाजी* भी छोड़ूंगी नहीं।

वहीं *तान्हाजी* देखने आए दमन अहलूवालिया भी फ़िल्मों पर हो रहे इस बीजेपी-कांग्रेस के शोरगुल से व्यथित दिखे। मुझसे फ़ेसबुक से जुड़े हैं। मिलते ही खिल गए मगर चिंतित स्वर में बोले - 'भाई, देश कहां जा रहा है। इन

फ़िल्मों को भी बीजेपी-कांग्रेस में बांट दिया और क्या-क्या बंटते देखेंगे हम अभी। क्या किसी की फ़िल्म इसलिए नहीं देखी जाए कि वो किसी के विरोध प्रदर्शन में शामिल हो गया। या कोई फ़िल्म इसलिए ही देखी जाए कि उसमें मुगलों का विरोध करने वाले योद्धा का ज़िक्र है। दरअसल, दोनों तसवीरें ही ठीक नहीं हैं। फ़िल्म, कला और संस्कृति पर यदि पहरे बिठाए जाएंगे तो फिर वही हाल होगा जो इन दिनों टीवी के डिबेट शो का होता है, जिनको आवाज़ बंद कर देखा जाता है, क्योंकि मालूम होता है कि वो इस पार्टी का है क्या बोलेगा और वो उस पार्टी का है वो ऐसा बोलेगा। रचनात्मकता और विचारों की आज़ादी खोती जा रही है। ऐसे में मुझे अपने प्रिय कवि नरेश सक्सेना की यह कविता बहुत याद आ रही है –

> सुबह उठ कर देखा तो,
> आकाश लाल पीला सिंदूरी और गेरुए रंग से रंग गया था,
> मज़ा आ गया आकाश हिंदू हो गया है,
> पड़ोसी ने चिल्लाकर कहा,
> अभी तो और मज़ा आएगा मैंने कहा,
> बारिश आने दीजिए सारी धरती मुसलमान हो जाएगी।

रंगों के आधार पर प्रकृति और विचारों के आधार पर फ़िल्मों को बांटने लगेंगे तो रचनात्मकता ख़त्म हो जाएगी ओर ज़िंदगी बेरंग हो जाएगी, इसलिए दोनों फ़िल्में देखिए।

26

चार इमली के
पांच बंगलों की गली

वैसे तो हमारे भोपाल का वो पूरा इलाक़ा ही वीआईपी है। मगर उस गली की तो बात ही कुछ और है। बात हम चार इमली की कर रहे हैं। इसे असल में पहले चोर इमली कहा जाता था। पांच नंबर स्टॉप में दुर्गा पेट्रोल पंप से जो गली ऊपर जाकर दो फाड़ होती है। उसमें बाएं जाकर थोड़े आगे जाने पर जब आप दाएं मुड़ते हैं और... "इसी बेनूर गली अंधेरी-सी गली कासिम से इक तरतीब चिरागों की शुरू होती है, एक कुराने सुखन का सफा खुलता है, असदुल्ला खां गालिब का पता मिलता है।" अरे! माफ़ करिए, गली के चक्कर में कहां गुलजार साहब के गालिब को याद कर बैठा। तो इसे यूं शुरू करते हैं। इसी चमचमाती कारों से भरी गली में एक तरतीब बंगलों की शुरू होती है, और कुछ पूर्व और कुछ वर्तमान मंत्रियों का पता मिलता है।

सबसे पहला पता है बी फ़ोर। यह बी टाइप बंगला बीस मार्च तक ढेरों विभागों के मंत्री रहे पीसी शर्मा का है। बीस मार्च को सरकार गिरने के बाद अब यह पूर्व मंत्री का बंगला हो गया है। ऐसे में स्वाभाविक है कि यहां कारों की भीड़ कम हो गई है। वरना बीस के पहले के पंद्रह महीने तक यहां सुबह से ही गाड़ियों की कतार लग जाती थी – कार्यकर्ता और काम कराने वाले लोगों की।

पीसी भाई सुबह उठते ही काम में लग जाते और बंगले से निकलते-निकलते गाड़ी में बैठते-बैठते आवेदनों पर दस्तख़त करते रहे। कभी वो आवेदन गाड़ी के बोनट पर रखकर साइन करते तो कभी गाड़ी में

बैठकर गोद में काग़ज़ रखकर पूछते कि बताओ कहां दस्तख़त करना है। सहजता और सक्रियता वाले पीसी भाई के घर सुबह से ही मीडिया की भीड़ होती है ख़ासकर इलेक्ट्रॉनिक मीडिया की। बड़े कैमरे, छोटे कैमरे, मोबाइल कैमरे और उन सबको एक समान विनम्रता से बाइट देते हमारे पीसी भाई। मगर अब पूर्व होते ही बी फ़ोर की रौनक कम हुई है।

अब आते हैं बी फ़ाइव। पीसी भाई के बंगले से जुड़ा यह बंगला पूर्व मंत्री महेंद्र सिंह सिसोदिया का है। महेंद्र सिंह गुना जिले की बम्होरी सीट से जीते और कमलनाथ सरकार में श्रम मंत्री काबिज हुए। उनका पहला बड़ा काम था, संबल योजना को बंद करना। संबल योजना की आड़ में जो खाते-पीते लोग ग़रीबों का निवाला निगल रहे थे, ऐसे लाखों लोगों की छंटनी कर संबल को उन्होंने 'नया सबेरा' नाम दिया और कमलनाथ के क़रीबी बन गए। मगर सिंधिया जी के इशारे पर मंत्री पद दांव पर लगा कर ऐसे बेंगलूरु गए कि विधायकी और मंत्रीगिरी गंवा कर ही भोपाल लौटे। सो यह बंगला सूना है मगर उम्मीद की आस है कि शिवराज सरकार का जब अगला मंत्रिमंडल बनेगा उसमें फिर वो मंत्री बनेंगे और बंगले की रौनक लौटेगी, मगर कब यह सवाल महेंद्र भाई के समर्थकों के मन में ज़रूर है। हालांकि जिस संबल को दुर्बल किया था, उस योजना की वापसी हो गई है।

अब बात इस गली के सबसे चर्चित बंगले बी सिक्स की। यह बंगला हमेशा अपने चमकदार और मिलनसार मालिक नरोत्तम मिश्रा के दम पर गुलजार रहता है। सफ़ेद कुर्ता, काली मूंछें और माथे पर लाल टीके वाले मिश्रा जी पंद्रह साल की बीजेपी की सरकार में मंत्री रहे। विभाग कौन-सा हो, इससे उनको फ़र्क़ नहीं पड़ा मगर सरकार जाने और पंद्रह महीने बाद फिर सरकार बनी तो अब वो फिर मंत्री हैं और इस बार गृह विभाग जैसा ताक़तवर विभाग उनके पास है। जब नरोत्तम मंत्री नहीं रहे, तब इस बी सिक्स में रौनक थोड़ी कम थी मगर कमलनाथ सरकार को उखाड़ फेंकने वाली जावली का दर्जा इसी बंगले को मिला था। नरोत्तम हमेशा कहते थे कि ऊपर से जब आदेश होगा कांग्रेस सरकार को गिरा देंगे। यह अलग बात है कि सरकार तो गिरी मगर उसे पहले दिन से गिराने का प्रयास करने वाले नरोत्तम फिर मंत्री ही बने वो मुख्यमंत्री की दौड़ में पीछे रह गए। नरोत्तम जी के पास अब स्वास्थ्य विभाग भी है, इसलिए सारा लोकल रीजनल और नैशनल मीडिया अब सुबह शाम उनसे कोरोना को लेकर बाइट और ख़बरें

और लाइव लेता रहता है। या यूं कहें कि पीसी शर्मा के बंगले पर रहने वाली कैमरों की भीड़ अब इस बंगले पर आ गई है।

अब आता है बंगला नंबर बी सेवन। यह क़िस्मत के धनी, सत्ते पे सत्ता तुलसी सिलावट का बंगला है। कमलनाथ सरकार में सांवेर से विधायक बने तुलसी भिया सिंधिया कोटे से स्वास्थ्य मंत्री बने, हालांकि उनको उप मुख्यमंत्री और प्रदेश अध्यक्ष बनाने की भी बातें हुई। मगर स्वास्थ्य मंत्री सिलावट जी ने मार्च के दूसरे हफ़्ते में बेंगलुरु जाकर कमलनाथ सरकार की तबियत बिगाड़ दी। कहने वाले तो यह भी कह रहे हैं कि जब कोरोना प्रदेश में पैर पसार रहा था तब प्रदेश का स्वास्थ्य मंत्री बेंगलुरु में रिसॉर्ट-रिसॉर्ट खेल रहा है। इसलिए प्रदेश में कोरोना के लिए पुराने स्वास्थ्य मंत्री जी ही ज़िम्मेदार हैं, इसलिए उनको मिला स्वास्थ्य विभाग बगल के बंगले सी सिक्स में शिफ़्ट हो गया। बगल के बंगले सी सिक्स का जल संसाधन इस बंगले में आ गया। कितनी सुविधा है हमारे फ़ाइलें लेकर जाने वाले अफ़सरों को। इस बंगले से बदल कर अब उस बंगले में ही जाना पड़ा।

अब इस वीआईपी गली का आख़िरी रहस्यमय बंगला बी एट। इस बंगले में पहले बड़े ताक़तवर पूर्व मुख्य सचिव रहते थे, इसलिए कमलनाथ सरकार बनने के कुछ महीनों की देरी में यह बंगला अलॉट हुआ कांग्रेस सरकार के ऊर्जावान मंत्री प्रियव्रत सिंह को। जैसी कि परंपरा है नई सरकार बनते ही तमाम मंत्री बंगला स्टाफ़ और सुविधाएं जुगाड़ने में जी-जान लगा देते हैं तो इस बंगले में भी उसी परंपरा का निर्वाह हुआ और इसे बनाने सजाने-संवारने में इतना वक़्त लग गया कि जब तक ऊर्जा मंत्री प्रियव्रत यहां आने की सोचते कि सरकार की चला-चली की बेला आ गई। हालांकि प्रियव्रत ने यहां गृह प्रवेश तो कर लिया था, मगर बंगले पर मंत्री की नेम प्लेट नहीं लग पाई और सरकार गुज़र गई।

तो चार इमली के पांच बंगलों वाली इस गली की कहानी यही कहकर ख़त्म करते हैं कि जैसे सत्यनारायण भगवान की कृपा से यहां के दो बंगलों के दिन बदले बाक़ी तीन के भी बदलें।

27

बदले हुए पंडाल में बदले हुए शिवराज

क़रीब एक साल के अंतराल के बाद भोपाल के हम सारे पत्रकार इस पंडाल में एक बार फिर मिल रहे थे। भोपाल के श्यामला हिल्स के मुख्यमंत्री निवास में यह नए साल का स्नेह मिलन था, जिसमें मुख्यमंत्री शिवराज सिंह चौहान ने भोपाल के पत्रकारों को बुलाया था। पंडाल में कई सारी गोल टेबलों के चारों ओर लगी कुर्सियों पर पत्रकार हंसते-मुस्कराते नव वर्ष की शुभकामनाओं के आदान-प्रदान में व्यस्त थे। मुख्यमंत्री तब तक आए नहीं थे और मेरी नजरें पंडाल के चारों तरफ़ दौड़ रहीं थीं। पंडाल में चौतरफ़ा रौनक थी मगर एक कोना सन्नाटे में था और वो कोना था उस ओर जहां पर मंच था। मंच पर पर्दा डाल कर ढंक दिया गया था। मगर मेरा मन तो पर्दे के पीछे की नौ महीने पुरानी कहानी में ही उलझा हुआ था। मुख्यमंत्री निवास के बाहरी तरफ़ लगे उस पंडाल के उस मंच पर पिछले कुछ सालों में हमने अनेक आयोजन देखे थे। अलग-अलग समाज की पंचायतों से लेकर सम्मान समारोह और मटकी फोड़ कार्यक्रम इसी मंच पर हुए हैं। मगर मंच का पिछला आयोजन मेरी आंखों से हट नहीं पा रहा था, ना जाने क्यों। शायद इसलिए कि उसे हुए अभी सिर्फ़ पूरे दस महीने भी नहीं हुए थे।

साल दो हज़ार बीस का वो बीस मार्च का दिन था। जब सुबह दस बजे हम यहां भागे-भागे आए थे। इसी पंडाल में कुर्सियां लगी थीं, जिसमें एक ओर कांग्रेस के विधायक तो दूसरी और हम पत्रकारों के बैठने की व्यवस्था की गई थी। पंडाल के मंच पर बड़ा-सा फ़्लेक्स लगा था जिस पर तत्कालीन

मुख्यमंत्री कमलनाथ के फ़ोटो के साथ लिखा था – 'तरक़्क़ी रंग लाई। उम्मीदें मुस्कराईं।' मगर उस दिन किसी के चेहरे पर दूर-दूर तक मुस्कराहट नहीं थी सिवाय हम पत्रकारों को छोड़ कर जो उन दिनों रोज़ हर घड़ी मिल रही ख़बरों से उत्साहित थे। काम करते-करते सुबह से देर रात भले ही हो रही हो मगर ख़बरें हमें आनंदित करतीं हैं, ना जाने क्यों और वो भी बड़ी ख़बरें, आह क्या बात है। उस पंडाल में हम जिस बड़ी ख़बर की आस में दौड़े-दौड़े आए थे, वो ख़बर थोड़ी देर बाद आ ही गई। मुख्यमंत्री कमलनाथ ने पत्रकार और अपने विधायकों के सामने बताया कि वो इस्तीफ़ा देने जा रहे हैं, बस फिर क्या था पंद्रह साल की पुरानी बीजेपी सरकार को हटाकर आई पंद्रह महीने पुरानी कांग्रेस की सरकार धराशायी हो गई थी। सरकार क्यों गिरी और अब क्या होगा? इस विषय पर हम पत्रकार उस पंडाल में अपने अपने चैनलों को लाइव चैट और अपडेट कराने में लग गए। पंडाल के मंच पर सन्नाटा छा गया था।

आप शायद नहीं जानते हम पत्रकार बेहद निष्ठुर और वीतरागी होते हैं, वो भी टीवी के हों तो निर्मम भी लिख सकते हैं। किसी भी बड़े आदमी के चेहरे पर माइक लगाकर ही पूछते हैं, बताइए कैसा लग रहा है। तो कैसा लग रहा है? यह सवाल वहां आए विधायकों और कांग्रेस के नेताओं से लगातार हम टीवी के पत्रकारों की ओर से पूछा जा रहा था। ख़ैर! कांग्रेस सरकार के गिरते ही बीजेपी की सत्ता में वापसी की सरगर्मियां राज्य में शुरू हो गई थीं। मगर एक बड़ी ख़बर और उस पंडाल में पक रही थी जिसकी जानकारी हमें कुछ दिन बाद मिली। हमारे एक साथी पत्रकार की बेटी लंदन से पढ़ाई कर घर लौटी थी और वो पत्रकार मित्र भी उस पंडाल में हुए पत्रकार सम्मेलन में आए हुए थे। कुछ दिन बाद ही भोपाल की पहली कोरोना पॉजिटिव फ़ैमिली पिता पुत्री कोरोना पॉजिटिव आए और संकट आया हम पंडाल में मौजूद बाक़ी पत्रकारों पर। कुछ के घर पुलिस तो कहीं प्रशासन पहुंचा घरों में हमें क्वारंटाइन करने।

मज़ा यह देखिए कि नए मुख्यमंत्री की मेजबानी में हुए इस स्नेह सम्मेलन में वो पत्रकार साथी भी आए हुए थे और मित्रों से मिलकर पुरानी यादों को ताज़ा कर हंस रहे थे। यह बात जब हमने मुख्यमंत्री शिवराज सिंह को बताई कि नौ महीने पहले इस पंडाल में आए थे तो साल की सबसे बड़ी ख़बर और कोरोना की आशंका लेकर गए थे, और उसके बाद अब

आए हैं इस पंडाल में। ऐसे में ठहाका लगाकर शिवराज बोले मैं गारंटी लेता हूं कि इस बार आप कोरोना लेकर नहीं जाएंगे इसलिए बेफ़िक्र रहें और मिठाई खाइए। ऐसे में हमने पूछ ही लिया कि आप इतनी मिठाई खिलाते हो स्वयं भी मीठा खाने में परहेज नहीं करते फिर इन दिनों आपके भाषण तीखे क्यों हो गए हैं – ज़मीन में गाड़ दूंगा, छोड़ूंगा नहीं, उल्टा लटका दूंगा। ऐसा क्यों? आपने मिठाई खानी कम कर दी क्या? इस जलेबी जैसे सवाल पर भी शिवराज ने सामने टेबल पर रखे गाजर के हलवे जैसा मीठा जवाब दिया – 'देखो मेरा तो एक सूत्र है – सज्जनों के लिए फूल-सा कोमल और दुष्टों के लिए वज्र-सा कठोर। यही मेरा राजधर्म है। प्रदेश से माफ़िया को भगाना है और भ्रष्टाचारियों को छोड़ना नहीं है। इसलिए इन बयानों से जिसको डर लगता है वो डरें और हम कह ही नहीं रहे, कर भी रहे हैं।' इसके बाद वो माफ़िया के ख़िलाफ़ किए गए अपनी सरकार के काम गिनाने लगे।

आप बदल गए हैं – यह वो सवाल था जो हर थोड़ी देर में मुख्यमंत्री शिवराज सिंह चौहान को इस पंडाल में देना पड़ रहा था। जिसका जवाब वो अपनी चिर-परिचित मुस्कराहट और कभी-कभी ठहाकों के साथ दे रहे थे। इस बदलाव पर किसी को आपत्ति नहीं थी क्योंकि सच में वक़्त तेज़ी से बदल रहा है, ऐसे में मुख्यमंत्री अपनी कार्यशैली में बदलाव कर रहे हैं तो आश्चर्य नहीं करना चाहिए। हम तो यही कहेंगे कि इस बदलाव में आप अपना मूल चरित्र नहीं बदलें मुख्यमंत्री जी, जिसने आपको देश के इस हृदय प्रदेश का सबसे लंबे समय तक पद पर रहने वाला मुख्यमंत्री बनाया है।

28

घर आता सिनेमा और
हमारी करेली की टाकीज

भोपाल में एमपी नगर चौराहे से गुज़रते वक़्त जो अपना हमेशा का काम होता है, वो यह कि नज़रें घुमा कर यह देखना कि ज्योति टाकीज में कौन-सा सिनेमा लगा है और उसका पोस्टर कैसा है? यह अपने बचपन की आदत है, सिनेमा के पोस्टरों को निहारना और उनमें लिखे एक-एक शब्द को याद हो जाने की हद तक पढ़ना। निर्माता-निर्देशक से लेकर पटकथा लेखक, संगीतकार, गीतकार और वितरक तक के नाम इसी आदत के चलते आज तक याद हैं। मगर पिछले पांच महीने से ज्योति टाकीज पर मुर्दनी छाई है। ना तो पोस्टर हैं और ना दीवाने दर्शकों की भीड़। जब यह बात हमने दुखी होकर बेटू को बताई तो उसने सामने रख दिया स्ट्रीमिंग डिवाइस, जिसे टीवी में लगाते ही सैकड़ों चैनल और हज़ारों फ़िल्में हाज़िर हो जाती हैं, उसने चहक कर कहा – 'अब यह है सिनेमा देखने का मज़ा।'

हमने मन ही मन कहा कि यह मज़ा भी कोई मज़ा है लल्लू! मज़ा तो वो था जब शाम होते ही हमारे करेली कस्बे की श्याम सवाक चित्रशाला में 'ओम जय जगदीश हरे... स्वामी जय जगदीश हरे...' वाली आरती लाउडस्पीकर पर बजने लगती थी। सब जान जाते थे कि आधे घंटे बाद ही हमारे पड़ोस की श्याम टाकीज में शाम छह बजे का शो शुरू होने वाला है।

श्याम टाकीज में आज कौन-सी फ़िल्म चल रही है और आने वाले दिनों में कौन-सी आने वाली है, यह बताने के लिए सिनेमा हॉल के बाहर एक-दो ख़ास जगहों पर फ़िल्मों के छोटे-बड़े पोस्टर लगे होते थे। टाकीज के

बाहर सबसे ज़्यादा भीड़ इन फ़िल्मी पोस्टरों को देखने के लिए ही लगती थी। जिनको फ़िल्म देखना है वो और जिनको नहीं देखना है वो भी इन पोस्टरों को निहार कर फ़िल्म की कहानी की कल्पना करते रहते थे। पोस्टर लगने के पास ही बनी हुई थी दो खिड़कियां जो आमतौर पर दिन भर सन्नाटे में डूबी रहती थीं। मगर शो शुरू होने के पहले के एक घंटे पहले से ये अच्छे खासे अखाड़े में बदल जाती थीं।

दरअसल, ये टिकट खिड़कियां होती थीं, जहां हाथ डाल कर टिकट लेने के लिए बहुत छोटा-सा छेद होता था। जिनमें अक्सर टिकट लेने के दौरान जब एक साथ दो या तीन लोग हाथ डाल देते थे तो उनके हाथ फंस जाते थे और चीख़-चिल्लाहट मच जाती थी। गाली-गलौच शुरू हो जाती थी और फ़िल्म में मारधाड़ तो पर्दे पर होती थी मगर यहां पर लाइव ढिशुम-ढिशुम देखने मिल जाती थी। टिकट खिड़की पर यह मारामारी शो शुरू होने के एक घंटे पहले से लेकर शो शुरू होने तक होती थी, उसके बाद यहां फिर दिन भर के लिए शांति छा जाती थी।

उन दिनों सिनेमा हॉल में दर्शकों के बैठने की कई क्लासें होती थीं। पांच रुपये में पर्दे के पास लंबी बेंच वाली थर्ड क्लास, फिर दस रुपये में बीच में बनी लकड़ी की कुर्सियों वाली सेकंड क्लास और पंद्रह रुपये वाली थोड़ी आरामदायक कुर्सियों वाली फ़र्स्ट क्लास के बाद नंबर आता था बालकनी का और बाद में बॉक्स भी बनने लगे थे। बालकनी यानी कि छत पर बनी क्लास में बीस रुपये लगते थे और वो सबसे अच्छी क्लास मानी जाती थी जिसमें आने-जाने का रास्ता अलग ही होता था। इन सारी क्लासों के बीच में एक क्लास और होती थी जिसे लेडीज क्लास कहते थे। यह फ़र्स्ट क्लास के पीछे होती थी और फ़िल्म शुरू होने के पहले तक यहां पर काले पर्दे टंगे रहते थे, जो फ़िल्म शुरू होने पर ही खुलते थे।

हर क्लास में एक गेटकीपर होता था और लेडीज क्लास में हमारी श्याम टाकीज में तेज-तर्रार बुजुर्ग महिला गेटकीपर होती थी जो बीच-बीच में ऐसी आवाज़ भी लगाती थी – 'ओ मुन्नू की मम्मी! ये मुन्नू के पापा आए हैं। घर की चाबी मांग रहे हैं।' फिर कोई औरत आती और उस महिला को चाबी थमाती जो वो गेटकीपर महिला बाहर खड़े शख़्स को पहुंचाती। यह माना जाता था कि वो महिला गेटकीपर सिनेमा देखने आने वाली सारी

महिलाओं और उनके पतियों को जानती है, तभी सिनेमा के बीच वो संदेश का लेन-देन करने वाली ऐसी समाज सेवा भी करती।

इन सारी दर्शकों की क्लास में मज़े की बात यह है कि तब सिनेमा हॉल इतने छोटे होते थे कि इंटरवल में फ़िल्म देखने आए लोगों को टाकीज से बाहर आकर ही चना-चबेना, चाट-पकौड़ी, मूंगफली लेने और हल्के होने के लिए जाना पड़ता था। जाने से पहले इन दर्शकों को एक गेटपास दिया जाता था, जिसमें उस क्लास का नाम होता था। हर क्लास के गेटपास का रंग अलग-अलग होता था। बाहर से अंदर आने पर यह पास दिखाना होता था, तभी आपको आने मिलता था। कई बार ऐसा भी होता था कि आप इंटरवल से लौटे हैं तो आपकी सीट पर कोई और महाशय मूंगफली छीलते हुए फ़िल्म देख रहे होते हैं। कुछ कहने पर कहते – 'यार! इतनी कुर्सियां ख़ाली पड़ी हैं और कहीं जाकर बैठ जाओ ना या यहीं तुमने नाम लिखा लिया है?' तब सीटों के नंबर शुरू नहीं हुए थे। इसलिए यह दादागिरी भी झेलनी पड़ती थी।

बालकनी के ठीक पीछे होता था सिनेमा का प्रोजेक्टर का कमरा। तब फ़िल्में रील पर चलती थीं। इन रीलों के बंडल बक्से में आते थे। लंबे से ऊंचे प्रोजेक्टर पर ये रीलें एक फ़्रेम में कस कर घुमाई जाती थीं और उनके पीछे लगी कार्बन की दो पतली रॉड से निकलने वाली रोशनी के दम पर पर्दे पर रीलों का अक्स आता था। कई बार ये कार्बन रॉड जल्दी जल जाती थीं तो पर्दे पर प्रकाश कम हो जाता था, तब दर्शक हल्ला करते थे और फिर यह रोशनी एडजस्ट की जाती थी। वहां पर दो प्रोजेक्टर लगे होते थे। एक प्रोजेक्टर पर लगी फ़िल्म ख़त्म होते-होते दूसरे प्रोजेक्टर की रील शुरू हो जाती थी। दर्शकों को पता ही नहीं चल पाता था।

तो इसी प्रोजेक्टर रूम में हुआ करते थे हमारी श्याम टाकीज के ऑपरेटर श्यामलाल बहरे। हम रोज़ शाम को टाकीज की सीढ़ियों पर श्याम को कार्बन की दो रॉड लेकर जाते हुए देखते थे। हम सब श्याम की क़िस्मत से रश्क करते थे कि क्या क़िस्मत पाई है – सारी फ़िल्में सबसे पहले देख लेते हैं और रोज़ देखते हैं। बड़े होकर हम भी श्यामलाल जैसे फ़िल्म चलाने वाले बनना चाहते थे। मेरा घर सिनेमा हॉल के बगल में ही था। घर के आंगन से सिनेमा के डायलॉग्स सुनाई देते थे और हम चुपचाप पीछे बैठकर

पर्दे पर क्या चल रहा है, इसका आनंद लेते थे। घर पर जब कोई पूछता था कि बड़े होकर क्या बनोगे तो हम गर्व से कहते थे हमें भी फ़िल्म चलाने वाला श्याम बहरे बनना है। चलो हम श्यामलाल तो नहीं मगर श्यामलाल पर लिखने वाले बन ही गए।

29

वो भयावह दो महीने

ख़बर एक - भोपाल के भदभदा विश्रामघाट के सचिव मम्तेश शर्मा ने बताया कि 14 जून को उनके शमशान घाट पर कोरोना प्रोटोकॉल के तहत एक भी अंतिम संस्कार नहीं हुआ है। कोरोना से दम तोड़ने वाले स्टैंड पर तीन महीनों बाद ऐसा सन्नाटा रहा।

ख़बर दो - एमपी के स्वास्थ्य विभाग के 14 जून के *कोविड मीडिया बुलेटिन* में प्रदेश के 52 जिलों में से सिर्फ़ तीन जिलों में ही दो अंकों में मरीज दिख रहे थे। बीस जिलों में एक भी मरीज सामने नहीं आया।

ख़बर तीन - एमपी में 14 अप्रैल को एक दिन में ही पांच लाख दस हज़ार लोगों को कोविड का टीका लगा और वैक्सीनेशन के डेढ़ सौ दिन पूरे होने तक एक करोड़ तैंतालीस लोगों को टीका लग चुका है।

ऊपर लिखी ये तीन ख़बरें जानलेवा महामारी कोविड के नियंत्रण में आने की ओर इशारा कर रहीं हैं। इस साल की शुरुआत से ही कोविड दबे पांव आया या कहें कि वो गया ही नहीं था। मगर उसने कहर बरपाया साल के पिछले दो महीने में। आप क्या ये दो महीने भुला पाएंगे? शायद नहीं। नए वित्त वर्ष के पहले महीने यानी कि अप्रैल के टेबल कैलेंडर की तारीख़ें हम पढ़ ही रहे थे मुंबई से कोविड के पैर पसारने की ख़बरें आने लगीं। मुंबई के पहले हफ़्ते में कोरोना से 166 तो आख़िरी हफ़्ते में 490 लोगों ने दम तोड़ा। अप्रैल का महीना ख़त्म होते होते मुंबई में कोरोना के केस निकले सवा दो लाख से ज़्यादा और मरने वालों की संख्या थी करीब डेढ़ हज़ार।

हमारा मध्यप्रदेश महाराष्ट्र से लगा ज़रूर था और इन ख़बरों के बाद सरकार ने महाराष्ट्र से आने वाली बसों का आना-जाना बंद कर दिया। मगर अप्रैल के दूसरे हफ़्ते की शुरुआत होते ही हालत बेक़ाबू होने लगे। कोरोना केस आने की रफ़्तार यूं बढ़ी कि दो लाख एक्टिव केस एमपी में सिर्फ़ अप्रैल में ही आ गए। पिछले महीने की अपेक्षा यह चालीस फ़ीसदी से ज़्यादा की रफ़्तार थी। इन नए आ रहे मामलों को संभालने के लिए अस्पतालों में बिस्तरों की मारामारी शुरू हो गई थी।

हमारे दोस्तों, रिश्तेदारों के फ़ोन भोपाल, इंदौर और जबलपुर में किसी भी अस्पताल में मरीजों को भर्ती कराने के आने लगे। पहचान के डॉक्टर फ़ोन तो हमारे उठा रहे थे मगर उनका पहला वाक्य होता था - हॉस्पिटल में बेड की बात छोड़ कर कुछ भी बोलो। अस्पताल फुल हैं। सच यह था कि कोरोना का कोई भी मरीज दो हफ़्ते से पहले ठीक हो नहीं पाता था, इसलिए जो एक बार अस्पताल में आ गया तो फिर उसका बेड कम से कम दो हफ़्ते के लिए बुक हो जाता था। अपने संपर्कों के दम पर किसी को अस्पताल में भर्ती कराना, जंग जीतने जैसा काम हो गया था।

इसके बाद शुरू हुआ अस्पतालों में ऑक्सीजन की तंगी का बुरा सपना। जिस भोपाल शहर में मेडिकल ऑक्सीजन की खपत सिर्फ़ अस्सी मीट्रिक टन रोज़ होती थी वो कुछ दिनों में ही दोगुनी हो गई। उस पर कोढ़ में खाज यह कि ऑक्सीजन दूसरे प्रदेशों से ही आती रही है। इसलिए ऑक्सीजन को दूसरे प्रदेश से लाने और अस्पतालों तक पहुंचाने में सरकार लगी रही। सबसे बुरा होता है किसी मरीज का अस्पताल में दम तोड़ देना। और यह हुआ - कई जगहों पर कई बार कभी भोपाल तो कभी इंदौर तो कभी शहडोल के अस्पतालों में हुई ऑक्सीजन की तंगी ने हालात मौत के बना दिए और बड़ी मेहनत से अस्पतालों तक लाए गए कोविड मरीज दम घुट कर मर गए।

अस्पताल में बिस्तर ऑक्सीजन के बाद दवा यानी कि रामबाण बना दिए गए इंजेक्शन रेमडेसिवर की मारामारी ने भी इतिहास रच दिया। दवा बाज़ारों के बाहर रेमडेसिवर के लिए ऐसी लंबी कतारें लगीं जो हमने कभी अपने बचपन में शक्कर और मिट्टी के तेल के लिए राशन की दुकानों के बाहर लगी देखीं थीं। अस्पताल, ऑक्सीजन और रेमडेसिवर की तमाम

परेशानियों के बीच मई का महीना आते ही मौतों ने तांडव दिखाया। जिन रिश्तेदारों और दोस्तों और परिचितों को आप और हम बड़ी मुश्किलों के बीच अस्पतालों में भर्ती कराकर आए थे और जिनकी सलामती की रोज़ भगवान से दुआ मांगते थे, अब उनकी मौत की ख़बरें आने लगीं थीं। दिल्ली, इंदौर, भोपाल के श्मशान घाट अब ख़बरें उगल रहे थे। रोज़ यहां तड़के सुबह से देर रात तक जलने वाली चिताओं की तसवीरें अख़बारों के पहले पन्नों पर जगह पा रहीं थीं। हम सबने अपने क़रीबी मित्रों, रिश्तेदारों को खोना शुरू कर दिया था।

सुबह उठकर फ़ेसबुक या वाट्स एप चेक करना किसी बुरी ख़बर के सामना करने से ही होता था। 15 मई के बाद कोई दिन ऐसा नहीं छूट रहा था, जब अपने क़रीबियों के बिछड़ने का समाचार ना सुनना पड़ा हो। भोपाल में मेरे घर के पचास मीटर की परिधि में एक हफ़्ते में चार अपने लोगों ने दम तोड़ा। इतना दुख-दर्द का सामना हमने कभी अब तक की ज़िंदगी में नहीं किया था।

मौत के आंकड़ों पर सरकार कुछ और सच्चाई और कुछ कह रही थी। चेन्नई में रहने वाली डाटा जर्नलिस्ट रुक्मणि एस ने पिछले साल की जन्म-मृत्यु का हिसाब रखने वाले विभाग सिविल रजिस्ट्रेशन सिस्टम के आंकड़ों की तुलना कर बताया कि एमपी में पिछले महीनों के मुक़ाबले अप्रैल मई में तीन गुना ज़्यादा मौतें हुई हैं। ये सभी कोरोना से तो नहीं हैं मगर इनमें से सत्तर से अस्सी फ़ीसदी कोरोना से ही हुई होंगी, ऐसा अंदाज़ है।

दो महीने बाद अब मौतें थम रहीं हैं, भदभदा घाट में कोरोना प्रोटोकॉल की चिताएं कम जल रही हैं, अस्पताल में कोरोना के मरीज कम आ रहे हैं और कोरोना के टीकाकरण में तेज़ी आई है। उम्मीद है ये दिन अब लंबे चलेंगे। मगर इसके लिए ज़रूरी है कि हम यह सोचें कि कोरोना गया नहीं है। वो यहीं है - हमारे साथ, हमारे आस-पास हमें और हमारे परिचितों को फिर जकड़ने के लिए।

30

मैंने यमराज को आते देखा है

वो शायद एक तारीख़ की दोपहर होगी, जब मैं ख़बर की तलाश में कुछ दोस्तों के साथ पुलिस कंट्रोल रूम गया और एक सीएसपी के पास बैठकर एसएसपी का इंतज़ार करने लगा। वहां चाय आई और हम सबने चाय पी। दो दिन बाद ख़बर आई कि वो सीएसपी साहब कोरोना की चपेट में आ गए। यह ख़बर सुनते ही दिल बैठ-सा गया। लगा कि ऐसा नहीं हो वहां से हम भी कोरोना लेकर घर आ गए हों। मेरा शक सही निकला, तीन तारीख़ को हल्की-सी हरारत बदन में हुई। पर यह क्या? रात में बुखार भी आ गया। अब दिमाग़ में घंटी बजी और मैंने अपने परिवार को सारा क़िस्सा बताया और अपने को अलग कमरे में क़ैद कर लिया। अगले ही दिन जेपी अस्पताल में ढाई घंटे लाइन में लगकर कोरोना टेस्ट के लिए सैंपल भी दे आया और घर पर सतर्कता बरतने लगा। अकेले कमरे में सोना, बच्चों और परिवार से दूर रहना। खाना दरवाज़े के नीचे से लेने लगा और भगवान के नाम के साथ ही इंतज़ार करने लगा टेस्ट की रिपोर्ट का।

आठ तारीख़ को कमिश्नर मैडम का फ़ोन आता है। वो बतातीं हैं कि तुम्हारी कोरोना टेस्ट रिपोर्ट पॉजिटिव आई है। बताओ कहां भर्ती होना चाहोगे - एम्स, बंसल या फिर चिरायु। मगर यह ख़बर सुनने को मैं तैयार था, इसलिए फ़ोन सुनते-सुनते ही घर से नीचे आ गया और अगला फ़ोन घर पर किया कि नीचे तीन कपड़े रखकर मेरा बैग फेंक दो। मैं एडमिट होने अस्पताल जा रहा हूं। घर वाले हैरान-परेशान। मैंने कहा, 'कोई सवाल नहीं करो। जो कह रहा हूं करते जाओ।'

अगले एक घंटे बाद मैं बंसल अस्पताल के कमरे में था अकेला। ख़बर फैल गई थी कि मुझे कोरोना हो गया है। दोस्तों के सांत्वना भरे फ़ोन आने लगे थे और मैं हंस कर जवाब दे रहा था मगर अंदर से तो डरा हुआ था कि जाने क्या कर बैठे ये बीमारी जिसका कोई इलाज ही नहीं है।

मैं एक-दो दिन बाद ही बंसल अस्पताल से चिरायु अस्पताल आ गया था, जो कोरोना के इलाज के लिए ही था। यहां मेरे जैसे तीन सौ मरीज थे कोरोना के। आते ही मुझे बड़ा सदमा लगा। पहली जांच में ही सामने आ गया कि मेरे फेफड़ों तक कोरोना पहुंच गया है। आमतौर पर लोगों के गले तक ही यह वायरस अटैक करता है मगर मेरे फेफड़ों तक यह प्रवेश कर गया था। अब क्या होगा? यही सवाल था मेरे सामने। डॉक्टर ने सलाह दी घबराओ नहीं, कुछ लोगों को ऐसा हो जाता है। बस ख़ूब पानी पियो और चौबीस घंटे में से अठारह घंटे ऑक्सीजन लो। मरता क्या नहीं करता? दिन भर में सात-आठ बोतल पानी की पीता और पूरे वक़्त ऑक्सीजन का मास्क नाक में लगाकर अपने घंटे गिनता। कोरोना वायरस कार्बन मोनोक्साइड में पनपता है, इसलिए ऑक्सीजन उसकी दुश्मन है। फिर पानी सारी बीमारी और शरीर की गंदगी बाहर निकाल देता है। डॉक्टर ने अठारह घंटे कहा, मैं उन्नीस घंटे ऑक्सीजन लेता।

मेरे बिस्तर के आसपास लगी मशीनों से मेरी पहचान हो गई थी। नाक में ऑक्सीजन ऑक्सीमीटर से जाती थी तो पल्स मीटर से पल्स देखता। दिन भर किसी का ख़याल नहीं आता। बस यही ऑक्सीजन के घंटे गिनता, खाना खाता और लेटा रहता। फ़ोन पर बात करना क़रीब-क़रीब बंद ही था। कभी-कभार पापा से बात करता या फिर दोस्तों से। पत्नी, बहन और बच्चों से फ़ोन पर बात बिलकुल बंद। उनसे बात करने में डर लगता था, भावुक हो जाता था – वो भी और मैं भी। बच्चे पूछते कि पापा कब आओगे तो आंसू आ जाते और गला भर आता।

बिस्तर पर पड़े-पड़े कमरे का एक-एक इंच मेरी आंखों को याद हो गया था। दिन मुश्किल से कटता था तो रात और भारी होती थी। कभी गायत्री मंत्र पढ़ता तो कभी दूसरे श्लोक। निराशा लगातार घर करने लगी थी। ऐसे में कभी अंधेरे में यमराज भी दिखते। कभी यह लगता कि अब घर तो लौट ही नहीं पाऊंगा। आसपास के मरीजों ने बता दिया था कि कोरोना

में फेफड़ों में संक्रमण यानी कि निमोनिया का शुरुआती लक्षण और यहीं से कोरोना जानलेवा हो जाता है। हालांकि अस्पताल के डॉक्टर मेरा हमेशा हौसला बढ़ाते रहते, मगर मेरा पत्रकार मन पूरे वक़्त अपनी तबियत को लेकर सवाल ही उठाता रहता। मेरे सीटी स्कैन की जब दूसरी रिपोर्ट आनी थी तो फिर रात भर नहीं सोया। जाने क्या लिखा आ जाए रिपोर्ट में?

शुक्र था भगवान का। दूसरी रिपोर्ट में वायरस फैलता नहीं दिखा। डॉ. अजय गोयनका ने जब हौसला बढ़ाया तब लगा कि अब ठीक हो जाऊंगा। बस फिर क्या था? अब अस्पताल में मेरा मन लगने लगा था। दोस्ती हो गई थी बहुत सारे लोगों से। मगर इंतज़ार था कि कब निकल पाएंगे यहां से। दिन लगातार गुज़रते जा रहे थे। आम तौर पर सामान्य मरीज सात से आठ दिन में वापस चला जाता है मगर मुझे तो चौदह दिन होने को थे। बाहर मेरे मित्र और परिवार इंतज़ार कर रहे थे।

ख़ैर! वो दिन भी आ गया। पहले पहली रिपोर्ट निगेटिव आई तो मैं खुश था, मगर कुछ रायचंदों ने बताया कि पहली से कुछ नहीं बहुतों की दूसरी पॉजिटिव आ जाती है इसलिए फिर दो दिन तक फिर दिलोदिमाग़ में तनाव रहा। मेरी दूसरी रिपोर्ट की ख़बर मुझे नहीं मेरे ख़बरनवीसों दोस्तों को मुझसे पहले मिली कि वो भी निगेटिव आई है। बस फिर क्या था? वापसी की तैयारी की और एक वीडियो बनाया – उन सबके लिए जो कोरोना से डरते हैं। मेरा अनुभव यही कहता है कि बीमारी बड़ी नहीं है मगर इसका डर इससे बड़ा है, इसलिए उस डर से पहले जीतना पड़ता है। बीमारी से तो जीत ही जाएंगे और मैंने जीतकर बताया।

(भोपाल के टीवी पत्रकार जुगल शर्मा ने जैसा बताया।)

31

कोरोना काल :
ऐसी वीरानगी देखी नहीं कभी

वैसे सुबह तो रोज़ होती थी, मगर इन दिनों की सुबह कुछ अलग है। नींद जल्दी खुलती है और खिड़की पर आते ही ढेर सारी चिड़ियों की चहचहाहट स्वागत करती है। खिड़की के एक तरफ़ गौरेया का तो दूसरी तरफ़ काली-सी दर्जिन चिड़िया का घोंसला बन रहा है। आपके उठने के पहले से ही उनका तिनके जमाने का काम शुरू हो जाता है, जो शाम तक चलता रहता है। शाम होते ही चिड़ियों के वो दोनों परिवार ग़ायब हो जाते हैं, जो दिन भर अपना घरौंदा बनाने के लिए लगे रहते हैं। मन में सोचता हूं कि इस नए आशियाने में आने से पहले वो जाने कहां रह रहे होंगे। यह घर तो उनकी परिवार की बढ़ती ज़रूरत को पूरा करने के लिए बनाया जा रहा है। यदि परिवार नहीं बढ़ रहा होता तो शायद यह चिड़िया भी हमारे घर के पास अपना घर नहीं बना रहीं होती और हम भी उनकी मन में ऊर्जा भरने वाली चहचहाहट से अनजान बने रहते। जब अपने घर के पास बन रहे इन घरौंदों की चर्चा हमने घर पर की तो ताने सुनने मिले – 'अरे! हमें तो पहले से ही मालूम है। तुमको अब पता चला। वैसे भी तुम्हारे पास इन सबको देखने का वक़्त ही कहां है।'

इसलिए अब जब वक़्त मिला है तो घर के आसपास गौर से देखना शुरू कर दिया है। बहुत सारी नई बातें पता चलीं। सोचा आपको ही बता दूं। घर पर बताऊंगा तो वही पुराना ताना सुनने मिलेगा – 'अरे! हमें तो मालूम था।' एक रोज़ सुबह अख़बार आने के पहले मधुर-सी आवाज़ आने

लगी। वो आवाज़ भी ऐसी जिसका ज़िक्र पाकिस्तानी गायिका रेशमा ने *हीरो* फ़िल्म के गाने में किया था कि कोयल की कूक ने हूक उठाई। गौर किया तो देखा कि घर के बाहर के बाहर लगे चंदन और आंवले के पेड़ पर रोज़ सुबह दो कोयलें आती हैं। दोनों अलग-अलग पेड़ पर बैठ कर कूकती हैं तो सचमुच में हूक-सी उठती है। ये कोयलें तो पहले भी आती होंगी, मगर तब अख़बार आते ही दुनिया-जहान की ख़बरों में व्यस्त हो जाते थे। कोयल की कूक सुनने की फुरसत ही नहीं थी। मगर अब अच्छी बात यह है कि ये कोयल की कूक दिन भर सुनाई देती है।

अभी जब लिख रहा हूं, तब भी कोयल बाहर कूक रही है। ये आवाज़ें शायद अब इसलिए भी सुनाई दे पा रहीं हैं कि बाहर का कोलाहल कम हुआ है। गाड़ियों की आवाज़ें और उनके हॉर्न की कर्कश आवाज़ें कोयल की कूक का गला घोंट देती होंगीं। मगर कोयल की कूक का अहसास अद्भुत है। यह हमारी प्रकृति है। उसकी याद हमें तब ही आती है, जब हमारे हमें याद करना भूल जाते हैं।

वैसे मैं यह भी देख रहा हूं कि मेरे घर की छत पर रोज़ सुबह आकर दाना चुगने वाले कबूतरों की संख्या भी इन दिनों बहुत बढ़ गई है। वैसे ये कबूतर मेरे घर के सामने के एक ख़ाली पड़े श्री बीएचके एफ़ टाइप फ़्लैट में लंबे समय से रह रहे हैं। वैसे तो यह वीरान-सा घर है मगर वहां कम से कम बारह से बीस कबूतर अपना ठिकाना बनाए हुए हैं। मैंने इतने सालों में उनको एक बार ही बेघर होते देखा था। जब पड़ोस में शादी हुई थी तो उस घर की साफ़-सफ़ाई हुई थी। तब कुछ दिन उन कबूतरों ने यहां-वहां के तारों पर बैठ कर दिन काटे थे, मगर शादी निपटते ही उन कबूतरों को फिर उनके फ़्लैट पर क़ब्ज़ा मिल गया था।

वैसे कबूतरों की दिनचर्या भी यही है कि सुबह उठना, जहां-जहां उनके मित्र परिवार उनको खाना डालते हैं, वहां पर जाकर दाने चुगना और फिर फ़्लैट के सामने की खिड़की या फिर वहां से गुज़रते बिजली के तारों पर बैठकर चुहलबाज़ी करना। दिन भर वो अपने फ़्लैट की खिड़की से हमको अपने ऑफ़िस से आते और जाते हुए देखते होंगे मगर इन दिनों उनकी आंखों में भी हमें देख आश्चर्य तो उभरता होगा कि क्या भाई आजकल दिन भर घर पर ही हो। सब राजी-खुशी तो है? नौकरी-औकरी तो नहीं ना

छूटी? मगर वर्क फ़्रॉम होम करते हुए हम क्यों उनको कोरोना के नाम पर डराएं। उनकी दुनिया में कोरोना नहीं आया तो उसकी वजह यही है कि वो ज़रूरत का ही खाते-पीते और छोटी-सी जगह में रहकर गुज़ारा करते हैं। जबान और ज़मीन का लालच उनको नहीं है।

यदि कोरोना की वजह से हमारे शहरों में वीरानी पसरी है तो उसको दूर करने उन जगहों के पुराने रहवासी आने लगे हैं। जयपुर के गलता गेट इलाक़े में शुक्रवार की रात हिरणों का झुंड सड़कों पर टहलता देखा गया। इटली के तटीय शहरों में डालफ़िन आकर अठखेलियां करने लगी हैं। इटली के ही शहर वेनिस में गोंडला यानी कि वहां चलने वाली नावें बंद हुईं तो वहां सुंदर हंसों के झुंड तैरते दिखने लगे। सिंगापुर के पार्कों में दौड़-भाग करते ऊदबिलाव के परिवारों के फ़ोटो दिखे हैं। मगर सबसे सुकून देने वाला फ़ोटो तो शिकागो के शेड एक्वेरियम का है, जब बंद एक्वेरियम में टहलते दिखे एडवर्ड और एनी नाम के दो पेंग्विन। जो शायद अपने साथियों से पूछते घूम रहे थे कि सुकून में तो हो?

सच तो यह है कि दुनिया में कोरोना ने तबाही भले ही मचाई हो, मगर यह वक़्त है जब हम अपने आसपास देखें और उन प्राणियों को भी जगह दें जो प्रकृति ने उनको बख़्शी है। रिसेट बटन दबाने का टाइम आ गया।

32

कोविड आइसोलेशन नहीं को-ऑपरेशन से मिटेगा

सूनी सड़कें, सूने बाज़ार, सूने पार्क, बंद बस स्टैंड और रुकी हुई ट्रेनें। कभी ऐसे भी दिन देखने पड़ेंगे किसी ने सोचा ही नहीं था। हम कहां मिशन चंद्रयान दो पर हज़ार करोड़ रुपये ख़र्च कर अगले साल जाने वाले चंद्रयान-तीन की तैयारी कर रहे थे और अब कहां सांसदों के वेतन-भत्ते में तीस फ़ीसदी की कटौती के साथ एमपीलैड फंड में दो साल तक पैसा नहीं देने की बात कर पीएम राहत कोष के लिए धन जुटाने में लग गए हैं। वजह है कोविड-19 नाम का वायरस। अब यदि दुनिया है तो इस दुनिया में रहने वालों के दुश्मन भी कम नहीं है।

ऐसा ही यह दुश्मन आया है चीन से और फैल गया है पूरी दुनिया में। पिछले दो महीने में इसने दुनिया के बाईस लाख से ज़्यादा लोगों को संक्रमित कर डेढ़ लाख लोगों की जान ली है। वायरस तो पहले भी आए हैं और हर सीजन में हमें होने वाला वायरल फीवर भी ऐसे ही वायरसों से आता है मगर यह वायरस इतना मारक और भयावह क्यों है? इसकी वजह यही है कि अभी इसका टीका नहीं बन पाया है। इलाज क्या होगा? यह भी डॉक्टर तय नहीं कर पा रहे हैं। इसलिए बैक टु बेसिक्स अपनाते हुए 'बचाव ही इलाज है' के सिद्धांत पर दुनिया चल पड़ी है। वायरस से बचाव में ऐसे ऐसे शब्द सामने आ रहे हैं जो हमारी पीढ़ी ने कभी सुने नहीं थे। लॉकडाउन, सोशल डिस्टेंसिंग और क्वारंटाइन।

हम सब भूल गए हैं कि हमारे देश के मुकुट मणि कश्मीर घाटी में पिछले आठ महीने यानी कि 253 दिनों से लॉकडाउन चल रहा है, बाक़ी देश के लिए यह अब ख़बर नहीं है, मगर जब ऐसे ही लॉकडाउन की चपेट में अब जब हम सब आए हैं तो समझ रहे हैं कि लॉकडाउन क्या होता है और उसकी तकलीफ़ें क्या हैं? अपने आपको सीमित साधनों के दम पर घरों में बंद रखना ही लॉकडाउन है। लॉकडाउन करने का मक़सद अलग-अलग है मगर पीड़ा एक-सी होती है। छुट्टी है पर निकलना मना है। अपार वक़्त है मगर बिताना घर पर ही है। घर में खाना नहीं है मगर बाहर जाना मना है। लॉकडाउन किसी सज़ा से कम नहीं है, मगर अमेरिकी राष्ट्रपति के शब्दों में कहें तो इस चीनी वायरस ने दुनिया के कई देशों के नागरिकों को लॉकडाउन में डाल दिया है।

यह वायरस जानलेवा कम मगर आसानी से फैलने वाला बहुत है। वायरस की मारने की क्षमता नए ब्रिटिश अध्ययन के मुताबिक़ दो प्रतिशत ही है। यही वजह है कि आंकड़ों को देखें तो दुनिया भर में साढ़े बाईस लाख संक्रमितों में से डेढ़ लाख लोग मरे हैं तो छह लाख से ज़्यादा ठीक होकर घर भी लौटे हैं। मगर यह वायरस ऐसे फैलता है कि जाने-अनजाने में लोग एक दूसरे को बीमारी बांटते रहते हैं और बीमारी भी ऐसी कि अधिकतर लोगों में इस बीमारी के संकेत नहीं आते। ना सर्दी, ना खांसी और ना ही बुखार। ऐसे में बीमार व्यक्ति को तो अलग-थलग रखा ही जाता है। उसके घर-परिवार, पड़ोसी और जिससे वह मिला है उसको भी जिस अमानवीय तरीक़े से अलग-थलग रखा जाता है या क्वारंटाइन किया जाता है, उससे यह फ़्लू की बीमारी किसी आतंकी गतिविधि में लिप्त होने से कम नहीं लगती। जब भोपाल में मार्च की बीस तारीख़ को हुई पत्रकार वार्ता में शामिल होने पर शहर के पत्रकारों को, जिनमें मैं भी शामिल था, क्वारंटाइन करने की कोशिश हुई तो उनके घर स्वास्थ्य विभाग, नगर निगम और कैमरे लेकर पुलिस टीम पहुंची। मोहल्ले के लोगों ने सोचा कोई अपराध कर बैठे हैं, आज हमारे पत्रकार महोदय।

यही हाल इंदौर में हुआ। शहर के जिन इलाक़ों से कोरोना संक्रमित लोग पाए गए, उनको और उनके परिजनों को इस तरीक़े से ले जाने की कोशिश हुई कि टकराव की नौबत आ गई। मोहल्ले के लोगों ने विरोध किया और ऐसी ख़बरें बनीं कि एक शांतिप्रिय शहर को बदनामी मिली। बेहतर

होता दलबल के साथ घरों से ले जाने से पहले उन सबकी काउंसलिंग की जाती। उन सबको बीमारी के तेज़ी से फैलने के कारण समझाए जाते। वो तो छोटे इलाक़े के कम पढ़े-लिखे लोग थे। भला कैसे इस नई बिना संकेतों वाली बीमारी और उसकी भयावहता को जानते। भोपाल के सतपुड़ा से लेकर वल्लभ भवन में बैठने वाले स्वास्थ्य विभाग के बेहद पढ़े-लिखे अफ़सर इस बीमारी की गंभीरता नहीं समझ सके।

भोपाल में स्वास्थ्य विभाग के चार आईएएस अफ़सर सहित नब्बे से ज़्यादा लोग कोरोना से संक्रमित हुए, मगर उनको उस तरीक़े से नहीं अस्पताल या क्वारंटाइन किया गया, जैसे इंदौर से लेकर दूसरी जगहों पर कार्रवाई हो रही है। पत्थरबाजी कर विरोध करने वालों पर रासुका लगाकर दूसरे जिलों में भेजा जा रहा है, बिना यह समझे कि ये सब जहां जाएंगे, बीमारी फैलाएंगे। जब ये बात एसपी, कलेक्टर और मजिस्ट्रेट नहीं समझे तो टाट-पट्टी, बाखल वालों से क्यों बड़ी उम्मीद करते हैं हम? कमज़ोरी हमारे प्रशासन की है जो हर मर्ज़ की दवा अपने डंडा में देखती है। इन दिनों बीमारी छिपाने पर भी पुलिस उस व्यक्ति पर केस दर्ज कर रही है, जिसे खुद नहीं मालूम कि उसे बीमारी है।

एक और अजीब रवायत चल पड़ी है - आइसोलेशन यानी कि अलग-थलग रहने को कोरोना से बचाव बताया जा रहा है। मगर यहां आइसोलेशन की नहीं, को-ऑपरेशन की ज़रूरत है। हम आपस में सहयोग करें, टेस्टिंग करवाएं और बीमार होने वाले को अस्पताल पहुंचवाएं। बीमार व्यक्ति के परिजनों का ख़याल भी आसपास रहने वाले को रखना है। वरना वो कहां जाएंगे। इस आइसोलेशन के मंत्र के कारण बीमार व्यक्ति के परिवार से अमानवीयता वाली छुआछूत बरती जा रही है। घरों में दूध, सब्ज़ी तक नहीं जाने दी जा रही है। इस बीमारी से ऐसे नहीं जीतेंगे। वायरस जो आएगा चला जाएगा, मगर बीमारी के दौरान लगे ये जख़्म ज़िंदगी भर नहीं भरेंगे।

33

दास्तान-ए-राग दरबारी
वाया दास्तानगोई

*रा*ग दरबारी पर कुछ लिखना ठीक वैसा ही है, जैसा नदी के पानी को अंजुलि में उठाकर फिर सोचना कि अरे! बहुत सारा पानी तो नीचे रह गया। *राग दरबारी* हमारे कॉलेज के दिनों की पसंदीदा किताब रही है। हॉस्टल के कमरे में चार-पांच साथियों के बीच बैठा कोई व्यक्ति यदि कुछ पढ़ते हुए लगातार हंस रहा है तो हम समझ जाते थे कि वो *राग दरबारी* ही पढ़ रहा होगा। *राग दरबारी* कोई भी कहीं भी किसी भी पन्ने से पढ़ना शुरू कर सकता है और उसे वही आनंद आएगा। पचास साल पूरे कर चुकी इस कालजयी किताब के करीब साढ़े तीन सौ पन्नों में हर पेज पर शिवपालगंज के बहाने आज़ादी के बाद हमारे समाज और गांव में राजनीति के बहाने फैली व्यवस्था की वो गंदगी दिखती है, जिससे हम अब मुंह नहीं छिपाते, नाक पर रूमाल नहीं रखते तथा मानकर और बचकर चलते हुए कहते हैं कि यह सब तो चलता है।

ऐसे में जब पता चला कि इस चर्चित उपन्यास पर हमारे मित्र महमूद फ़ारूकी और दारैन शाहिदी ने *दास्तानगोई* तैयार की है तो इंतज़ार था कि कब वो भोपाल आएं। भोपाल में *दास्तानगोई* के शो के ठीक पहले जमकर पानी बरसा, मगर इससे शो देखने आने वाले के उत्साह पर ज़्यादा असर नहीं पड़ा। भारत भवन के सभागार की जब बत्तियां बुझने के बाद महमूद और दारैन की एंट्री के साथ जलीं तो सामने की सीढ़ियों पर बैठने की जगह कम बची थी। प्रदेश के सबसे बड़े अफ़सर के लेकर आम गुणी दर्शक

भी हाल में मौजूद था। दरअसल, *दास्तानगोई* सालों पुरानी उर्दू और हिंदी में क़िस्सा सुनाने की कला है जिसमें सामने बैठा कलाकार अपनी भाषा, अंदाज़, अभिनय और रोचक शैली के दम पर कहानी और क़िस्से सुनाता है। *दास्तानगोई* के कलाकार का कहना इतना ज़बरदस्त होता है कि सामने बैठा श्रोता मंत्रमुग्ध होकर उस दौर और दुनिया में पहुंच जाता है जिसकी बात की जा रही है। इस ख़त्म होते फ़न को महमूद ने फिर से ज़िंदा करने की बेहतरीन कोशिश की है। वो 2005 से इस काम में लगे हैं और अब तक देश-विदेश में अलग-अलग क़िस्से-कहानियों पर हज़ार से ज़्यादा शो कर चुके हैं। यह शो करने महमूद और उनके साथी पहली बार भोपाल आए थे।

महमूद और दारैन को मैं पहले भी दास्तानगोई करते देख चुका हूं, मगर वो क़िस्से जादुई और तिलिस्म के थे जिसमें ये दोनों कलाकार क़िस्सा सुनाते-सुनाते देह में रोमांच और सिहरन पैदा कर देते थे। मगर बादशाह-बेगम के हुकूमत के क़िस्सों से एकदम अलग है *राग दरबारी*। ऐसे में मेरे लिए यह देखना था कि *राग दरबारी* को कैसे ये गुणी कलाकार कहां तक कह पाते हैं। तो साहब सफ़ेद झक्क कुर्ता-पायजामा और टोपी में ये दोनों कलाकार घुटने मोड़ कर जब मसनद के सहारे बैठे तो सबसे पहले उन्होंने *राग दरबारी* की लोकप्रियता के बारे में ही बताया कि इस उपन्यास के किरदारों के पच्चीस से अधिक ट्विटर हैंडल हैं। जिनमें *राग दरबारी* के अलावा सनीचर उर्फ़ मंगलदास, प्रिंसिपल साहब, दारोगा जी, वैद्य जी, रामाधीन और रुप्पन बाबू मिलते हैं। ऐसे में पूरे *राग दरबारी* को कुछ घंटे में समेटना कठिन काम है। महमूद ने शुरुआत में ही कह दिया कि जिन्होंने *राग दरबारी* पहले सुना है वे यह कहते नज़र आएंगे कि यह क्यों नहीं सुनाया, वो क्यों छोड़ दिया, इससे अच्छा तो वो था, और जो पहली बार सुन रहे हैं, उन्हें तब तक मज़ा नहीं आएगा जब तक वे पूरा नहीं सुन लें। तो मान लीजिए जो हमसे बना हमने सुना दिया और फिर कभी समय मिला तो पुराना सुनाएंगे तो *राग दरबारी* महीनों तक चलता जाएगा। तो दाद देते जाइएगा, वरना हम दिल्ली से आए हैं और दिल टूट जाए।

दाद तो कलाकारों को हर अंदाज़ पर मिली, क्योंकि *राग दरबारी* की ज़हर में बुझी पंक्तियां और उन पर कलाकारों का हिंदी, उर्दू, फ़ारसी में उनको बयान करना मंत्रमुग्ध कर जाता था, हंसाता था और सोचने पर मजबूर भी करता था। दास्तानगोई में *राग दरबारी* की शुरुआत इस तरीक़े

से होती है कि हाजरीन देश रसातल में जा रहा है, वैद्य जी डटे हुए हैं, शिवपालगंज के कॉलेज से लेकर को-ऑपरेटिव में सालों से अध्यक्ष बने हुए हुए हैं, यह अलग बात है कि चुनाव पांच सालों से नहीं हुए, लेकिन चुनाव से होगा क्या, नया आदमी चुना तो वह भी घटिया ही होगा। फिर गांव, क्या गांव था, आम के पेड़, फिर उस पर बौर, आमों को ललचाती नज़रों से देखती लड़कियां और उनको उसी नज़र से ललचाते गांव के लड़के। अरे बस! मगर गांव का यह मंजर वही बयां कर सकता है, जो पिछले पंद्रह-बीस सालों से गांव गया ही नहीं हो। असल में सौ-डेढ़ सौ सालों से यही रटाया जा रहा है गांव के बारे में। मगर सबसे ज़्यादा तालियां तो तब बजीं जब कहा गया कि नैतिकता की तो बात मत करो, नैतिकता कोने में पड़ी उस चौकी के समान है, जिसे हम गांव में सिर्फ़ विशेष कामों पर ही झाड़-पोंछ कर सफ़ेद कपड़ा बिछाकर सामने रख लेते हैं।

दोनों कलाकारों ने दास्तान गोई में *राग दरबारी* के गांव शिवपाल गंज के ढेर सारे किरदारों के बहाने गांव और वहां पनप रही राजनीति को अपने अंदाज़ में सामने रखा, मगर मज़ा यह था कि गांव की राजनीति और देश की राजनीति में कोई बहुत फ़र्क़ नहीं दिखा। मशहूर व्यंग्यकार डॉ. ज्ञान चतुर्वेदी कहते हैं कि *राग दरबारी* इन पचास सालों में पूरे देश में फैल गया है, तभी ये मौजू है। शिवपालगंज की एक मंज़िला इमारत अब अपार्टमेंट बन गई है और हमारा देश इसी बुनियाद पर खड़ा है। इस बुनियाद को *राग दरबारी* के बहाने हमने दास्तानगोई में सुना जो कभी नहीं भूलने वाला अनुभव है।

34

बैतूल के कुंजीलाल
बिना बताए चले गए

सोचा था कि आज कुछ और लिखूंगा, मगर सुबह-सुबह आए एक वाट्स एप ने पुरानी याद से जोड़ दिया। ख़बर बैतूल जिले से आई, जहां के सेहरा गांव में रहने वाले कुंजीलाल नहीं रहे। अब आप पूछेंगे कौन कुंजीलाल? उसके लिए आपको चौदह साल पीछे ले जाना चाहूंगा। सेहरा गांव के साधारण-से ज्योतिषी कुंजीलाल 2005 के अक्टूबर के दिनों में तब अचानक लाइम लाइट में आ गए थे। जब हम स्टार न्यूज़ के संवाददाता थे और ख़बर मिली थी कि बैतूल जिले के किसी अनजान से ज्योतिषी ने करवा चौथ के रोज़ अपने मरने की भविष्यवाणी की है और उस पर तड़का यह है कि उसकी बीबी ने करवा चौथ का व्रत रखा है और दावा किया है कि वो सावित्री बनकर अपने सत्यवान को यमराज के मुंह से छीन लाएगी।

भविष्यवाणी वो भी अपनी ही मौत की सुनने में ही रोमांच पैदा करती है और उस पर पत्नी के करवा चौथ उपवास का ट्विस्ट – सब कुछ फ़िल्मी था। उन दिनों टेलीविज़न पर ख़बरों से खेलने और उनको खींचने का नया नया फ़ैशन चलना शुरू ही हुआ था।

रोमांचक या मसालेदार ख़बरों को देर तक खींचते हुए दिखाने को न्यूज़ चैनल की भाषा में खेलना कहते हैं। सो हमारा दफ़्तर इस ख़बर को खेलने की तैयारी में था। हम तड़के ही बैतूल के पास के गांव सेहरा में दल-बल यानी कि अपनी कैमरा टीम और ओबी यानी कि आउटडोर ब्राडकास्ट वैन के साथ मौजूद थे। मगर यह देखकर हैरान थे कि इस अनजान से गांव में

हम अकेले ही मीडिया वाले नहीं थे। भोपाल से सारे राष्ट्रीय चैनलों और क्षेत्रीय चैनलों के हमारे साथी भी उसी अंदाज़ और उसी तैयारी से आए थे जिस तैयारी से हमें भेजा गया था। अंदाज़ हो गया था कि आज मुक़ाबला कड़ा होना है।

तब *पीपली लाइव* फ़िल्म नहीं आई थी, वरना हम कहते कि आज तो सेहरा गांव में 'पीपली लाइव' घटित होने वाली है। ख़ैर! वो दिन कुंजीलाल का दिन था और टीवी न्यूज़ चैनलों की दुर्गति का इतिहास बैतूल के उस छोटे-से गांव में लिखा गया। सुबह क़रीब दस बजे से चैनलों ने कुंजीलाल की कथित भविष्यवाणी का असर देखने के लिए लगातार कई घंटे लाइव कवरेज किया। सुबह से दोपहर हो गई और दोपहर से शाम। कुंजीलाल और उनका गांव टीवी चैनलों पर नान स्टॉप ख़बर बना रहा। हम और हमारे दूसरे मीडिया मित्र कुंजीलाल की हर हरकत और उनके छोटे-से घर में हो रही हर हलचल पर बिना पलकें झपकाए नज़र रखे हुए थे और उधर स्टूडियो भी विद्वानों से सजे हुए थे।

हमें दिन भर खाना-पीना तो छोड़िए, उस छोटे-से गांव में अचानक आए ढेर सारे लोगों के लिए पानी भी मुश्किल से मिल रहा था और उस पर टीवी चैनल के लिए नान स्टॉप लाइव कमेंट्री करना कितना तनाव का काम होता है, टीवी में काम करने वाले हमारे साथी ही जानते हैं। एक तरफ़ आपको घटनास्थल पर हो रही हलचलों पर नज़र रखना है तो दूसरी तरफ़ चैनल पर लाइव भी रहना है। इस सब में कहां भूख-प्यास? हम सारे साथियों का इस तरह लगातार लंबे वक़्त तक लाइव रहने का यह पहला-पहला अनुभव था। बाद में तो ऐसी बहुत घटनाएं हुई, मगर टीवी न्यूज़ चैनल का इस तरह दिन भर किसी घटना को लाइव दिखाने का यह पहला मौक़ा था।

दिन भर की सच्ची-झूठी, उतार-चढ़ाव की कथा-कहानी के बाद शाम को कुंजीलाल का बाल भी बांका नहीं हुआ और हम सब चैनल वालों ने फिर उनकी अच्छी लानत-मलामत की। मगर कुंजीलाल टीवी चैनलों के इतिहास में इतना लंबा कवरेज पाकर अमर हो गए थे। आमिर खान प्रोडक्शन की अनुषा रिज़वी के डायरेक्शन में बनी फ़िल्म *पीपली लाइव* में भी ऐसे ही किरदार को नत्था के रूप में दिखाया गया था कि जिसमें एक किसान अपनी मौत की भविष्यवाणी करता है और देश भर का मीडिया उसके गांव में आ जाता है और अच्छा खासा मजमा कई दिनों तक जम जाता है।

हमारे कुंजीलाल को भी बाद में गुमान हो गया था कि उनकी कहानी पर ही आमिर खान ने फ़िल्म बनाई है, इसलिए उन्होंने आमिर खान को नोटिस भेज कर हर्जाना मांगा था। मगर उनको कुछ फ़ायदा नहीं हुआ। सेहरा गांव से तो हम लुट-पिट कर आ गए थे और अगले दिन अख़बारों ने टीवी चैनलों की ख़ूब ख़बर ली। बहुत भला-बुरा कहा। ख़बर और संपादकीय तक लिखे गए।

उन दिनों के अख़बारों की कटिंग्स इस दीवाली की सफ़ाई तक मेरे पास थीं। मगर चौदह साल बाद यह सोच कर कि अब इनका क्या करना है, कबाड़ वाले को दे दीं। मगर उस घटना के चौदह साल और छह दिन बाद कुंजीलाल नब्बे साल की उमर में इस दुनिया से चले गए। इस बार उन्होंने कोई भविष्यवाणी नहीं की कि वो कब जाएंगे। हालांकि इन सालों में उनकी पत्नी उनको पहले ही छोड़ कर जा चुकी थी।

कुंजीलाल के बारे में कभी-कभी कुछ अख़बार वाले कुछ छापते थे तो मेरे बैतूल के दोस्त वामन पोटे और अकील अक्कू मुझे वो ज़रूर भेजते थे। टीवी रिपोर्टिंग के क़िस्सों की मेरी किताब *ऑफ़ द स्क्रीन* में भी कुंजीलाल की कहानी का ज़िक्र है। सोचा था कि कभी इस किताब के सारे किरदारों पर एक बार फिर कहानी करने निकलूंगा तो शुरुआत बैतूल के सेहरा गांव से ही करूंगा और कुंजीलाल से मिलकर पूछूंगा कि उस मीडिया कवरेज के बाद ज़िंदगी में क्या-क्या बदलाव आया। मगर ज़िंदगी में सारे सवालों के जवाब कहां मिल पाते हैं? आदरणीय कुंजीलाल को विनम्र श्रद्धांजलि!

35

आपातकाल और जार्ज ऑरवेल

यह भी ग़ज़ब संयोग-सा है कि 25 जून को आपातकाल या इमरजेंसी की सालाना तारीख़ आती है और उस तारीख़ को खंगालने पर मशहूर लेखक जार्ज ऑरवेल का जन्मदिन भी पड़ता है। आपातकाल की बरसी पर ऑरवेल की बात क्यों कर रहा हूं, यह बाद में बताऊंगा मगर पहले यह जान लें कि बीच के पंद्रह महीनों का हटा दें तो लगातार सत्रह साल से बीजेपी शासित राज्य में रहने पर आपातकाल क्या, क्यों, कैसे आया इसकी पक्की जानकारी मध्यप्रदेश की जनता को अच्छे से हो गई है।

इन दिनों भोपाल के बीजेपी दफ़्तर में आपातकाल को लेकर प्रदर्शनी लगी है, जिसमें आपातकाल के दौर में आज की बीजेपी और तब के जनसंघ के नेताओं को कैसे और कहां-कहां से गिरफ़्तार किया गया था, इसे बताया गया है। प्रदर्शनी में एक फ़ोटो 17 साल की उमर वाले शिवराज सिंह चौहान का भी लगा है जिन्होंने भी आपातकाल में जेल की सज़ा काटी थी। आपातकाल के दौर को आज पैंतालीस साल हो गए हैं। लोग भले ही शिकायत करें कि 45 साल पुराने गड़े मुर्दे उखाड़ने से आख़िर लाभ क्या है। मगर इतिहास हमें सिखाता है कि पुरानी घटनाओं से कैसे सतर्क रहें और पुरानी हुई भूलों को नहीं दोहराएं। दरअसल, राजनीति भले ही लोकतंत्र के नाम पर जनता की जाए मगर उसमें अधिनायकवाद का तत्व आ ही जाता है। वस्तुतः अधिनायकवाद 1975 में आ गया था, जब तत्कालीन प्रधानमंत्री इंदिरा गांधी को अपनी सत्ता जाती दिखी तो आपातकाल लगा दिया गया। सरकारी मनमर्ज़ियां चलने लगीं। विरोधी जेल भेजे जाने लगे। सरकार विरोधी आवाज़ को दबाया जाने लगा। ख़ैर! आपातकाल का अंत भी हुआ। इक्कीस

महीने बाद जब सरकार ने फ़ील गुड में आकर चुनाव कराए तो मुंह की खानी पड़ी और आपातकाल का अंत हुआ।

लंबे समय तक राज करने के बाद अधिनायकवाद आ ही जाता है। इस कमज़ोरी से कोई बच नहीं सकता। देश-विदेश और प्रदेश की सरकारों में इसकी झलक दिखती है। इसी अधिनायकवाद को लेकर जार्ज ऑरवेल ने 1949 में *1984* नाम का उपन्यास लिखा। यह कालजयी उपन्यास है। इसकी गिनती दुनिया के बेहतरीन उपन्यासों में होती है। जार्ज ऑरवेल बिहार के मोतिहारी में 25 जून 1903 को जन्मे थे। उन्होंने अंग्रेज़ी साम्राज्य में नौकरी की। मगर लिखने की बैचेनी और शासन तंत्र की जनता पर होने वाली ज़्यादतियों ने उनको बैचेन कर दिया, जिसका नतीजा था कि नौकरी छोड़कर लेखन किया और इस दौरान अंग्रेज़ी के दो बेहद चर्चित उपन्यास *एनिमल फ़ार्म* और *1984* लिख दिए। इन्होंने आज तक अपनी धाक जमा रखी है। हालांकि उन्होंने कुछ और भी लिखा है, मगर ऑरवेल इन दोनों के लिए ही दुनिया भर में जाने जाते हैं।

एनिमल फ़ार्म में जानवरों का रूपक लेकर कम्युनिस्ट देशों में साम्यवाद के नाम पर शासन तंत्र में कैसे वीआईपी कल्चर आता है, उसे सामने लाने वाला यह इतना बेहतरीन उपन्यास है कि लगता है जैसे आजकल की ही बात हो रही है। ठीक वैसा ही उपन्यास *1984* है, जिसके लिए ऑरवेल को आज तक याद रखा जाता है। *1984* आज से क़रीब सत्तर साल पहले लिखा गया। मगर उसमें जनता को जिस तरह से शासन तंत्र अपने क़ब्ज़े में रखता है, वो कल्पना आज साकार होती दिखती है।

उपन्यास में 'बिग ब्रदर इज वाचिंग यू' के नाम पर सरकार नागरिकों को नियंत्रण में रखती है। जनता के घरों में सरकारी टीवी की मदद से उनके रहन-सहन तक पर निगरानी होती है। सरकारी टीवी सुबह जगाकर कसरत कराता है तो वही टीवी बाज़ारों में जनता पर नज़र रखता है। कोई किसी से प्यार की बात नहीं कर सकता। बातें होंगी तो सिर्फ़ देश पर राज करने वाली पार्टी और बिग ब्रदर की तारीफ़ की। घर में पति-पत्नी भी जो भी करते हैं तो पार्टी के लिए ही करते हैं। शारीरिक संसर्ग भी सिर्फ़ संतान पैदा करने के लिए होता है।

माहौल ऐसा रहता है कि पति, पत्नी और बच्चे सब एक दूसरे पर नज़र रखते हैं और जासूसी करते हैं। विचार पुलिस तैनात रहती है जो जनता के विचारों पर नज़र रखती है। कोई व्यक्ति पार्टी और बिग ब्रदर के बारे में ग़लत तो नहीं सोच रहा, सवाल तो नहीं कर रहा। जो ऐसा करता है, उसे यातना गृहों में भेजकर, उसके दिमाग़ के जाले साफ़ कर फिर उसे उनके बीच ही उन जैसी सोच रखने वालों की नजर रखने भेजा जाता है ताकि उनको भी पकड़ा जा सके। इस काल्पनिक शासन तंत्र के मंत्रालय पर तीन मंत्र लिखे रहते थे – युद्ध ही शांति है, स्वतंत्रता ही दासता है, अज्ञान ही शक्ति है। बिग ब्रदर की उपस्थिति हर जगह रहती है सिक्कों में, चौराहों पर, अख़बारों में, मीडिया में, पोस्टरों में, सड़कों पर, घरों में हर जगह बिग ब्रदर रहते हैं और अहसास कराते हैं कि वो आप को देख रहे हैं। बिग ब्रदर शासन अपने लिए नहीं, देश की उस बहुसंख्यक जनता के लिए कर रहे हैं, जो कमज़ोर हैं, अपनी रक्षा नहीं कर पाते वो रात-दिन काम उस जनता के लिए कर रहे हैं जो ग़रीब है, भोली है और भूखी है।

हर पन्ने पर दिमाग़ को झनझना देने वाला यह उपन्यास वैसे तो कम्युनिस्ट देशों में होने वाली शासन प्रक्रिया पर चोट करते हुए लिखा गया था, मगर शासन तंत्र का यह तरीक़ा आज भी किसी ना किसी नए रूप में मौजूद है। लेखक अपनी भाषा और कथ्य में बड़ा नहीं होता, वो बड़ा होता है अपनी दृष्टि और सोच में। सत्तर साल पहले ऐसे उपन्यास की कल्पना करना और उसे गढ़ना ऑरवेल की प्रखर बुद्धिमता को दर्शाती है। हमारे देश के शीर्ष व्यंग्यकार हरिशंकर परसाई को भारत का जार्ज ऑरवेल कहा जाता रहा है। मगर बात फिर आपातकाल की करें, तो वरिष्ठ पत्रकार श्रवण गर्ग ने लिखा है कि यदि आपको आपातकाल नहीं चाहिए तो फिर कुछ बोलते रहना बेहद ज़रूरी है, क्योंकि बोलने से वापस आने वाली ध्वनियां चट्टानों को चोट कर आती हैं और चट्टानों पर चोट होती रहनी चाहिए। इसलिए आपातकाल और ऑरवेल दोनों को नहीं भूलिए, बोलते रहिए, लिखते रहिए।

36

बदला-बदला सा
इन्वेस्टर समिट नज़र आया

तीन साल पहले वो भी अक्टूबर के ही दिन थे, जब इंदौर के ब्रिलियंट कन्वेशन सेंटर के हाल में पत्रकारों के सामने उस समय के मुख्यमंत्री शिवराज सिंह चौहान दो दिन के इन्वेस्टर समिट की समाप्ति पर उसमें आए निवेश प्रस्तावों का ब्यौरा दे रहे थे। वो बहुत खुश थे और उससे ज़्यादा खुश उनके बगल में बैठे उस वक़्त के मुख्य सचिव आर परशुराम थे। अपनी बात ख़त्म करते करते शिवराज सिंह ने कहा कि निवेशकों को प्रदेश में उद्योग लगाने के लिए बुलाना सतत प्रक्रिया है और अगली इन्वेस्टर समिट इंदौर में ही तीन साल बाद अक्टूबर में होगी।

इस बयान पर सामने बैठे हम पत्रकारों का चौंकना स्वाभाविक था, क्योंकि तीसरे और चौथे समिट के बीच में था विधानसभा 2018 का चुनाव। जिसमें पंद्रह साल से सरकार संभाल कर बैठी बीजेपी को चुनौती मिलना तय थी। मगर लंबे समय से प्रदेश की पहचान बन चुके मुख्यमंत्री शिवराज सिंह यह मानने को तैयार नहीं थे और यह उनका आत्मविश्वास बोल रहा था कि अगली समिट वही करवाएंगे। जब हममें से किसी पत्रकार ने पूछा भी कि अगली समिट के मेजबानी भी वही करेंगे तो उनका जवाब था कि ज़रूर मैं ही रहूंगा और आपको भरोसा क्यों नहीं हो रहा। हम सब शिवराज सिंह के इस आत्मविश्वास पर दंग रह गए और मानकर ही इंदौर से लौटे थे कि अगले तीन साल बाद हम जब फिर यहां आएंगे तो इन्वेस्टर समिट इससे भी भव्य होगा और उसे शिवराज सिंह ही कराएंगे।

मगर सब कुछ वैसा नहीं होता जैसा हम चाहते हैं। इसी का नाम वक़्त है। इन तीन सालों में सब कुछ बदल गया था। हम सारे पत्रकार अक्टूबर 2019 में इंदौर के ब्रिलियंट कन्वेंशन हॉल के उसी कमरे में बैठे थे। जहां तीन साल पहले शिवराज सिंह पत्रकार वार्ता कर रहे थे। अब एक दिन के इन्वेस्टर समिट के बाद पत्रकार वार्ता हो रही थी, हम सवाल पूछने वाले वही थे, मगर मुख्यमंत्री की कुर्सी पर बैठने वाले बदल गए थे। वहां अपने विशेष अंदाज़ यानी कि एक पैर पर दूसरे पैर को आड़ा रख कर बैठे हुए थे मुख्यमंत्री कमलनाथ और उनकी बगल में थे मुख्य सचिव सुधीर रंजन मोहंती। बातें वही निवेश की हो रही थीं। सवाल वही पूछे जा रहे थे। हां, जवाब थोड़े बदले हुए थे, जिनमें उम्मीदें कम सच्चाई ज़्यादा दिख रही थी।

इस बार की समिट बदली-बदली दिखी। पिछले आयोजनों में जो भव्यता और भीड़ दिखती थी, वो इस बार ग़ायब थी। जो काम के थे, बस उन्हीं लोगों को बुलाया गया था। जनसभा, आमसभा और मेला जैसी अनुभूति सम्मेलन स्थल के बाहर से लेकर अंदर मुख्य हॉल में भी नहीं दिख रही थी। हां, दो-तीन पंडालों में कुछ प्रदर्शनियां ज़रूर लगाई गई थीं, जिसमें प्रदर्शनी लगाने वाले ज़्यादा और देखने वाले कम थे। मीडिया सेंटर में भी पिछले आयोजनों जैसी भीड़ नहीं उमड़ी थी। मीडिया का ख़याल रखने वाले अफ़सर भी बेफ़िक्री में ही दिखे। उनका मक़सद पत्रकारों को वहां पहचानना ही था, बाद की वो ही जानें। किसी प्रकार की जानकारी, फ़ोल्डर, किताबें, पेन-पेंसिल से उनका लेना-देना नहीं था। इस बेफ़िक्री की वजह है सरकार के मुखिया कमलनाथ, जो मीडिया को ज़रूरत के मुताबिक ही भाव देते हैं पिछली सरकार के वक़्त जैसी दादागिरी मीडिया संस्थानों की होती आई है, वो इस बार ग़ायब रही। अख़बारों के बाहर के विज्ञापनों के जैकेट और पैकेट कम नजर आए। वरना पिछली समिट के पंडालों में तो छोटे से छोटे अख़बार भी विज्ञापनों के भरे रहते थे और पूरी समिट में यहां-वहां बिखरे पड़े रहते थे। कभी उनको देखकर दुख भी होता था कि कैसी जनता की गाढ़ी कमाई से विज्ञापनों की गंगा-गोदावरी बहाई जा रही है।

पिछले सम्मेलनों में दूर-दराज से आए निवेशक तत्कालीन सीएम शिवराज सिंह की सहज सरल छवि को देखकर मुग्ध हो जाते थे। उनके लंबे-लंबे दिल को छू लेने वाले संबोधनों में जमकर तालियां बजती थीं। निवेशक मंच से ही बड़ी-बड़ी निवेश घोषणाओं का ऐलान वैसे ही भावुक होकर करते

थे, जैसा शिवराज जी का भाषण होता था और इधर हम सामने बैठे समझते थे कि अब तो मध्यप्रदेश स्वर्णिम होकर ही रहेगा। रोज़गार की नदियां बह जाएंगी और हमारे अपने बच्चों को नौकरी करने पुणे, बेंगलूरु जाने से मुक्ति मिलेगी, मगर यह चौथा बड़ा समिट था जिसके बाद हम समझे कि वादे करने और निभाने में बड़ा फ़र्क़ होता है। उन सम्मेलनों में किए गए निवेश के वादों में से सिर्फ़ 25 फ़ीसदी ही धरातल पर उतरे, मगर किसान पुत्र शिवराज सिंह से अलग हैं कारोबारी कमलनाथ। कमलनाथ शिवराज के लच्छेदार भाषणों के उलट कम बोलते हैं, तार्किक बोलते हैं उनके बोलने से उनकी गहराई और दुनियावी समझ का अंदाज़ लगाया जा सकता है।

इस सम्मेलन में आए निवेशक या उद्योगपतियों को वो बहुत पहले से जानते थे। उनमें से कईयों से उनके व्यक्तिगत रिश्ते हैं। अधिकतर निवेशक उनके कहने पर ही आए थे। कुछ ने मंच से उनके काम करने की शैली पर भी टिप्पणी की। इंडिया सीमेंट के श्रीनिवासन ने कहा कि कमलनाथ के पास समय कम होता है। वो बहुत व्यस्त रहते हैं, मगर अच्छे आइडिया और कामों के लिए वो हमेशा समय देते हैं। यह सरकार इस तेज़ी से हम उद्योगपतियों के लिए काम कर रही है कि हम दबाव में हैं, हम बोलते हैं और वो तय कर देते हैं। हम मांगते हैं वो दे देते हैं। ऐसा कमलनाथ की लीडरशिप में ही हो सकता है।

ख़ैर! इस समिट के बाद कमलनाथ ने कई बार पूछने पर भी नहीं बताया कि कितने लाख करोड़ रुपये का निवेश प्रदेश में आएगा। वो बार-बार यही कहते रहे कि निवेशक सरकार पर भरोसा करें, प्रदेश में पैसा लगाने की सोचें। हम ऐसा माहौल बनाना चाह रहे हैं क्योंकि विश्वास के माहौल में ही निवेश आएगा और युवाओं को रोज़गार मिलेगा। इंदौर से भोपाल लौटने पर फिर उम्मीदें उफ़ान पर हैं। उम्मीद कर रहे हैं कि अगली समिट में जब फिर इंदौर जाएंगे तो इंदौर-भोपाल के रास्ते के दोनों और गुजरात सरीखे कारोबार पनपे दिखें तो ही यह कमलनाथ और ऐसी समिटों की सफलता है वरना सिर्फ़ दावे और वादे करने के लिए जनता के करोड़ों रुपये क्यों उड़ाए जा रहे हैं सालों से?

37

इतना सन्नाटा क्यों है भाई

पहले एक दिन का जनता कफ़्यूँ, फिर कोरोना कफ़्यूँ और फिर चौदह दिन के सेल्फ़ आइसोलेशन के चलते घर से निकलना बिलकुल ही कम हो गया है। मगर जब निकलो तो हर ओर सिवाय सन्नाटे के कुछ नहीं है। यह सन्नाटे का शांति काल है। जब घर के आसपास की लंबी-लंबी सड़कों पर दूर-दूर तक कोई वाहन नहीं दिखता। ना लोग हैं और ना ही कोई शोर है। मोहल्ले की सूनी सड़कों पर भी आवागमन क़रीब-क़रीब ठप है। जिन गलियों में कभी बच्चों का शोर नहीं थमता था, वहां दिन भर में एक बार ही यह सन्नाटा टूटता है जब 'गाड़ी वाला आया, ज़रा कचरा निकाल' का गाना बजाते हुए नगर निगम के सफ़ाई कर्मचारी आते हैं।

भोपाल के सरकारी मोहल्लों में सफ़ाई हो रही है, कचरा ज़्यादा नहीं निकल रहा, घरों के आसपास का माहौल साफ़-सुथरा है। बाहर आसमान साफ़ है तो प्रदूषण ग़ायब हुआ, हवा भी स्वच्छ है। घरों के आसपास चिड़ियों और पंछियों की मधुर आवाज़ें सुनाई देती हैं तो घरों के अंदर से *रामायण* और *महाभारत* के डायलॉग्स की आवाज़ें आने लगीं हैं। *रामायण* में संगीतकार गायक रवींद्र जैन की तीखी आवाज़ के भजन, गीत और चौपाइयां सुनने मिल रहीं हैं तो *महाभारत* में गायक महेंद्र कपूर की अलग-सी भारी आवाज़ कानों में रोज़ सुनाई पड़ने लगी है।

बच्चे *रामायण* और *महाभारत* की शुद्ध हिंदी सुनकर अपनी हिंदी सुधारने में लग गए हैं। लोग घरों में हैं, दफ़्तर जाना नहीं है, इसलिए परिवार के साथ दिन भर खाने और पकाने के कार्यक्रम चलते रहते हैं। बच्चों को

पढ़ाई से लंबी फ़ुरसत मिल गई है। वो सारे बच्चे जो रोज़ सुबह स्कूल और शाम को कोचिंग जाकर आने वाले दिनों में कठिन परीक्षाओं की तैयारियां कर रहे थे, अब एकदम रिलैक्स हो गए हैं। सारी तैयारियां ठंडे बस्ते में हैं। ये ऐसे दिन हैं जिनकी कल्पना कुछ दिनों पहले तक लोग काल्पनिक निबंध लिखने तक में नहीं कर सकते थे।

ऐसे में यदि आपको अस्पताल जाना पड़ जाए तो यह बुरी कल्पना किसी बद्दुआ से कम नहीं है, मगर मेरा घर के पास के अस्पताल में जाना हुआ तो वहां का नजारा भी बदला हुआ था। जिस अस्पताल में अक्सर शाम के वक़्त पैर रखने को जगह नहीं मिलती थी, वहां बैठने के सोफ़े ख़ाली पड़े हैं। एक-दो मरीज अपनी फ़ाइल लेकर डॉक्टर से मिलने को बैठे हैं। रिसेप्शन पर कोरोना का असर था। सोशल डिस्टेंसिंग करने के लिए एक बाड़ लगा दी गई थी यानी कि लोग दूर से ही बात करें। उधर, आईसीयू में भी वीरानी छाई है, जहां अंदर जाने के लिए लोग गार्ड से हुज्जत करते थे, जूते-चप्पलों का ढेर दरवाज़े पर पड़ा रहता था। वहां अब अंदर जाने की कोई रोक-टोक नहीं। अंदर भी तो वही सन्नाटा है। जहां कभी एक बेड ख़ाली नहीं होता था, वहां इस वक़्त एकाध बिस्तर पर ही मरीज लेटा है। उसके आसपास ना तो रिश्तेदारों की भीड़-भाड़ है और ना ही हर कुछ घंटों में आकर दवा खिलाने और इंजेक्शन लगाने वाले पैरामेडिकल स्टाफ़ की।

मैंने वहां स्टाफ़ से पूछा इतना सन्नाटा क्यों है भाई? उसने हंसकर जवाब दिया यह कोरोना काल है। लोग छोटी-छोटी हैल्थ समस्याओं को लेकर घरों से नहीं निकल रहे। सब घरों में हैं आराम से परिवार के साथ। दिल-दिमाग़ को सुकून है तो फिर काहे की बीमारी और बीमारी देने वाले रेस्तरां-होटल बंद हैं। लोग घरों में बन रहा ताज़ा खाना खा रहे हैं और छोटी-मोटी बीमारी से वैसे ही बचे हुए हैं। अस्पताल में स्थित दवा की दुकान भी सूनी पड़ी है। हाथ पर हाथ रख कर बैठे हैं दवा देने वाले। कभी जिनके पैसे लेने और वापस देने में हाथ नहीं रुकते थे, वो अब वाट्स एप और टिक टाक देखने में व्यस्त हैं।

एक दिन में क़रीब सौ से ज़्यादा मरीज देखने वाले अस्पताल के डॉक्टर पंकज अग्रवाल खुद यह हालत देखकर हैरान हैं। उनका कहना था कि भाई मैंने अपनी ज़िंदगी में ऐसा ख़ालीपन नहीं देखा। ओपीडी तो छोड़िए, कोई

इमरजेंसी भी नहीं आ रही। किसी को दिल का दौरा नहीं पड़ रहा, किसी की ब्लड शुगर नहीं बढ़ी और ना ही किसी का बीपी ऊपर-नीचे हो रहा है। आख़िर यह हो क्या रहा है? ऐसा लग रहा है जैसे राम राज्य-सा आ गया। पहले सर्दी, खांसी, बुखार वाले रोज़ आते थे। आजकल वो भी एकदम कम हो गए हैं। भला ऐसा क्यों हो रहा है समझ से परे है। मगर सच यह है कि बड़ा दर्द छोटे दर्द को भुला देता है। बड़ी तकलीफ़ में आदमी छोटी तकलीफ़ भूल जाता है।

कोरोना के आगे सारी बीमारियां छोटी हो गई हैं – ऐसा लगता है। पर ऐसा नहीं है कि ये हालत ऐसे ही बने रहेंगे। जैसे ही घरों से निकलने और बाज़ार, रेस्तरां खुलने की छूट मिलेगी, लोग अपनी सालों पुरानी आदतों पर आ जाएंगे और बीमारियों से दोस्ती कर फिर अस्पताल आने लगेंगे। सामान्य ज़िंदगी जीने से लोग तनाव और बीमारियों से दूर रहते हैं – यह बात मुझसे बहुत पहले किसी कुंभ में उन बाबा ने बताई थी, जिनके दरवाज़े पर तनावमुक्त ज़िंदगी जीने की आकांक्षा रखने वाले देशी-विदेशी भक्तों की भीड़ लगी रहती थी। जब मैंने पूछा कि इनकी ज़िंदगी में शांति भरने के लिए आपको बहुत मेहनत करनी पड़ती होगी। इस पर वो मुस्करा कर बोले – 'ज़रा भी नहीं सरल और सामान्य ज़िंदगी जीने के पाठ पढ़ाते हैं और यह देखते ही देखते ठीक हो जाते हैं।' सच है सबसे मुश्किल है सरल और सामान्य होना – यह कोरोना काल हमें यह सिखा कर जाएगा यदि हम सीख सकें तो।

38

जाना फिर उसी गांव में पांच साल के बाद

यह हमारे चैनल के कार्यक्रम *घंटी बजाओ* का ही मज़ा है कि हम ना केवल ख़बर दिखाते हैं बल्कि उस ख़बर का पीछा करते हुए उसके असर पर भी नज़र रखते हैं। यूं तो घंटी बजाओ मुहावरा नहीं, जुमला ही है। मुगल काल के शासक जहांगीर के काल में न्याय के लिए घंटा बजाने की कहानी तो हम सबने सुनी है, मगर सरकारी योजनाओं की पोल खोलकर घंटी बजाते हुए केंद्र और राज्य सरकारों की नींद खोलने का यह प्रयास एबीपी न्यूज़ चैनल का है। यह नई सोच का कार्यक्रम तीन साल पहले शुरू हुआ। इसमें अब तक चार करोड़ लोग एक ख़ास नंबर पर मिस कॉल कर अपनी उपस्थिति दर्ज करा चुके हैं।

इस कार्यक्रम के प्रोड्यूसर नृपेंद्र सिंह याद करते हैं कि हम जनता के नाम पर ख़र्च किए गए पैसों का पीछा करने वाला ऐसा शो बनाना चाहते थे, जो जनता को बताए कि आपके लिए सरकार ने जो लाखों-करोड़ों रुपये ख़र्च किए हैं उसकी सच्चाई क्या है। साथ ही जनता को मंच देकर टीवी में दोतरफ़ा संवाद शुरू करना चाहते थे। कार्यक्रम के दर्शक अपना वीडियो भी डालते हैं जो उनके नाम के साथ दिखाया जाता है। ख़ैर! अब घंटी बजाना मुहावरा बन गया है। *राष्ट्र निर्माण के लिए रोज़ करो मतदान* के स्लोगन वाले इस कार्यक्रम की लोकप्रियता का आलम यह है कि लोग हमसे तो ठीक, अब दूसरे चैनल के रिपोर्टरों से भी कहते हैं कि आप इस घोटाले की घंटी बजाइए।

इस बार घंटी बजाओ की लंबी भूमिका इसलिए, क्योंकि पिछले दिनों एक ऐसा अनुभव हुआ जो रिपोर्टरों की ज़िंदगी में कभी-कभी ही होता है। ख़बर जो सामने आई, वो यह थी कि हमारे एमपी में 2014 से पिछले साल तक प्रदेश के पचास हज़ार से ज़्यादा गांवों में नब्बे लाख छप्पन हज़ार शौचालय बनाए गए हैं। इन शौचालयों की हालत जानने 21 हज़ार सर्वे करने वालों को जब ज़मीन पर उतारा गया, पता चला कि क़रीब साढ़े चार लाख घरों में ये शौचालय हैं ही नहीं। साथ ही साढ़े पांच लाख शौचालय ऐसे भी सामने आए जो किसी काम के नहीं थे, यानी कि तेज़ी से लक्ष्य पूरा करने के लिए फ़ाइलों का पेट भर कर आंकड़ेबाजी कर दी गई मगर या तो शौचालय ज़मीन पर हैं ही नहीं या फिर आनन-फानन में बस बना दिए गए, क्योंकि सरकारी आदेश पूरा करना था।

सरकार 'स्वच्छ भारत मिशन' के नाम पर शौचालय बनाने पर बारह हज़ार रुपये का अनुदान देती है। ऐसे में यह कई सौ करोड़ों का भ्रष्टाचार भी है। मज़े की बात यह है कि देश को स्वच्छ बनाने और जनता को स्वच्छता का पाठ पढ़ाने के लिए बनाई गई इस योजना में तैयार शौचालय की हितग्राही के साथ फ़ोटो खींचकर सरकारी साइट पर अपलोड की गई और इसकी जिओ टैगिंग भी की गई, ताकि ग़लती और भ्रष्टाचार की गुंज़ाइश कम से कम हो। राजनेता और लेखक शशि थरूर अपनी किताब *अंधकार काल* में बताते हैं कि हमारे पुराने अंग्रेज़ शासकों को इस बात का बड़ा गुमान था कि उनके शासन में भ्रष्टाचार की गुंजाइश ज़रा भी नहीं होती, क्योंकि उनका शासन पूरा लिखत-पढ़त में चलता था। सारे आदेश लिख कर दिए जाते और उनका पालन भी लिख कर किया जाता। पर हम भारतीय तो भ्रष्टाचार के नए-नए रिकॉर्ड और नवाचार करने के लिए ही जाने जाते हैं। तभी तो मशहूर व्यंग्यकार शरद जोशी पहले ही लिख गए हैं - हम भ्रष्टन के भ्रष्ट हमारे।

तो *घंटी बजाओ* शो के लिए जब हम इस योजना की पड़ताल करने निकले तो सीहोर के साथी नितिन ठाकुर के कहने पर उस जिले के बावड़िया नौवावद जा पहुंचे। गांव में गाड़ी के प्रवेश करते ही कैमरामैन साथी होमेंद्र देशमुख बोल उठे - 'सर! यह तो वही गांव है, जहां हम कुछ साल पहले आए थे। तब भी शायद शौचालय की कहानी ही थी।' हमने कहा - 'चलो देखते हैं।' गांव में पहुंचते ही गांव के युवकों ने हमें पहचान लिया। थोड़ी देर

में ही इंटरनेट के डाटा के प्रताप के चलते यू ट्यूब पर 13 अप्रैल 2015 को एबीपी न्यूज़ पर चली कहानी मोबाइल फ़ोन पर दिखा दी। पांच साल पहले की गई कहानी के सारे किरदार सामने ही दिखने लगे थे। बुज़ुर्ग गांव वालों के चेहरों पर झुर्रियां ज़रूर बढ़ गईं थीं। मगर खुशमिज़ाज़ी और संतोष में ही सुख तलाशने की चमक अब तक बरकरार थी। तब इस गांव में एक भी शौचालय नहीं था और गांव की महिलाओं ने पास के समाजसेवी एमएस मेवाड़ा की अगुआई में कलेक्ट्रेट तक ट्रैक्टर में भरकर जाकर 'हमें चाहिए शौचालय' के नारे बुलंद किए थे। हमने तब इस गांव में जाकर कहानी कर चैनल के प्राइम टाइम पर दिखाई थी।

अब इस गांव में अधिकतर घरों में शौचालय तो दिख रहे थे। गांव की वो सास भी खुश दिखीं, जो पांच साल पहले हमारी कहानी में कह रही थीं कि हमारे घर में शौचालय नहीं होने से बहू मायके चली गई है और अब आने को तैयार नहीं है। घरों में बहुएं तो वापस आ गई हैं। उनके बच्चे भी हो गए हैं। मगर जो शौचालय जल्दबाजी में बने थे, उनकी हालत ख़स्ता हो गई। अधिकतर शौचालयों के दरवाज़े टूटे हुए थे और आड़ के नाम पर प्लास्टिक की बोरी के परदे लटके हुए थे। गांव के लोग अब इन शौचालयों की मरम्मत की मांग करने लगे, तब उनको समझाना पड़ा कि सरकार ने बारह हज़ार रुपये में जो ये शौचालय बनाए हैं, अब उनकी मरम्मत साफ़-सफ़ाई के लिए फिर सरकार नहीं आएगी। यह ज़िम्मेदारी तो आपको ही उठानी पड़ेगी। हां, इस गांव में वैसे तीन लोग मिले जिनके घरों में शौचालय के नाम पर पैसे निकाले गए, मगर शौचालय मौके पर नहीं मिला। ख़ैर! पूरे प्रदेश में हुए इस भारी भ्रष्टाचार की हमने शुक्रवार को घंटी बजाई। मगर उस गांव में जाकर यह अच्छा लगा कि गांव के लोग हमें और हमारे चैनल को बहुत आत्मीयता से इस बात के लिए याद कर रहे थे कि आपने आकर घंटी बजाई तो शौचालय बने। पत्रकारिता के करियर में किसी रिपोर्टर के लिए इससे बढ़कर संतुष्टि कोई दूसरी नहीं हो सकती।

39

संवादहीनता के दौर में
गौर और जेटली का जाना

सच में बहुत ही बुरा लग रहा है, जब अपने प्रिय नेता बाबूलाल गौर पर लिखने बैठा हूं और टीवी स्क्रीन पर अरुण जेटली के निधन की दुखद ख़बर चल रही है। जेटली के कुछ दिन पहले सुषमा स्वराज जी का जाना हुआ। पिछले साल अगस्त में अटल बिहारी वाजपेयी जी के देवलोकगमन से शुरू हुआ यह सिलसिला जारी है। दुख इस बात से और बढ़ जाता है कि दक्षिणपंथी राजनीति करने वाली बीजेपी के सारे वो चेहरे गुम हो रहे हैं, जिनकी छवि उदार रही है। इसी कड़ी में कर्नाटक के अनंत कुमार और गोवा के नेता मनोहर पार्रिकर को भी गिन सकते हैं। ये सारे वो क़ाबिल नेता रहे हैं, जिनकी प्रतिभा बहुमुखी रही है और अपनी पार्टी के अलावा दूसरी पार्टी में भी सम्मान पाते थे। ये सारे नेता आलोचना को जगह देते आए हैं और यही वजह रही कि आलोचना करने वाले पत्रकारों से इनके मधुर संबंध रहे हैं।

यही हाल हमारे बाबूलाल गौर का था। पिछले कुछ महीनों की बात छोड़ दें तो एक-दो रविवार के अंतर से दोपहर ग्यारह बजे यह फ़ोन ज़रूर आता था - 'हल्लो! बाबूलाल गौर बोल रहा हूं।' 'हां, गौर साब बोलिए।' 'अरे भाई आज तो ग़ज़ब लिखा है तुमने। किसी को नहीं छोड़ा। दूध का दूध, पानी का पानी कर दिया।' 'अरे! आपने कब पढ़ा?' 'बस अभ्भी पढ़ा और तुमको फ़ोन लगा दिया। तो चलो आओ शाम को और बातें करेंगे। और हां सुनो थोड़े ये त्योहार निकल जाएं तो तुम्हारे लिए वैसी वाली पार्टी

रखते हैं। हा-हा-हा!' यह गौर साब का वो पेटेंट ठहाका था, जो वो मुंह पर हाथ रखकर लगाते थे।

गौर साब भोपाल के उन कुछ बिरले नेताओं में से थे, जो अख़बारों में छपी ख़बरें और लेख पढ़ते और उन पर लिखने वाले पत्रकार को पढ़कर फ़ोन भी करते थे। आमतौर पर नेताओं में लिखने-पढ़ने और प्रतिक्रिया देने की इस परंपरा का लोप ही हो गया है। यही वजह है कि अब जब हम पत्रकार किसी नेता पर कुछ लिखते हैं तो वो उसे अपनी धुलाई मानता है और पत्रकार से बात करने की जगह उसे विरोधी पार्टी वाला पत्रकार कह खुन्नस पाल लेता है। किसी भी नेता के लिए यह स्थिति ठीक नहीं है।

जेटली पर कहने वाले बोल रहे हैं कि दिल्ली के क़रीब चार-पांच चैनल और इतने ही अख़बारों के जेटली अघोषित संपादक थे। मतलब उनकी अख़बार के मालिक-संपादक से लेकर रिपोर्टर तक से गहरी छनती थी और वो जो छपवाना चाहें, छपवा सकते थे। यह संवाद का गुर होता है जो हर किसी नेता में नहीं पाया जाता। मगर हमारे गौर साब में यह बात थी कि उनके घर जब हम पत्रकारों की महफ़िल जमती थी तो उसमें मुझसे बड़ी वाली पीढ़ी के भोपाल के दिग्गज पत्रकार तो होते ही थे, मुझ जैसे मझोले पत्रकार और कुछ नई उमर के पत्रकार भी बुलाए जाते थे, जिनसे गौर साब खुलकर बोलते-बतियाते थे। चाहे बात हाल के राजनीतिक हालात पर हो या फिर पुरानी राजनीति के क़िस्से, गौर साब कुछ छिपाते नहीं थे। उनके सुनाए कई क़िस्से मुझे याद आ रहे हैं, जिनसे मध्यप्रदेश की राजनीति प्रभावित हुई।

जब वो कैबिनेट मंत्री थे तो यह तय रहता था कि दिल्ली दौरे से लौटते ही पत्रकार वार्ता होगी, जिसमें वो केंद्रीय मंत्रियों से मिली मदद एक काग़ज़ पर पढ़ते थे और जब हम पत्रकार कहते थे कि यह तो सब कल छप गया है तो हंसकर बोलते - 'अरे! आपको यह छपवाने के लिए थोड़े बुलाया है। अच्छा खाना खाने बुलाया है। चलिए खाइए।' फिर और साफ़ करते - 'यह बताइए आप सब हमारे नाक-कान हो कि नहीं सरकार के कामकाज की ज़मीनी हक़ीक़त तो आप ही बताते हो ना। चलिए खाइए!' फिर वो हम सब के साथ ही बीच में टेबल कुर्सी लगाकर हाथ से खाने बैठ जाते। बीच-बीच में सबसे पूछते भी जाते - वो खाया कि नहीं?

होगा कोई नेता ऐसा जो पत्रकारों को घर बुलाए और ख़बर छापने के लिए ज़रा भी चिरौरी नहीं करे। 2004 में जब वो एक्सीडेंटल चीफ़ मिनिस्टर बन गए तो हमारे कुछ मित्र अपने अख़बार मालिक का काम लेकर पहुंचे। तब गौर साब ने काग़ज़ एक तरफ़ रखकर कहा - 'मालिक का काम छोड़ो, अपना कोई व्यक्तिगत मदद का काम हो तो कहो, मैं अब मुख्यमंत्री हूं।' इतनी साफ़गोई और ईमानदारी आज के जमाने में किसी नेता से नहीं की जा सकती।

आमतौर पर नेताओं, ख़ासकर मंत्रियों के यहां भीड़-भाड़ रहती है मगर गौर साब के घर पर वो भीड़ आधी ही रहती थी। वो सरकारी प्रक्रिया को तोड़ कर काम करवाने वालों को सबके सामने ही लौटा देते थे। 'नहीं भाई, यह काम नहीं होगा। बंदूक का लाइसेंस बनवाना हो तो कलेक्टर, एसपी से मिलो। मैं गृहमंत्री क्या कर लूंगा?'

भोपाल के लिए तो उनका दिल धड़कता था। यही वजह रही कि गोविंदपुरा के लोगों ने उन्हें लगातार दस बार जिताया। मैं उनसे हंसकर कहता था कि भोपाल के भारत रत्न तो आप ही हो, तब वो अपने माथे पर हाथ फेर कर मुस्कराते हुए कहते - 'जो मिल गया, उसी को मुकद्दर समझ लिया।' गौर साब मुकद्दर के सिकंदर तो थे ही। कहां यूपी के प्रतापगढ़ से आकर एमपी के मुख्यमंत्री बनना, सपनों-सी कहानी है।

दिल्ली में जेटली और भोपाल में बाबूलाल गौर के जाने से नेताओं की वो पीढ़ी ख़त्म हो गई जो पत्रकारों से खुलकर संवाद करती थी। अपनी बात कहती थी, उनकी बात सुनती थी। यही वजह है कि अब दिल्ली से लेकर भोपाल तक सरकारी फ़ैसले बम के धमाकों या सरप्राइज की तरह आते हैं। सरकारों की संवादहीनता के इस दौर में गौर साब और जेटली जी बहुत याद आएंगे। विनम्र श्रद्धांजलि...

40

कहानी हल्के
नन्हे के लंबे सफ़र की

वो दोनों मुझे ऐसे मिलेंगे सोचा नहीं था। जब दफ़्तर से रात में सड़कों पर चल रहे प्रवासी मजदूरों की कहानी करने को कहा गया तो सोचा कौन मिलेगा अंधेरी रातों में सड़कों पर चलते हुए। रात गहराते ही हम निकल पड़े भोपाल के बाहर विदिशा बाईपास पर। दरअसल, यह बाईपास पिछले कुछ दिनों से महाराष्ट्र की सीमा से आकर इंदौर से भोपाल, विदिशा, सागर और झांसी या फिर रीवा होकर इलाहाबाद जाने वाले प्रवासी मजदूरों का ही रास्ता बना हुआ था। महाराष्ट्र से लौटकर उत्तरप्रदेश और बिहार जाने वाले प्रवासी श्रमिक इसी रास्ते से लगातार जा रहे थे।

सुबह-दोपहर तो भोपाल से विदिशा जाने वाला यह मोड़ महाराष्ट्र, ख़ासकर मुंबई से आ रही छोटी-बड़ी गाड़ियों से भरा ही रहता था। यह हम अच्छी तरह जानते थे, मगर रात के अंधेरे में भी इस बाईपास पर जाते हुए लोग मिलेंगे, अंदाज़ नहीं था। मगर यह क्या इस चौराहे पर देर रात में भी महाराष्ट्र वाली गाड़ियां लगातार आ रहीं थीं। ऑटो हो या पिकअप वाहन दोनों खचाखच भरे होकर यहां से निकल रहे थे। चौराहे पर हो रही चहल-पहल को देख यह लंबा सफ़र करने वाले रुकते, रास्ता पूछते, साथ लाया या रास्ते में मिला कुछ खाते, नहीं तो पानी पीकर पेट भरते। वे साथ के बच्चों को किनारे ले जाकर शू-शू कराते और निकल पड़ते उस सैकड़ों किलोमीटर के लंबे सफ़र पर।

इस मोड़ पर मुंबई से आ रहे ऑटो वालों से बात कर जब हम लौट रहे थे तो सुनसान सड़क पर किनारे की ओर सड़क पर बैठी कुछ परछाइयां दिखीं। ड्राइवर संजय को हमने गाड़ी धीरे करने को कहा और उनके पास पहुंचते ही वो तीन आकृतियां हमारी गाड़ी की खिड़की के पास चिपक कर खड़ी हो गईं। मुंह पर बंधा कपड़ा और पीठ पर लटके बैग से ही लग गया कि ये सब भी वक़्त के मारे प्रवासी श्रमिक हैं, जो यहां सड़क के किनारे गिट्टी के ढेर पर बैठे हुए थे।

गाड़ी रुकते ही वो हाथ जोड़कर कातर भाव से बोलने लगे – 'भाई साहब! हमें मंडीदीप तक पहुंचा दो। हम कई दिनों से चल रहे हैं।' इस बीच में, मैं गाड़ी से बाहर निकल आया था और उनसे थोड़ी दूरी बनाकर बातचीत करने की कोशिश करने लगा। तब तक हमारे साथी होमेंद्र का कैमरा भी चालू हो गया था, हमको हमारी कहानी के किरदार मिल गए थे।

'क्या नाम है तुम्हारा?' एक ने कहा हल्के तो दूसरे ने बताया नन्हे। मुझे हल्की हंसी आई कि दोनों नामों का मतलब भी एक और दोनों की परेशानी भी एक जैसी ही है। मैंने पूछा यहां पत्थरों पर क्यों बैठे हो? वहां पास में पेट्रोल पंप है वहां क्यों नहीं रुके? हल्के ने कहा कि भाई साहब पेट्रोल पंप वाले ने डांट कर भगा दिया और कहा कि यहां क्यों भीड़ कर रहे हो? यह बात सुनकर मैं हैरान रह गया, क्योंकि एक दिन पहले ही बीजेपी के बड़े नेता ने उनके मित्र पेट्रोलियम मंत्री धर्मेंद्र प्रधान की उदारता का क़िस्सा सुनाते हुए बताया था कि अब देश के सारे पेट्रोल पंपों पर इन प्रवासी श्रमिकों के रुकने और ठहरने का इंतज़ाम के आदेश मंत्री जी ने कर दिए हैं। मगर यहां तो उल्टी ही गंगा बह रही थी।

थोड़ी बातचीत से साफ़ हुआ कि हल्के और नन्हे दो तारीख़ को अमहदाबाद से रवाना हुए थे और 14 तारीख़ को मुझे मिले। मतलब बारह दिनों से लगातार चल रहे थे। भोपाल-अहमदाबाद का छह सौ किलोमीटर का जो रास्ता किसी भी गाड़ी से दस से बारह घंटे का है उस पर इनको पैदल चलते हुए बारह दिन मतलब 288 घंटे लग गए। इनके पैरों की तरफ जब मैंने देखा तो वहां जूतों की जगह घिसी और टूटी हुई चप्पलें थीं। कैमरे की लाइट में भी इनके पैरों के पंजों पर सूजन दिख रही थी। मैंने कहा कि अरे! ये तो तुम्हारे पंजे सूजे हुए हैं तो हल्के ने अपना पैंट घुटने तक

उठाया और कहा – 'भाईसाहब! यह देखिए पूरे पैर किसी कदर सूजे हैं। दिन भर बस चलते हैं। खाना-पानी की बात क्या करें, रास्ते किनारे छांव तक नहीं मिलती। पैसे तो ख़त्म हो गए हैं, रास्ते में कभी जो मिल गया खा लिया नहीं तो पुलिस वालों की गालियों से ही पेट भर जाता है। पैदल चलते में कभी कोई गाड़ी वाला थोड़ी देर के लिए बैठा देता है तो ऐसा लगता है सब कुछ मिल गया।'

'कब से खाना नहीं खाया तुमने?' 'भैया दो दिन हो गए, भोजन क्या होता है देखा नहीं।' इस बीच नन्हे का फ़ोन बजता है। वो थोड़ा किनारे जाकर धीरे से कहता है – 'हां, अम्मा! आ जाएंगे आज रात तक या कल सबेरे। चिंता मत करो। अरे! खाना भी खा लिया। बस, अभी थोड़ी देर पहले खाया है।'

अब चढ़ाई करने की बारी मेरी थी – 'यार! तुम तो ग़ज़ब झूठ बोलते हो। अभी कहा कि खाना नहीं खाया।' इस पर आंखें भरकर नन्हे कहता है कि भाईसाहब! घर वालों से ऐसे ही बातें करनी पड़ती हैं। उनको क्यों टेंशन दें? फिर अचानक वो अपनी शर्ट उठाकर पेट दिखाते हुए बोला कि यह देखिए हमारा पेट! यह क्या आपको खाया-पिया दिख रहा है? पिचके पेट वाले इस कम उमर के मेहनतकश युवक की समझदारी ने अब मुझे शर्मिंदा कर दिया। अहमदाबाद की किसी कंपनी में सेरेमिक का काम करने गए ये युवक रायसेन जिले के उदयपुरा के अच्छे परिवारों से हैं। मंडीदीप में इनके रिश्तेदार रहते थे, मगर उनको भी मोटरसाइकिल से यहां आने को मना कर रहे थे। ये अपने घर पैदल या अपनी सामर्थ्य से ही जाना चाहते थे। नन्हे ने कहा कि भाईसाब! अपनी मुसीबत में किसी दूसरे को क्यों परेशानी दें?

अब ढांढस बंधाने की बारी हमारी थी। उनके हाथ में कुछ पैसे देकर कहा चिंता नहीं करो। अब अपने घर के पास हो तुम। कुछ क़दम की दूरी पर ही चौराहा है। वहां खाने का इंतज़ाम भी है और वहां पुलिस तुमको किसी गाड़ी में बैठाकर घर तक भेज देगी। थोड़ी देर बाद हमने हल्के और नन्हे को अपने साथी के साथ विदिशा चौराहे पर खाना खाते देखा। अब उनके चेहरे पर सुकून था। वहां खड़े हेड कांस्टेबल ने भी हमसे वादा किया – 'आप चिंता नहीं करिए। इन तीन लड़कों को हम किसी गाड़ी में बैठा कर मंडीदीप छुड़वा देंगे।' हल्के व नन्हे का यह सफ़र जल्दी ख़त्म होने को है यह जानकर हमें बेहद ख़ुशी हुई।

41

राजकुमार केसवानी
का किताब घर

भोपाल में शिवाजी नगर का मकान नंबर ई-101/15, एक छोटे-से लोहे के गेट के पार हल्का-सा हरा-भरा लॉन, मुख्य दरवाज़े पर लटका डरावना बजूका, जो इशारों में कहता है कि भाई संभल कर। घर के पहले कमरे में ही दीवार पर लगी दो पेंटिंग्स, फिर उसकी बगल की आधी दीवार को घेर कर बना किताबों का शेल्फ़ जिसमें नज़रें दौड़ाने पर ही दिखती हैं लियो तोल्स्तोय की *अन्ना कारेनिना*, फ़्योदोर दोस्तोयेव्स्की की *अपराध और दंड*, अंतोन चेख़ोब की *कहानियां*, डीएच लॉरेंस की *वूमन इन लव*, एलविन टाफ़लर की *फ़्यूचर शॉक*, मारिया पूजो की *गॉडफ़ादर*, सर आर्थर कानन डायल के *शरलॉक होम्स* के तमाम उपन्यासों के साथ कुछ उर्दू के दीवान। इस शेल्फ़ पर भी एक लकड़ी के लंबे से शिल्प में खुदा बजूका है, जो कहता है कि मेरे मालिक की किताबों को छूना मना है।

इस कमरे में इन लेखकों को छोड़ते ही दूसरे कमरे में आते हैं, तो यहां की दीवार से सटा कर रखा हुआ है एक शानदार पुराना पियानो जिसके ऊपर अब इस घर के मालिक की मुस्कराती तसवीर है। दीवार पर *मुग़ल-ए -आज़म* के निर्माता के आसिफ़ की बड़ी-सी अच्छे फ़्रेम में जड़ी फ़ोटो दिखती है तो दूसरी तरफ़ अंतोन चेख़ोब का छोटा-सा पोर्ट्रेट भी लटका है। इन सबके बाद सोफ़ों और कुर्सियों से जो जगह बची है तो वहां भी किताबों का रैक है जिसमें नजरें दौड़ाने पर दिखते हैं पुराने और नए अनेक नामचीन कवि और शायर नजीर अकराबादी, अहमद फ़राज़, अख़्तर-उल-इस्लाम

आदि के साथ हमारे भोपाल के राजेश जोशी, सर्वेश्वरदयाल सक्सेना, केदारनाथ सिंह, रघुवीर सहाय जैसे दिग्गजों के साथ आज के शायर इरशाद कामिल भी।

इन कवि और शायरों की किताबों के पास में इतिहास और क्रिकेट की किताबें भी दिखती हैं। गैरी सोबर्स से लेकर सुनील गावस्कर और सचिन तक की ऑटो बायोग्राफ़ी अलमारियों से झांक रहीं हैं। इस कविता, क्रिकेट की आवाज़ों से भरे कमरे से दो कमरे छोड़ कर ही है वो जगह जो संगीत प्रेमियों के लिए किसी ख़ज़ाने से कम नहीं है और सच कहूं तो इसे देखना भी कुछ दिनों पहले तक सिर्फ़ कम लोगों को ही नसीब होता था।

कमरे में चारों तरफ़ ऊंचे-ऊंचे शेल्फ़ हैं जिनमें भरे हैं हज़ारों रिकॉर्ड्स और ऑडियो कैसेट्स। कोई भी शेल्फ़ खोलिए मुस्कराते हुए फ़िल्मी, नॉन फ़िल्मी गानों के कैसेट्स और एलपी रिकॉर्ड्स आपको दिखेंगे। इन कैसेट्स को चलाने वाला बड़ा-सा कैसेट प्लेयर और ग्रामोफ़ोन रिकॉर्ड्स को चलाने वाला पुराना चाबी वाला प्लेयर भी आपका इंतज़ार कर रहे हैं। यदि इस घर का मालिक खुश हो गया तो वो कोई दुर्लभ रिकॉर्ड आपको सुना देगा वरना 'देखिए छूना मना है साहब!' हमने आपको पहले ही बता दिया है। रिकॉर्ड और कैसेट से भरे इस कमरे में एक कोने में आगरा घराने के उस्ताद फैयाज खान का पोर्ट्रेट है तो दूसरी ओर दो चोटी बनाकर खड़ीं लता मंगेशकर हैं तो किताबों के रैक पर भारत-पाकिस्तान के विवादित नगमा निगार सआदत हसन मंटो अपनी पत्नी सफिया के साथ बड़ी-सी तसवीर में फ़ैमिली फ़ोटो खिंचवाते दिखते हैं।

बस, अब एक कमरा और है जिसे आपको मैं दिखाना ज़रूरी समझता हूं। यह है वो कमरा जिसमें इस घर के मालिक सुबह पांच बजे बंद हो जाते थे तो तीन-साढ़े तीन घंटे बाद ही निकलते थे। ढेर सारी कथा, कहानियां, कविताएं इसी कमरे में लिखीं जाती रहीं हैं। *दास्तान-ए-मुग़ल-ए आजम* पंद्रह साल में लिखी गई तो *जहान-ए-रूमी*, *कशकोल*, *बॉम्बे टॉकी*, कविता संग्रह *बाक़ी बचे जो और *सातवां दरवाज़ा* के अलावा पिछले चौदह सालों से दैनिक भास्कर के रविवारीय *रसरंग* का सबसे ज़्यादा पढ़ा जाने वाला कॉलम *आपस की बात* यहीं इसी कमरे में डूब कर लिखा जाता रहा है।

टेबल के ऊपर कंप्यूटर प्रिंटर पर फिर ढेर सारी कुछ ख़ास किताबें रखीं हैं। बस आप नाम जान लीजिए *अकबरी दरबार, जहांगीरनामा, अप्सरा,* रामचंद्र गुहा की *इंडिया आफ़्टर गांधी,* एमजे अकबर की *ब्लड ब्रदर,* रफ़ीक जकरिया की *इंडियन मुस्लिम,* ओरहान पामुक की *इस्तांबुल,* गोपीचंद नारंग की उर्दू ग़ज़ल पर लिखी किताबें और उर्दू के कुछ बेहद पुराने से दीवान।

यहां रहने वाले परिवार ने बताया कि घर में क़रीब दस हज़ार बेशक़ीमती किताबें, तीस से बत्तीस हज़ार रिकॉर्ड्स और कैसेट्स और अनेक पेन ड्राइव और हार्ड डिस्क भी हैं, जिनमें ना जाने क्या-क्या दुर्लभ चीज़ें सहेज कर रखीं गयीं हैं। अब आप पूछोगे कि पूरा घर तो घुमा दिया मगर घर के मालिक का नाम, पता नहीं बताया। कैसे बताऊं कि यह उस पत्रकार का मकान है, जिसे अपने जीवन की सबसे बड़ी स्टोरी करने पर 1985 में उन दिनों का सबसे बड़ा बीडी गोयनका अवार्ड मिला। उस वक़्त उसने खुश होने की जगह दुखी मन से कहा – 'मुझे इस अवार्ड की कोई खुशी नहीं है, यदि मेरी रिपोर्ट पढ़कर सरकार उस हादसे को टाल सकती तो वो ज़्यादा बड़ा अवार्ड होता। मेरे प्यारे शहर के हज़ारों लोगों ने गैस कांड में अपनी जान गंवाई है। मैं उस हादसे को टाल नहीं पाया फिर किस बात का अवार्ड?' यह पत्रकार अपने छोटे-से अख़बार *रपट* और राष्ट्रीय अख़बार *जनसत्ता* में लगातार लिखता रहा कि भोपाल मौत के मुहाने पर बैठा है। इसे बचा लीजिए हुजूर!

तो साहब यह घर उस पत्रकार-लेखक का है, जिसने तीस साल की लंबी क़ानूनी लड़ाई के बाद सात जून 2010 को भोपाल की अदालत में गैस कांड के आठ आरोपियों पर दो-दो साल की सज़ा और तुरंत जमानत मिलने का फ़ैसला सुनने के बाद भरी अदालत में मजिस्ट्रेट की तरफ़ बेहद गुस्से में चिढ़कर, हाथ उठाकर कहा था कि जज साहब! यह इंसाफ़ नहीं किया आपने। अदालत में सन्नाटा-सा छा गया था और फिर उनको, हम व उनके अन्य साथियों ने लगभग धकियाते हुए बाहर निकाला। फिर भी उनकी धाराप्रवाह बड़बड़ाहट के रूप में गुस्सा अदालत के फ़ैसले और फ़ैसला देने वाले पर बाहर भी जारी था।

अपना शहर, अपने लोग, अपनी जबान और अपने पेशे से इस क़दर बेइंतहा प्यार करने वाले इस शख़्स को एनडीटीवी के रवीश कुमार ने 'उस्ताद' लिखा है। कविता, कहानी, शायरी, अनुवाद, अख़बार और टीवी

पत्रकारिता से लेकर फ़िल्मों तक हिंदी, उर्दू और अंग्रेज़ी में समान अधिकार से लिखने वाले इस विराट व्यक्तित्व का नाम है राजकुमार केसवानी। वह पिछले दिनों हम सबको छोड़कर अनंत में चले गए। अब कौन करेगा हमसे *आपस की बात?* अलविदा केसवानी जी, आपकी जय-जय!

42

किसान तो एमपी का भी बैचेन है

आवाज़ देकर हमें तुम बुलाओ, मोहब्बत में इतना ना हमको सताओ, शानदार अदाकार शम्मी कपूर की फ़िल्म *प्रोफ़ेसर* का यह सुपरहिट गाना है। गाने की इस तर्ज को याद रखिए और गुनगुनाइए –

भले चाहे इंडिया को डिजिटल बनाओ,
भले स्वच्छ भारत मिशन तुम चलाओ,
मगर कुछ रहम हम किसानों पर खाओ,
हम भी धरोहर हैं अपने वतन की,
हमसे है शोभा तुम्हारे चमन की,
भले छह हज़ार ना हमको डलाओ,
भले आत्मनिर्भर ना तुम हमको बनाओ,
मगर कुछ रहम हम किसानों पर खाओ,
फ़सल का उचित दाम हमको दिलाओ,
हमें क़र्ज़ मुक्त अब तो कराओ।

किसानों का दर्द बताने वाला ये गीत देवास जिले के एक छोटे-से गांव के किसान ने लिखा है। यह किसान अपने आपको शिवराज सिंह और मोदी का भक्त भी बताता है। हमेशा वो मुझे अपने बनाए और गाए गीत भेजता है। कमलनाथ सरकार ने जब क़र्ज़ माफ़ी में देरी की तो उसके गाने को हमने अपने चैनल के *घंटी बजाओ* कार्यक्रम में चलाया और बाद में उसे बीजेपी ने झाबुआ में हुए अपने उपचुनाव में इस्तेमाल भी किया, मगर किसान तो किसान ही होता है।

142

हाल के किसान आंदोलन देख कर जब उसे बर्दाश्त नहीं हुआ तो अपने खेत पर खटिया बिछाई, मुंह पर शॉल लपेटा और गा दिया यह गाना, जिसे अब तक यू ट्यूब पर लाखों लोग देखकर सराह चुके हैं। हमने जब उसे अपने चैनल पर लाइव आकर गाने को कहा तो वह कह उठा - 'सर! हम तो भाजपा समर्थक किसान हैं। खुलकर गाएंगे तो साथ वालों को परेशानी होगी। आप इसे ही चला दीजिए। मगर यह मेरी नहीं पूरे देश के किसान की पीड़ा है। हम दिल्ली तो जा नहीं सकते, इसलिए अपने ही खेत पर गाकर दर्द कम कर लिया और आप जैसे लोग इसे चैनल पर दिखा देते हैं तो लगता है अपना दर्द बहुतों को सुना दिया। मगर भाईसाहब! अपन किसान आंदोलन के साथ हैं। आरदणीय मोदी जी से उम्मीद करते हैं कि हम किसानों की सुनेंगे और एमएसपी लागू करने का क़ानून बनाएंगे। किसानों का क़ानून कोई ऐसे बिना बहस के लाता है क्या कोई? यही नाराज़गी हम सब किसानों की है।'

दिल्ली के आंदोलन वाली जगह से सीहोर जिले का छापरी गांव क़रीब पौने आठ सौ किलोमीटर दूर है। मगर यहां एक खेत की मेड़ पर हरी प्लास्टिक की चादर बिछाकर दस किसान बैठे हैं। एक किसान ढोलक तो दूसरा खंजरी रखे हुए है और वे सब मगन हो कर गा रहे हैं -

सुन लो देश के वासियों एक सच्ची बात बताते हैं,
दुनिया में अत्याचार पने किसानों को समझाते हैं,
पहले राजा होते थे अब नेता और व्यापारी हैं,
किसानों की खा जाते हैं उनकी क़ीमत सारी है,
कुछ तो नेता खाते हैं कुछ खाते त्यापारी हैं,
मेहनत सबसे ज़्यादा है वो क़ीमत कम पाते हैं,
कम दामों में बीज को बाज़ार बेच कर आते हैं,
अपने माल की वह तो क़ीमत नहीं लगा पाते हैं,
महंगे बीज वह देते हैं महंगी दवाई देकर फ़सल को उगाते हैं,
भारत तो आज़ाद हुआ किसान ग़ुलामी सहते हैं,
सुन लो देशवासियों एक सच्ची बात बताते हैं।

किसानों के इस दर्द भरे गीत को गाने, लिखने और वीडियो बनाने वाले हमारे एमएस मेवाड़ा हैं। जो अपने आपको किसान नेता नहीं समाजसेवी लिखते हैं।

भोपाल और सीहोर के करीब सारे पत्रकार उनको जानते हैं और किसानों से जुड़ा कोई भी मुद्दा हो, किसानों की परेशानी हो, धरने-प्रदर्शन से लेकर गांव की अजब-ग़ज़ब कहानियां मीडिया तक पहुंचाते हैं और इस चक्कर में जिले के अफ़सरों की नाराज़गी झेलते हैं। फिर कहते हैं – 'भाई साहब! ज़रा बचा लीजिए। जिले के अधिकारी आपकी ख़बर से बहुत नाराज़ हो गए हैं।'

किसानों की कर्ज़ माफ़ी हुई तो भोपाल के मंत्रालय के सामने जाकर किसानों का लोक नृत्य करवा दिया और जब शिवराज सरकार ने किसानों के खातों में दो किश्तों में चार हज़ार रुपये डालने की बात की तो उनसे व्यक्तिगत मिलकर शुक्रिया जता दिया। गांव में गुलाल उड़ाकर होली मना ली। अब जब दिल्ली में किसानों का आंदोलन चल रहा है तो इसी का अफसोस मना रहे हैं। काश! अपन दिल्ली जा पाते मगर कोरोना के डर से परिवार के लोग नहीं जाने दे रहे। तो क्या हुआ? इतनी दूर बैठकर ही अपन उन किसानों के समर्थन में रोज़ किसी नए गांव में जाते हैं और किसानों को खेत की मेड़ पर बिठाकर यही गाना गंवाते हैं और राहत महसूस करते हैं। अभी जब हमने मेवाड़ा जी के हालचाल जानने फ़ोन लगाया तो बोले – 'मोदी जी से हाथ जोड़कर निवेदन है कि साहब ठंड में ठिठुरते किसानों पर रहम खाओ और किसानों की एमएसपी की मांग को मान लो। देश भर के किसानों का नया जीवन मिल जाएगा। वरना अब तो खेती करना गुलामी हो गई है और ये क़ानून लागू हो गए तो सच में बड़े व्यापारियों की गुलामी करनी पड़ जाएगी हमें।'

किसान आंदोलन भले ही दिल्ली की सड़कों पर चल रहा हो मगर बैचेनी हर किसान के मन में है। दिल्ली भले ही नहीं जा पा रहे हों, मगर किसानों का समर्थन दिल्ली घेर कर कड़कती ठंड में लंगर खाकर डेरा डाले किसानों के साथ दिल से है। इन दो किसानों के क़िस्सा सुनाने का मक़सद सिर्फ़ यही है कि जो कहते हैं कि नए कृषि क़ानूनों को लेकर पेट में दर्द पंजाब के किसानों को ही है, बाक़ी के देश भर के किसान क्यों नहीं बोल रहे या आंदोलन कर रहे।

43

किसानों के लिए हैरान परेशान मेवाड़ा जी

'सर! इतनी-सी बात सुन लीजिए। मेरा कुछ होगा तो नहीं सर? अरे सर! कुछ हुआ तो आप लोग बचा लोगे ना, कहीं फ़ोन-फान तो कर दोगे ना मेरे लिए?'

'पर यह तो बताओ हो क्या गया है तुमको?'

'अरे सर! वो अपने किसानों के लिए प्रदर्शन किया और वो अधिकारी फ़ोन लगाने लगे कि आओ सीहोर आकर बात कर लो। अब आप बताइए अपन गए और उन्होंने थाने में बैठा लिया तो फिर कौन छुड़ाने आएगा अपन को?'

'अरे! जब प्रशासन और पुलिस से इतना ही डरते हो तो प्रदर्शन क्यों करते हो?'

'क्या करें सर! किसानों का दुख-दर्द देखा नहीं जाता मेरे से। जिसका फ़ोन आया, चल देता हूं अपनी मोटर साइकिल में अपने ख़र्चे का पेट्रोल डलवाकर, फिर उस गांव में किसानों का दुख-दर्द देखता हूं तो सोचता हूं क्या करूं, आप सब को फ़ोन लगाता हूं मगर आप सब भी रिया और कंगना में व्यस्त रहते हैं तो फिर कुछ ना कुछ ऐसा कर देता हूं कि अख़बार और चैनल में आ ही जाता है। अब इसमें मेरी क्या ग़लती सर? आप बताइए ना। मेरा काम तो इनकी आवाज़ प्रशासन तक पहुंचाना ही है। जो आप करते हो, वो कभी-कभी मैं भी कर देता हूं।'

टुकड़ों-टुकड़ों में यह बातचीत चल ही रही थी भोपाल से तीस किलोमीटर दूर सीहोर जिले के चंदेरी गांव के एमएस मेवाड़ा से। जो आसपास के गांवों के किसानों की समस्या को लेकर मीडिया की मदद से प्रशासन से पंजा लड़ाते रहते हैं। दुबला-पतला क़द, पैंतालीस-पचास साल से ज़्यादा की उमर, झक्क सफ़ेद बाल, पैंट-शर्ट पर लाल बंडी और एक पुरानी-सी मोटर साइकिल जिस पर आसपास के गांवों की खाक छानते फिरते मेवाड़ा जी।

मौक़ा मिलते ही बीड़ी सुलगा लेते हैं और चाय सुड़कने लगते हैं। सुबह-शाम, रात-बिरात जब चाहे मेवाड़ा जी का फ़ोन बज उठता है। उठाने पर वही जानी-पहचानी आवाज़, 'सर! थोड़ी-सी बात सुन लीजिए। हमारे गांवों के किसान बहुत परेशान हैं। ऐसा पानी गिरा है कि फ़सल सड़ गई और सर! कुछ किसानों ने तो कर्ज़ लेकर फ़सल लगाई थी, तो आप एक बार घंटी बजा दीजिए। इससे उनका भला हो जाएगा जैसा कि आपने पिछली बार किया था।' हमारा जवाब होता था कि हर बात के लिए घंटी नहीं बज सकती, मेवाड़ा जी। आप समझा करिए। 'नहीं सर! आप चाहेंगे तो किसी की तरह घंटी बज जाएगी और इन ग़रीब किसानों की बात सरकार तक पहुंच जाएगी। फिर ये सब आपको दुआ देंगे।' हमारी तरफ़ से बहुत उत्साहजनक प्रतिक्रिया नहीं मिलने पर बिना धीरज खोए मेवाड़ा फिर शुरू हो जाते – 'सर! ऐसे ही घूमने आ जाइए। ये किसान आप सबको देखकर खुश हो जाएंगे। समझेंगे कि इनके दुख-दर्द में कोई तो खड़ा होता है। बहुत बुरे हाल में हैं किसान। आप बस एक बार आकर देख जाइए।'

वैसे यह बात नहीं है कि मेवाड़ा के फ़ोन हमारे पास ही आते हैं। सीहोर जिले के क़रीब सारे पत्रकार और भोपाल में टीवी के सारे पत्रकार मेवाड़ा के संपर्क में हैं और वो किसानों की समस्या को लेकर उन सबको ख़बर लायक ज्ञान और एंगल, सब देते रहते हैं। किसानों की समस्या को हर दौर में उठाने वाले मेवाड़ा जी के सामने दिक़्क़त कोरोना काल में हुई। उन्होंने उसका भी तोड़ निकाल लिया। भरी गर्मी में पानी की किल्लत एक-दो गांवों में हुई तो किसानों को लेकर बैलगाड़ी के बैलों तक को मास्क पहना दिया और कर दिया प्रदर्शन।

यह अजब-ग़ज़ब प्रदर्शन ख़बरों और मीडिया में जगह पा गया तो फिर मेवाड़ा की दिक़्क़त। सारे अधिकारी लगे फ़ोन करने और मेवाड़ा जी हमसे

पूछते हैं – 'सर! बताइए अपन ने क्या ग़लत किया? किसानों की आवाज़ आप सबकी मदद से प्रशासन तक तो पहुंचाई।' बाद में उस गांव में प्रशासन ने पानी पहुंचाया। अब जब पानी की किल्लत दूर हुई और ज़ोरदार पानी बरसा तो मेवाड़ा जी फिर परेशान! 'सर! एक बार गांवों में आकर देख तो लीजिए ग़रीब किसानों के घर कितने पानी में डूब गए। पूरा गल्ला और अनाज ख़राब हो गया है।' सोयाबीन की फ़सल बिगड़ी तो किसानों को पेड़ पर चढ़ा कर, थालियां बजाकर प्रदर्शन करा दिया। यानी कि हर कुछ दिनों में किसानों की इन दिक़्क़तों को सुनते-सुनते जब हमारा धीरज जवाब दे देता है तो हम बोल पड़ते हैं – 'मेवाड़ा जी! किसानों के जितने दुख-दर्द हम मीडिया वालों को सुनाते हो, उतने यदि आप अफ़सरों को सुनाओ तो उनका भला हो जाए। हम मीडिया वाले तो सिर्फ़ लिख और बता सकते हैं, मगर अधिकारी उस समस्या का हल तलाश सकते हैं।' ऐसे में मेवाड़ा जी का अनुभव बोल पड़ता है – 'सर! उन अधिकारियों को फ़ोन खटखटा कर जब थक जाते हैं तो आप सबको फिर परेशान करता हूं। आप सब कम से कम फ़ोन तो उठा लेते हो और कभी-कभार हमारे गांव तक आ भी जाते हो।'

मेवाड़ा से परिचय हमारा अन्ना आंदोलन के दौरान हुआ था। तब हम सब यह जानकर दंग रह गए थे कि सीहोर जिले के किसी गांव में अन्ना हजारे के चाहने वाले ने उनका मंदिर बनाकर पूजा-पाठ शुरू कर दिया है। मंदिर बनाने वाले शख़्स कोई और नहीं, ये हमारे मेवाड़ा जी ही थे। जिन्होंने पहले गांव की सार्वजनिक ज़मीन पर, फिर प्रशासन की आपत्ति पर अपने घर की निजी जमीन पर ही अन्ना की प्रतिमा यह सोच कर लगा दी कि जो आदमी देश के लिए अनशन पर बैठा है उसकी तो पूजा होनी चाहिए। इस कहानी के बाद तो किसान की कहानी और मेवाड़ा हमारे कैरेक्टर हो गए थे। वो भी कहानियां बताते और हमारी कहानियों में मदद करते।

मध्यप्रदेश के गांवों में बह रही तथाकथित विकास और खुशहाली की बयार को भोपाल के पास के गांवों में जांचने का जरिया आज भी एमएस मेवाड़ा बने हुए हैं। आम किसानों के दुख-दर्द का प्रतीक हैं मेवाड़ा जी। कभी हम उनके मुद्दों पर कहानी कर पाते हैं तो कभी नहीं मगर उनके प्यार स्नेह और समर्पण में कोई कमी नहीं आती। मेवाड़ा असल किसान हैं, बड़े दिल वाले।

44

ये उपचुनाव नहीं
आसान, घुटनों के बल झुकना है

मंदसौर जिले के कयामपुर गांव की वो सभा, सुवासरा विधानसभा के कांग्रेस से बीजेपी में पाला बदल कर आए उम्मीदवार हरदीप सिंह डंग के प्रचार के लिए थी। मंच पर मुख्यमंत्री शिवराज सिंह चौहान भाषण दे रहे थे। बात करते-करते जाने उनके मन में क्या आया और वो कह उठे कि आज मेरा दिल कह रहा है शिवराज यहां बैठ कर मंदसौर और नीमच जिले की जनता को प्रणाम कर और कार्यकर्ताओं को धन्यवाद दे। इसके बाद वो मंच पर घुटनों के बल बैठ गए और दोनों हाथ जोड़ कर सामने बैठे कार्यकर्ताओं को हाथ जोड़कर प्रणाम करने की मुद्रा में झुक गए। बस फिर क्या था? मंच पर बैठे बीजेपी के नेता शिवराज सिंह के इस कदम से भौंचक्के-से रह गए और खड़े होकर तालियां बजाने लगे।

देखते ही देखते यह वीडियो और घुटनों के बल बैठकर प्रणाम करते हुए शिवराज का फ़ोटो वायरल हो गया। इस फ़ोटो के लोग अलग-अलग मायने निकालने लगे। कांग्रेस ने कहा कि मुख्यमंत्री चुनाव के पहले ही घुटनों पर आ गए। कुछ इसे मुख्यमंत्री की विनम्रता, तो कुछ इसे नाटक और नौटंकी कहने लगे। मगर यह फ़ोटो बहुत कुछ कहता है।

यह निर्विवाद है कि शिवराज मध्यप्रदेश के सबसे लोकप्रिय और सबसे लंबे समय तक प्रदेश के सर्वोच्च पद पर रहने वाले नेता हैं। यह पद और कद उनको यूं ही नहीं मिला। मध्यप्रदेश की राजनीति हमेशा से नेता प्रधान रही है, यदि उसमें शिवराज सिंह चौहान जैसा साधारण पृष्ठभूमि से आया

कार्यकर्ता जैसा व्यक्ति लंबे समय तक नेता रह जाए और इतने लंबे समय में भी अपना कार्यकर्ता भाव ज़िंदा रखे तो यह यूं ही नहीं है।

सच तो यह है कि शिवराज प्रदेश की जनता की नब्ज़ अच्छी तरह पहचानते हैं। उनको मालूम है कि कमलनाथ सरकार गिरने के बाद चौथी बार यदि उनको प्रदेश की कुर्सी मिली है तो उसकी क़ीमत भारी है।

कोरोना की चुनौती से तो सिस्टम को ही जैसे-तैसे निपटना था, मगर कांग्रेस से बीजेपी में शामिल होकर सरकार बनाने वाले 25 लोगों को दोबारा बीजेपी से जिताकर लाना उनके ही ज़िम्मे हैं। इसलिए अब वो अपना सारा राजनीतिक कौशल दिखा रहे हैं। भोपाल में बैठकर रोज़ नई-नई योजनाओं का ऐलान कर रहे हैं। योजनाओं के हितग्राहियों से ना सिर्फ़ बात कर रहे हैं, बल्कि प्रत्येक जिले में उसका सीधा प्रसारण भी करवा रहे हैं और इनसे छूटते ही वो निकल पड़ते हैं चुनाव वाले इलाक़ों में सभाएं करने। वो समझ रहे हैं कि कांग्रेस से पाला बदल बीजेपी का पट्टा पहन लेने भर से कोई भी उम्मीदवार बीजेपी का नहीं हो जाता।

इन्हीं बीजेपी के कार्यकर्ताओं ने डेढ़ साल पहले इसी प्रत्याशी को हाथ उठाकर हराने की क़सम तो शिवराज ने ही खिलवाई थी। फिर भला अब ये कार्यकर्ता कैसे इसे अपना लें? इसलिए शिवराज अब जनता से बाद में पहले बीजेपी के कार्यकर्ताओं को प्रणाम कर रहे हैं और वो भी घुटने टेक कर। जिससे बीजेपी के कार्यकर्ताओं की नाराज़गी इस उम्मीदवार से दूर हो तब तो ये भाई कांग्रेस प्रत्याशी से लड़ पाएगा। वरना बीजेपी के टिकट पर चुनाव लड़ने वाले कांग्रेस के पूर्व प्रत्याशी के सामने चुनौती का पहाड़ बड़ा है। पहले उसे बीजेपी के नेताओं और कार्यकर्ताओं से लड़ना है, फिर जनता को जवाब देना है जो पूछ रही है कि भैया जब विधायक ही बनना था, तो विधायकी से इस्तीफ़ा क्यों दिया? जब मंत्री ही बनना था तो मंत्री पद छोड़ा क्यों? क्यों हमें इस कोरोना काल में भीड़ भरी सभाओं में बुला रहे हो? क्यों इस कोरोना काल में हमारे घर भीड़ लेकर आ रहे हो?

हम देश के प्रधानमंत्री की बात मान रहे हैं जो कहते हैं कि जब तक आवश्यक कार्य नहीं हो घर से ना निकलें और तुम गली-गली घूम रहे हो। अब तो यह भी साफ़ हो गया है कि जिन सत्रह जिलों की 28 विधानसभा सीटों पर चुनाव हो रहे हैं, वहां पिछले दो महीने में कोरोना संक्रमण की

दर बढ़ी है, मरीज बढ़े हैं जबकि प्रदेश में यह दर घट रही है। कोरोना के एक्टिव मरीज कम हो रहे हैं। उपचुनाव वाले जिलों में एक अगस्त से अक्टूबर के पखवाडे तक क़रीब सत्तर दिनों में 33,925 नए रोगी मिले और 532 मरीजों की जान गई।

इन सारे सवालों के बाद बीजेपी प्रत्याशी को कांग्रेस से मुक़ाबला करना है। हालांकि ग्वालियर-चंबल के कई इलाक़ों में बीएसपी ने उम्मीदवार उतारकर मुक़ाबला त्रिकोणीय कर दिया है। जिसका कुछ जगहों पर बीजेपी को कहीं कांग्रेस को लाभ है। इसलिए शिवराज सिंह का यह प्रणाम बेमानी नहीं है और यह भी तय मानिए कि उनकी यह अदा ख़ाली भी नहीं जाएगी। भाव की भूखी जनता को सिर झुका कर करो, प्रणाम का असर हुआ है और आगे भी होगा। कांग्रेस में है कोई ऐसा नेता जो कर सके ऐसा प्रणाम करने की हिम्मत?

शिवराज सिंह ने पिछले पंद्रह सालों में मध्यप्रदेश में राजनीति करने का रंग-ढंग और व्याकरण बदल दिया है। तभी वो लंबे समय तक अजेय बने हुए हैं, हालांकि यह चुनाव उनकी कड़ी परीक्षा ले रहा है। वैसे यदि शिवराज घुटनों के बल बैठकर प्रणाम कर रहे हैं तो उनकी इस अदा को और आगे ले गए हैं कांग्रेस के सांची के प्रत्याशी मदन चौधरी। वह अपनी हर सभा में मंच पर दंडवत होकर जनता को पहले प्रणाम करते हैं और जनसंपर्क के दौरान रास्ते में मिलने वाले छोटे-बड़े और बुजुर्ग के चरण छूते हैं। यक़ीन मानिए मदन की यह अदा कांग्रेस से पाला बदल कर आए स्वास्थ्य मंत्री डॉ. प्रभुराम चौधरी को भारी पड़ रही है। यक़ीन ना हो तो सांची के किसी मतदाता को फ़ोन लगाकर पूछ लीजिए। मगर शिवराज तो शिवराज हैं। वो पैर को नहीं छू रहे, मगर घुटनों के बल बैठकर जिस तरीक़े से जनता को प्रणाम कर रहे हैं वो जनता की नाराज़गी दूर करने की कोशिश है, यह जनता जानती है।

45

'चलो चलो' वाले कमलनाथ बनाम 'और बताओ' वाले शिवराज

हमारा भोपाल इस मायने में अनोखा है कि यहां पर मुख्यमंत्री और पूर्व मुख्यमंत्री के निवास बहुत पास-पास हैं। श्यामला हिल्स के मुख्यमंत्री निवास और सिविल लाइंस के पूर्व मुख्यमंत्री निवास के दोनों बंगलों की दीवारों को बीच की एक सड़क ही दूर करती है। कमलनाथ जी क़रीब पंद्रह महीने श्यामला हिल्स के बंगले में रहने के बाद अब पिछले पांच महीने से सिविल लाइंस के बंगले में रह रहे हैं और फिर श्यामला हिल्स के बंगले में जाने के दावे कर रहे हैं। इसमें ग़लत कुछ भी नहीं है। राजनीति में आने वाले व्यक्ति को बड़े सपने देखने और बड़े दावे करने का हक़ होता है।

कमलनाथ के बंगले में रोज़ सुबह भीड़ लग रही है। ये सब वो लोग हैं, जिनको आने वाले विधानसभा चुनावों में टिकट लेकर चुनाव लड़ना है। कमलनाथ हमेशा की तरह जल्दी में अपने बंगले से निकलते हैं और ऑफ़िस में जाने से पहले सबसे मिलते हैं। टिकट चाहने वालों को वो यही नसीहत देते हैं - 'देखो सर्वे में नाम होगा तो टिकट मिलेगा, वरना मैं झूठा आश्वासन नहीं देता। मुझे यहां कांग्रेस को सत्ता में वापस लाना है। किसी को खुश करना नहीं है और मैं यह जानता हूं कि यह काम आसान नहीं है। इसलिए मेरा साथ दीजिए और पार्टी जिसको टिकट दे रही है उसे सहयोग करिए। पिछली लिस्ट में कई ऐसे नाम हैं जिनको मैं जानता नहीं था और मिला भी नहीं था मगर सर्वे में उनके नाम सामने आए और मैंने उनको चुना तो पार्टी ने उनको टिकट दिया। अब चलो। मुझे प्रेस से बात करनी है।'

151

यह कमलनाथ हैं। अनुभव इतना कि इंदिरा गांधी से लेकर राहुल गांधी तक यानि कि तीन पीढ़ियों के साथ सहजता से काम करने वाले। हमेशा काम से काम रखने वाले और हमेशा काम की बात ही बोलने और सुनने वाले। लॉन में खड़े हम प्रेस के लोगों से बात करने आए तो वही जल्दी में। 'देखो मैं ज़्यादा बातें नहीं करता। जनता ने हमारी सरकार के पंद्रह महीने का काम देखा है। चाहे कर्ज़ माफ़ी हो या फिर सौ रुपये में सौ यूनिट बिजली के बिल कम करने के उपाय, जनता सब जानती है। हमें फिर वोट करेगी और हम फिर सरकार बनाएंगे।' प्रेस से कुछ सवाल आए तो कर दिया हमला शिवराज और सिंधिया पर। कहा – 'मुख्यमंत्री शिवराज सिंह बहुत सारे झूठ बोलते हैं और अब तो सिंधिया भी झूठ बोलना सीख गए हैं। मगर हम सरकार बनाएंगे, क्योंकि जनता ने पंद्रह साल की सरकार के बाद हमारी पंद्रह महीने की सरकार भी देखी है। चलो-चलो अब बहुत हो गया।' यह कहकर वो फिर कुछ कार्यकर्ताओं और नेताओं से मिले और टाटा सफ़ारी में बैठ कर चल दिए एयरपोर्ट की तरफ़ जहां उनको विशेष विमान से दिल्ली जाना था – बाक़ी के नामों पर आलाकमान से चर्चा करने के लिए।

उधर, सिविल लाइंस से थोड़ी ही दूरी पर मिंटो हॉल में मंच सजा है जहां पर प्रदेश के प्रतिभाशाली विद्यार्थियों को लैपटॉप बांटने के लिए मुख्यमंत्री शिवराज सिंह आए हुए हैं। उनके साथ शिक्षा मंत्री और कृषि मंत्री भी हैं। सामने थोड़े-बहुत लोग मगर इस कार्यक्रम का प्रदेश के सभी जिला मुख्यालयों में सीधा प्रसारण हो रहा है। एनआईसी की मदद से कुछ छात्र वीडियो कान्फ्रेंसिंग भी करेंगे सीएम के साथ। शिवराज सिंह बेहद प्रसन्न हैं इसलिए लगे हाथ सवाल भी पूछ लेते हैं - वहां बैठे अपने सहयोगियों और अफ़सरों से। 'आपको मालूम है कि मैं सबसे ज़्यादा खुश कब होता हूं?' थोड़ी देर की शांति के बाद वो ही राज खोलते हैं – 'जब मैं अपने भांजे-भांजियों से बात करता हूं। यह लैपटॉप की राशि बांटना तो बहाना है। मुझे तो अपने इन बच्चे-बच्चियों से बातें करनी हैं।' कोई जल्दबाजी नहीं। हाव-भाव में भी भरपूर संतोष दिख रहा है।

रीवा और सतना के बच्चे सीएम से बात करते हैं तो 'गुड मॉर्निंग मामा जी' से शुरू होते हैं। अब क्या है? बच्चों की प्रतिभा से खुश मामा उनकी पढ़ाई-लिखाई और दिव्यांगता का इलाज कराने का ज़िम्मा भी साथ बैठे कलेक्टर को देते हैं। बच्चे अपने घर-परिवार की परेशानियां भी मामा जी

को बताने लगते हैं। किसी नेता का इतना बेहतर संवाद तंत्र हो तो वो कुर्सी से भले उतर जाए पर दिल से नहीं उतरता। मगर शिवराज तो यहां अपनी कुर्सी से उतरने का क़िस्सा सुनाना भी भांजे-भांजियों को नहीं भूलते। बोले – 'बीच में हम कुछ समय मुख्यमंत्री नहीं रहे तो क्या हुआ, रोज़ भागना-दौड़ना जारी रखा। भिड़ जाते थे सरकार से। लो फिर मुख्यमंत्री बन गए।'

बच्चों से संवाद ख़त्म हुआ तो बाहर खड़े प्रेस से भी वही बेफ़िक्री से बातचीत। तीखा सवाल आया कि कमलनाथ कहते हैं आप बहुत झूठ बोलते हो। तो जवाब सुनिए – 'अच्छा आजकल कमलनाथ जी मुझ पर बहुत रूठे हैं तो सुनो आपको गिनाता हूं, झूठ कौन बोलता है मैं या कमलनाथ?' और शिवराज जी का एक लंबा-सा बयान। उसके बाद फिर आया सवाल – 'आप कितनी सीटं जीतोगे?' तुरंत जवाब आया – 'पूरी।' 'क्यों?' 'क्योंकि जनता ने पंद्रह महीने बनाम पांच महीने की हमारी सरकार देख ली है। अब जनता उनको नहीं, हमें ही चुनेगी। अच्छा अब छोड़ो जाने दो बहुत सारे कार्यक्रम लगे हैं।' शिवराज अपनी फ़ारच्यूनर में बैठ कर चल दिए एयरपोर्ट की तरफ़ जहां हैलीकॉप्टर से उनको प्रदेश में दो-तीन जगह कार्यक्रम करने जाना था।

हम हैरान है कि इस चुनाव में मुद्दा क्या होगा। पंद्रह साल बनाम पंद्रह महीने की सरकार या पंद्रह महीने बनाम पांच महीने की सरकार। बूझिए।

46

'मुग़ल-ए-आजम' सरीखी है 'दास्तान-ए-मुग़ल-ए-आजम'

कुछ किताबें होती हैं जो आपको लुभाती हैं - आओ, मेरे पास और मुझको पढ़ो। मेरे बुक शेल्फ़ पर रखी *दास्तान-ए-मुग़ल-ए-आजम* ऐसी ही किताब है, जो मुझे पिछले कई दिनों से बुला रही है। मगर मैं जितनी बार उसके पास गया, उसके चित्रों और चित्रकारियों में डूब गया और पढ़ना भूल गया। आज जब क़सम खाकर उसे पढ़ने बैठा तो पढ़ते-पढ़ते लगा कि उफ़! मैं कितने दिनों तक इस बेहतरीन किताब के क़िस्सों से दूर रहा। यह किताब जाने-माने पत्रकार राजकुमार केसवानी ने लिखी है। केसवानी जी से उनके पाठक हर रविवार को *रसरंग* में उनके कॉलम *आपस की बात* के मार्फ़त पिछले तेरह साल से मुलाक़ात करते आ रहे हैं और जानते हैं कि वो कितना डूब कर गहराई में जाकर लिखते हैं। मैंने कई दफ़ा उनसे पूछा कि फ़िल्मों के क़िस्सों का अनंत ख़ज़ाना आपके हाथ कैसे लग गया, जो ख़त्म होने का नाम ही नहीं लेता। मगर वो हंस कर टाल देते हैं, पर उनके ख़ज़ाने का कोहिनूर हीरा तो अब जाकर उन्होंने पाठकों के सामने पेश किया है *दास्तान-ए-मुग़ल-ए-आजम* के तौर पर।

करीब चार सौ पन्नों की इस रंग-बिरंगी किताब में साठ साल पहले रिलीज हुई और अब तक हिंदी फ़िल्मों की बादशाह बनी हुई फ़िल्म *मुग़ल-ए-आजम* के ख़्वाब के हक़ीक़त बनने की कहानी है। यह ख़्वाब देखा था के. आसिफ़ यानी कि कमरुद्दीन आसिफ़ ने, जिन्होंने 1922 में खेले गए मशहूर ड्रामे *अनारकली* की कहानी सुनी और इसी पर फ़िल्म बनाने की

ठानी। के. आसिफ़ फ़िल्मी दुनिया के सबसे बड़े डायरेक्टरों में गिने जाते हैं मगर केसवानी जी ने यह भी तलाश लिया कि आसिफ़ साहब ने मुंबई में शुरुआत *लेडीज़ टेलर* के तौर पर की, मगर आने वाले दिनों में फ़िल्मी दुनिया के बड़े स्टोरी टेलर बन गए। यही इस किताब की ख़ासियत है कि इस महान फ़िल्म से जुड़े हर किरदार के क़द्रदानों का ज़िक्र उनके खानदानों के साथ किया गया है। वो भी अनेक दुर्लभ फ़ोटोग्राफ़ के साथ। वो कलाकार जो पर्दे पर हमें दिखे और जो नहीं दिखे उन पर भी इस किताब में बेहतरीन क़िस्से दर्ज हैं। शहजादा सलीम से लेकर अनारकली को इस फ़िल्म के लिए चुनने से लेकर उनके पहनावे, उनके बोल-चाल और अंदाज़ तक पर आसिफ़ ने दीवानगी की हद तक काम किया। एक जगह लेखक ने लिखा भी है कि जब फ़िल्म बनाने वाला आसिफ़ जैसा दीवाना हो, जो हर काम को परफ़ेक्शन से भी एक क़दम आगे की हद तक जाकर काम करने का आदी हो, तो उस दीवानगी की दास्तानें भी सदियों तक दोहराई जाती हैं। ऐसी कई दास्तानें हैं – कलाकारों को चुनने उनसे बेहतरीन काम लेने और उसे बेहतर से बेहतर तरीक़े से पेश करने की।

मुग़ल-ए-आज़म को 1944 में शुरू करने से लेकर अगस्त 1960 यानी कि फ़िल्म रिलीज होने तक के. आसिफ़ की राह में इतनी मुश्किलें आईं कि मिर्जा गालिब का ये मिसरा – मुश्किलें मुझ पे इतनी पड़ीं कि आसां हो गईं – पूरे वक़्त याद आता रहता है। इस कामयाब फ़िल्म का बनना जितना दिलचस्प और हैरतअंगेज़ क़िस्सों रो भरा है तो उसकी रिलीज के क़िस्से भी कम रोचक नहीं है। केसवानी जी ने इसके रिलीज के दौरान टिकट खिड़की के जो नजारे लिखे हैं, उनकी कल्पना आज नहीं की जा सकती।

मुंबई के सिनेमा हॉल मराठा मंदिर में पहली बार पांच अगस्त 1960 को रंगीन टिकटों के लिए तीन दिन तक दीवानों की कतार बरसते पानी में लगी रही। पचहत्तर पैसे से लेकर दो रुपये तक के ये टिकट सौ से दो सौ रुपये में ब्लैक में बिके। पाकिस्तानी दर्शकों में भी इस फ़िल्म को लेकर इतनी दीवानगी थी कि वो वीसा लेकर यह फ़िल्म देखने ही आते थे। ऐसे में मराठा मंदिर के मालिक ने इन पाकिस्तानी दर्शकों के लिए कतार में ना लगकर सिनेमा हॉल के अंदर ही टिकट देने का इंतजाम किया।

ऐसे अनेक दिल को छू लेने वाले क़िस्सों से भरी है यह किताब जिसमें उस जमाने के दुर्लभ फ़ोटोग्राफ़ के साथ ही हैं – मशहूर चित्रकार एमएफ़

हुसैन की रंगीन पच्चीस पेंटिग्स। ये इस फ़िल्म की सीरीज़ के तौर पर हुसैन साहब ने बनाई थी। ये पेंटिंग्स पहली बार के आसिफ़ के लंदन में बसे बेटे अकबर आसिफ़ की इज़ाज़त पर किसी किताब में इस शानदार तरीक़े से इस्तेमाल की गई हैं। हुसैन साहब भी इस फ़िल्म के जादू से बच नहीं सके थे।

इस किताब का हर पन्ना रोचक क़िस्सों और रंगीन अनदेखी तसवीरों से भरा है और अहसास कराता है कि आप वाकई *मुग़ल-ए-आजम* देख रहे हैं। साथ ही लिखे हैं वो डायलॉग्स जो कई सालों तक लोगों की जबान पर चढ़े रहे। जैसे –

अकबर – 'मालूम हुआ कि तुम अपनी मुहब्बत की आग में मुगलों का ताज पिघलाकर एक रक्कासा के पैरों की पाजेब बनाना चाहते हो, तुम हिंदुस्तान के तख़्त पर एक हसीन लौंडी को नचाना चाहते हो?'

सलीम – 'और आप इस भरे दरबार में अपनी होने वाली बहू को जलील करना चाहते हैं।'

अनारकली – 'जिल्ले इलाही को साहिब-ए-आलम की ज़िंदगी मुबारक हो, अकबर, और तुझे तेरी मौत!'

अब इन डायलॉग्स को पढ़ने के बाद उस बेमिसाल फ़िल्म का एक-एक सीन याद आ जाता है। जिसे यदि किसी ने नहीं देखा तो फिर क्या देखा? इसलिए इस फ़िल्म को दोबारा देखिए और ना देख पाएंगे तो इस किताब को ज़रूर देखिए और नज़र नहीं भटके तो पढ़िए। यह संग्रहणीय पुस्तक मंजुल पब्लिशिंग हाउस से प्रकाशित है।

47

चंबल की रेत से भरे वो धड़धड़ाते ट्रैक्टर

'तो सर, दूध की कहानी तो निपटा ली। अब चंबल की रेत के अवैध उत्खनन पर भी घंटी बजा ही दीजिए।' यह थे हमारे मुरैना के मित्र उपेंद्र गौतम। 'अरे छोड़ो यार! कितनी बार चंबल का उत्खनन दिखाएंगे?' 'अरे नहीं सर! अब तो बहुत बेधड़क बेख़ौफ़ हो रहा है। चलिए, कहानी करने नहीं सिर्फ़ देखने और आपके लिखने के लिए ही चलिए।' 'अच्छा कब चलें?' 'सुबह पांच बजे।' 'अरे यार! इतनी सुबह?' 'हां, सारे अवैध काम रात के अंधेरे या तड़के सुबह ही होते हैं।' अगली सुबह साढ़े पांच बजे हम अंबाह से मुरैना आने वाली सड़क पर थे और सामने से आ रहे थे कतार में एक के बाद चंबल की गीली रेत से भरे हुए ट्रैक्टर। इन ट्रैक्टरों की गति ऐसी थी जैसे वो किसी रेस में भाग रहे हों। ट्रैक्टरों की हेडलाइट जल रही थी। कुछ में गाने बज रहे थे। हर ट्रैक्टर में ड्राइवर के अलावा दो सहयोगी बैठे हुए जो इधर-उधर चौकन्नी निगाह रखे हुए थे। करीब पंद्रह ट्रैक्टरों के काफ़िले के आगे मोटरसाइकिल पर सवार होकर दो लोग चल रहे थे, जिनका काम भी इस कारवां के लिए रास्ता साफ़ करना था।

ये सारे ट्रैक्टर चंबल की नदी से ताज़ा गीली रेत निकालकर मुरैना शहर में प्रवेश कर रहे थे। कुछ के ग्राहक शहर के लोग थे, तो कुछ दूसरी जगहों पर जाने वाले थे। मगर जाएंगे बीच शहर से ही निकल कर, जहां पर कलेक्टर-एसपी के बंगले हैं उनके सामने से होते हुए। किसी बात का कोई डर नहीं। मुरैना में सुबह की सैर करने वाले लोग और सेना व पुलिस में

भर्ती होने की तैयारी में दौड़ लगा रहे युवा इन ट्रैक्टरों को आसानी से राह दे रहे थे। जिस तरफ़ से वो गुज़र रहे थे, उसकी दूसरी तरफ़ खड़े होकर हमारे साथी कैमरामैन होमेंद्र उसे हमारी इनोवा की आड़ में जल्दी-जल्दी शूट किए जा रहे थे। उपेंद्र बुदबुदाए – 'सर! स्पीड देखिए, भला कोई रोक सकता है इनको? अब आप जितनी जल्दी हो सकते हैं, उतर कर पीटीसी मारिए और ये ट्रैक्टर वाले कुछ समझ पाएं उससे पहले ही निकल लीजिए।' बस फिर क्या था? होमेंद्र को इशारा किया और वह गाड़ी से उतरने वाला ही था कि हमारा ड्राइवर जो अब तक चुप था, बोल पड़ा – 'सर! इनके पास हथियार भी होते हैं। ज़रा जल्दी करिएगा। तब तक मैं गाड़ी चालू रखूंगा।'

हमने ऊपर वाले को याद किया और गाड़ी के सामने खड़े होकर कुछ बोलना शुरू किया तो गले से आवाज़ ही अजीब-सी निकलने लगी। सुबह उठकर बिना चाय और गरम पानी के भागे जो थे। ख़ैर! जैसे-तैसे एक-दो रीटेक में पीटीसी हुआ, तब तक ट्रैक्टर पर रेत लेकर आ रहे काफ़िले के लोग कुछ-कुछ समझने लगे थे। वो दूसरी तरफ़ से गालियां देने लगे थे। मगर यह हमें भी मालूम था कि इतनी स्पीड में ट्रैक्टर रोकने का दुस्साहस वो नहीं कर सकते थे। हमने अपना काम किया और गाड़ी दबा कर बीच शहर में आ गए।

उपेंद्र ने बताया कि वैसे तो चंबल के घाटों से मुरैना में आने का मुख्य रास्ता एनएच ही है, मगर वहां पुलिस और वन विभाग की तैनाती होती है। इसलिए ये ट्रैक्टर वाले नए-नए रास्तों से चलते हैं। इन दिनों ये इस रास्ते पर हैं। अगर यहां पुलिस का पहरा लगा तो रास्ता बदल देंगे मगर हां आएंगे रोज़ ही, क्योंकि इनके पास कुछ और काम नहीं है और इस काम में पैसा बहुत है। मुरैना में चंबल के किनारे के गांवों में ट्रैक्टर खेती के कामों के लिए नहीं बल्कि रेत की ढुलाई के लिए ही ख़रीदे जा रहे हैं। यह बिना लागत का काम है। सुबह चंबल से रेत भरो, शहर में पटको, नक़द पैसे पीटो और दिन भर दूसरे काम करो। कहां होगा ऐसा सुख? पुलिस का डर तो भिंड-मुरैना के लोगों में वैसे भी कम होता है। इसलिए धड़ल्ले से चल रहा है यह सब।'

मैंने कहा – 'चलो, अब यह सब छोड़ो। ज़रा शहर से बाहर चलकर चंबल के शॉट ले लेते हैं।' मुरैना के बाहर आगरा-मुंबई रोड पर बने चंबल के पुल के उस पार धौलपुर यानी कि राजस्थान लगता है और इस तरफ़

हमारा एमपी। भारी बारिश में भी चंबल में वो उफान नहीं था, जिसके लिए वो जानी जाती है। नदी किनारे बड़े-बड़े गड्ढे दिख रहे थे जिनसे रेत निकाली गई होगी। दरअसल, चंबल नदी के किनारे पर घड़ियाल सेंक्चुरी है। ये घड़ियाल अपने अंडे चंबल की रेत पर ही देते हैं। घड़ियालों को बचाने और पर्यावरण की बेहतरी के लिए सुप्रीम कोर्ट के आदेश के बाद से चार सौ पैंतीस किलोमीटर लंबे चंबल के घाटों पर से रेत निकालने पर पूरी पाबंदी है। मगर धड़ल्ले से रेत निकाली जाती है, क्योंकि चंबल की रेत के ख़रीदार मध्यप्रदेश से ज़्यादा राजस्थान में हैं।

रेत से भरा ट्रैक्टर ढाई हज़ार रुपये में तो रेत से भरा ट्रक पचास से सत्तर हज़ार रुपये में बिकता है। चंबल की रेत की खुदाई करो, कौन रोक रहा है? यह सोच कर गांव के दबंग युवक इस काम में शामिल हैं और उनके ट्रैक्टर को पुलिस और वन विभाग से छुड़वाने के लिए नेता, मंत्री तो हैं ही। इस तरीक़े से नीचे से ऊपर तक पूरा गठबंधन है। मगर यह क्या? हम पुल पर खड़े हैं और वहीं से दिख रहे थे ट्रैक्टर - चंबल के किनारों से रेत निकालते हुए। थोड़ी देर में ही हमें दिखी जेसीबी मशीन जो घाट की ओर जा रही थी और वहीं पर बनी थी पुलिस चौकी, जो घाटों पर इन अवैध गतिविधियों को रोकने के लिए बनी थी। मगर वहां पर पुलिस जवान सुबह के नित्य-कर्मों में व्यस्त था। उसे परवाह नहीं थी कि कौन कहां आ रहा और जा रहा है। मगर लौटते में कुछ और देखना बाक़ी था।

नदी से लौटते में शहर के बाहर हाईवे पर वन और पुलिस विभाग की जांच चौकी है, जहां पर रेत से भरे ट्रक और ट्रैक्टर रोकने के लिए रखी रहती है लोहे के कांटे वाली प्लेट जिसे खींच कर रोड पर लाया जाता है। उससे ट्रक के टायर पंचर किए जाते हैं। थोड़ी देर पहले ही एक रेत से भरे ट्रक को रोका गया था। उसकी रेत सड़क पर फैली थी। वहां तैनात जवानों ने बताया कि हर दिन एक-दो ट्रक/ ट्रैक्टर हम ऐसे ही रोक लेते हैं। देखकर अच्छा लगा कि कहीं तो रेत से भरे ट्रक और ट्रैक्टर रोके जा रहे हैं।

48

उपचुनाव में नेताओं के निकले घड़ियाली आंसू

जैसा कि होता है हमें हर थोड़ी देर में वाट्स एप खंगालने की बीमारी है। कुछ नया आ तो नहीं गया? इस बार जो वीडियो ग्वालियर से हमारे देव श्रीमाली ने डाला वो हंसा-हंसा कर आंखों में आंसू दे गया। इस वीडियो में मध्यप्रदेश के बिजली मंत्री प्रद्युम्न सिंह तोमर कांग्रेसी कार्यकर्ता के घर जाकर उनको अपनी कसमें खिलाकर-खिलाकर मना रहे हैं कि मेरे साथ प्रचार पर चलिए और आप पोलिंग बूथ पर नहीं बैठेंगे। मगर वो कार्यकर्ता, जिनका नाम बाद में पता चला कि वो कांग्रेस के सेक्टर अध्यक्ष रवींद्र सिंह तोमर हैं, टस से मस नहीं होते। ऐसे में हमारे मंत्री जी, जो हर कहीं किसी के सामने सिर नीचे रखकर दंडवत करने को तैयार रहते हैं, सोफ़े से उतर कर सामने बैठे तोमर साहब के पैरों में सिर रखने को उतावले होते हैं और वो साब किसी तरह उनको पैरों में सिर रखने को रोकते हैं। एकदम दंगल जैसा दृश्य होता है कि दोनों पहलवान एक दूसरे के पैरों में अपना-अपना सिर फंसाने को उतावले होते हैं। मालूम नहीं बाद में क्या हुआ, मगर लगभग दो मिनट का यह वीडियो बहुत कुछ कह रहा है।

यह बता रहा है कि ये उपचुनाव कितने मुश्किल हैं - बीजेपी के लगभग प्रत्येक प्रत्याशी के लिए। कुछ के वीडियो बाहर आ रहे हैं, कुछ के नहीं आ पा रहे। मगर अट्ठाइस जगहों में से 25 जगहों पर पार्टी बदल कर चुनाव लड़ रहे मंत्री हों या पूर्व विधायक सभी को ऐसी ही परेशानी का सामना करना पड़ रहा है। उनको अपने साथ वाले दोस्तों, कार्यकर्ताओं

आदि को समझाना पड़ रहा है कि जैसे पहले साथ रहे, अब फिर साथ रहो। मेरा साथ दो।

इतने सारे अपनों को समझाने के बाद फिर आती है जनता को समझाने की बारी कि मुझे वोट क्यों दो। सच तो यह है कि वोट मांगने में अब आंसू आ रहे हैं।

कमलनाथ सरकार से लेकर शिवराज सरकार में रहे पूर्व मंत्री गोविंद सिंह राजपूत का ऐसा ही वीडियो कुछ दिन पहले सामने आया था। इसमें वो एक सार्वजनिक सभा में मुख्यमंत्री शिवराज सिंह चौहान के सामने उनको 'विनम्रता की मूर्ति' बताकर उनको अपना आदर्श बताते हैं। फिर आंखों में आंसू भरकर कहते हैं कि जाने-अनजाने में हुई भूलों के लिए कार्यकर्ता और जनता उनको माफ़ करे। अब वो हमेशा अपनी जनता और कार्यकर्ता के सुख-दुख में खड़े रहेंगे। गोविंद सरीखे विशाल कदकाठी के कद्दावर व्यक्ति को इस तरह मंच पर रोता देख सामने बैठी जनता ने ना जाने क्या सोचा होगा? मगर सच तो यह है कि इस वीडियो ने दूर बैठे लोगों को बता दिया कि यह चुनाव कितना कठिन है।

इस चुनाव में एक और रोना-धोना राष्ट्रीय ख़बर बना, वो था कांग्रेस और बीजेपी सरकार में मंत्री रहीं इमरती देवी का। डबरा से चौथी बार चुनाव लड़ रहीं इमरती देवी के ख़िलाफ़ प्रचार को गए कमलनाथ ने उनको 'आइटम' कह दिया और फिर क्या था? ये शब्द जिसका हिंदी अनुवाद वस्तु/ विषय/ मद/ नमूना होता है, राष्ट्रीय चर्चा का विषय बन गया। बीजेपी इस शब्द को ले उड़ी और इसे कांग्रेस के लिए राष्ट्रीय शर्म का प्रतीक बना दिया। इमरती देवी ने भी रो-रोकर इसे मुद्दा बना दिया।

यह अलग बात है कि उनको 'आइटम' शब्द पर ऐतराज था, मगर कमलनाथ को बंगाली, कबाड़ी और जाने क्या-क्या बोल रहीं थीं। रही-सही कसर इमरती देवी के नेता महाराज साब ज्योतिरादित्य सिंधिया ने पूरी कर दी। एक सभा में हाथ जोड़कर खड़ी इमरती को उन्होंने अचानक कंधे से लगा लिया और उनके अपमान को डबरा की जनता का अपमान बताया। ऐसे में भौंचक्की-सी इमरती देवी से कुछ ना बना तो कंधे से लगे-लगे आंखों में आंसू भर लिए और साड़ी से पोंछने लगीं।

ऐसा नहीं है कि आंसू से वोट लेने के तरीक़े का इस्तेमाल सिर्फ़ भाजपा में कांग्रेस से आए नेता ही नहीं कर रहे। अभी मेहगांव से चुनाव में उतरे कांग्रेस के युवा प्रत्याशी हेमंत का भाषण सुन रहा था। इसमें वो अपने पिता सत्यदेव कटारे का ज़िक्र कर रहे थे और अपने सामने की जनता से वोट के माध्यम से उनको श्रद्धांजलि देने की बात कर रहे थे और कांग्रेस ने दावा किया कि इस सभा के दौरान हेमंत के पक्ष में प्रचार करने आए कमलनाथ भी भावुक हो उठे। उनकी आंखों में भी पानी आ गया।

इंदौर से हॉटलाइन चलाने वाले हमारे पत्रकार मित्र राजा शर्मा ने कुछ दिनों पहले बता दिया कि ग्रहों के ऐसे योग ऐसे बन रहे हैं कि यह चुनाव अब तथ्यों नहीं भावनात्मक मुद्दों पर होगा। चुनाव भावनात्मक मुद्दों को उभारने के लिए आंसुओं पर आ गया। कहीं पश्चाताप के आंसू आ रहे हैं तो कहीं शोक और दुख के। हैरानी यही है कि खुशियों के आंसू कहीं नहीं आ रहे। वो दिन चुनावी राजनीति में कभी आएगा कि जब नेता मंच से कहे कि देखो मैंने जनता के लिए ये सब किया और आप सबकी ज़िंदगी बदल गई। यदि नेता की बातों में सच्चाई होगी ओर वाक़ई ज़िंदगी बदली होगी। लोगों की आंखों से खुशी के आंसू निकलेंगे, पश्चाताप और अविश्वास के नहीं। मगर यहां पर उल्टा हो रहा है, आंसू आ रहे हैं हमारे नेताओं के वो भी घड़ियाली।

मशहूर शायर साहिर लुधियानवी साहब को याद करते हुए –
वो सुबह कभी तो आएगी,
बीतेंगे कभी तो दिन आख़िर ये भूख और बेकारी के,
टूटेंगे कभी तो बुत आख़िर दौलत की इजारादारी के,
जब एक अनोखी दुनिया की बुनियाद उठाई जाएगी,
वो सुबह कभी तो आएगी।

49

पानी-पानी रामपुरा
और डगमग बोट की सवारी

इस बार हमारे मध्यप्रदेश में ग़ज़ब पानी गिर रहा है। यह चैप्टर लिख रहा हूं और बाहर पानी बरस रहा है। हो सकता है कि आप जब यह पढ़ रहे हों तब भी बाहर पानी गिर रहा हो। सावन गीला होकर निकल गया, भादों में भी ऐसी बरसात अर्से से नहीं देखी थी। ऐसा लगता है कि अबकी बारिश विराट कोहली हुई जा रही है जो अपने अगले-पिछले सारे फ़ॉर्मेटों के रिकॉर्ड पानी में बहाने को उतारू है। ऐसी बारिश में सबसे मुश्किल होता है, हमारे टीवी का कवरेज। पानी गिरते में भागो, पानी गिरते में आप भीगो मगर कैमरा बचाते हुए विजुअल शूट करो और फिर उस गीले मौसम पर सूखी-सी कहानी लिखकर भेजो।

बारिश की मेहरबानी इस बार मंदसौर और उससे जुड़े जिले नीमच पर ज़्यादा रही। जैसे हमारे भोपाल में बारिश का पैमाना भदभदा का गेट खुलना है, वैसे ही मंदसौर में ज़्यादा बारिश तब मानी जाती है जब शहर के बीच बहने वाली शिवना नदी अपने किनारे से क़रीब तीस फ़ीट की ऊंचाई पर बने पशुपतिनाथ मंदिर में प्रवेश कर शिवजी की सात फ़ीट ऊंची आठ मुंह वाली मूर्ति को डुबो कर जलाभिषेक करे।

जैसे इस बार भदभदा के गेट कितनी बार खुले, कोई याद नहीं रख रहा, वही हाल मंदसौर में शिवना के पशुपितनाथ के जलाभिषेक का रहा। छह बार से ज़्यादा शिवना का पानी मंदिर में आया। मंदसौर पुराण इसलिए भी कि इस बरसते मौसम में दूसरी बार मंदसौर जाना हुआ, जब हमारे

163

सहयोगी मनीष पुरोहित ने कुछ विजुअल्स भेजे जिनमें शहर के कई इलाकों में ज़बरदस्त पानी भरा दिख रहा था। देखकर लगा कि हालात और बिगड़ सकते हैं तो इस बार सड़क मार्ग से ही मंदसौर निकल पड़े, क्योंकि पिछली बार सरकारी हैलीकॉप्टर से राजस्व मंत्री के साथ गया था तो आना-जाना पता नहीं चला, मगर आठ घंटे बाद जब मंदसौर पहुंचे तो फिर वही कहानी दोहराई गई। शहर के पानी भरे इलाकों से पानी उतर चुका था। रह गई थी कीचड़, गाद और जनता की पानी के बाद की गट्ठर भर परेशानियां। जो टीवी के लिए बहुत बेहतर कहानी नहीं मानी जाती। टीवी को तो दूर-दूर तक भरा हुआ अथाह पानी और उसमें कुछ एक्शन भी होना चाहिए। ऐसे विजुअल्स जिन्हें देखकर हैरानी हो और यदि वहां बचाव का काम हो रहा हो, तो उत्सुकता झलके कि डूबने वाले बच पाएंगे या नहीं।

मंदसौर में ऐसा कुछ नहीं था। ऐसे में याद आए हमारे नीमच के राजेंद्र सिंह राठौर। उन्होंने पहले सूचना दी थी कि नीमच जिले के रामपुरा कस्बे में गांधीसागर बांध का बैक वाटर दीवार तोड़ कर आ गया है और करीब आधे शहर को डुबो दिया है। कई सारे लोगों को पानी में डूबे घरों से निकाल कर राहत शिविरों में पहुंचाया है। बस फिर क्या था? मंदसौर छोड़ निकल पड़े नीमच के रामपुरा।

बीस हज़ार की आबादी वाला रामपुरा कस्बा पिछले शनिवार की रात जब सो रहा था, तब गांधीसागर बांध के सरोवर का पानी गुस्से में ऐसा उफनाया कि शहर और बांध के बीच बनी दीवार या रिंग वाल को तोड़कर गलियों और बाज़ारों में ऐसे घुसा कि लोगों को लेने के देने पड़ गए। रातोंरात लोगों को अपने घर छोड़कर ऊंचाई में बसे अपने करीबियों के घर या धर्मशालाओं में जाना पड़ा। हम पुलिस की जीप के पीछे राजपुरा मोहल्ले की संकरी गलियों में गाड़ी चलाकर जब लाल बाग बाज़ार पहुंचे तो वहां का नज़ारा देखकर हैरान रह गए।

सामने बाज़ार की गलियां थीं और उनमें पानी घुटनों से लेकर गले तक भरा हुआ था। जिन दुकानों से पानी उतर रहा था, वहां दुकान खोलने के बाद की बर्बादी दिख रही थी। पूरा सामान पानी से तरबतर था, चाहे वो मेडिकल की दुकान हो या फिर किराने की। पानी ने बर्बाद करने में कोई कसर नहीं छोड़ी थी। अब पानी में जाएं कैसे? वहीं मिले युवा पत्रकार

कमलेश मालवीय। उन्होंने सामने से आ रही एक छोटी-सी नाव में मुझे और हमारे कैमरामैन अभिषेक शर्मा को जल्दी-जल्दी चढ़ा दिया। यह नाव कोई बचाव दल वाली नाव तो थी नहीं जो पूरे वक़्त संतुलन में रहती। यह तो मछुआरों की नाव थी जिसके दोनों सिरों पर दो नाविक बैठे थे और बीच में मैं, अभिषेक, राठौर जी और कमलेश। धीरे-धीरे डगमग होते हुए यह नाव लाल बाग बाज़ार की गलियों में मंथर गति से चल रही थी और हमें दिख रहे थे गलियों के दोनों तरफ़ के सूने मकान जिनमें पहली मंज़िल तक पानी भरा था। बैठे-बैठे अभिषेक का कैमरा चल रहा था और मेरी कमेंट्री जिसमें मैंने कहा कि यहां सामने खड़े लोग कमर-कमर तक डूबे हैं। यह बात सुनकर उनमें से एक पानी में उतरा तो उसके गले से ऊपर पानी आ गया। दरअसल, वो लोग मकान के किनारे बने चबूतरे पर खड़े थे। एक-दो रहवासी तो हमारी नाव के किनारे-किनारे तैर भी रहे थे। मकान और दुकानों में पानी भरा था। कुछ कच्चे मकान ढह गए थे।

टीवी का ग़ज़ब विजुअल था। ऐसे में जब एक बार नाव ज़ोरों से डगमागाई तो लगा कि आज यहां पर भोपाल के खटलापुर का सीन बना। समझ में आ गया कि ग़लती तो कर बैठे थे कि बिना किसी सावधानी और लाइफ़ जैकेट के छोटी नाव में दन्न से सवार हो गए थे, जल्दी ख़बर देने के चक्कर में। किसी तरह राम-राम कर नाव का यह चक्कर पूरा हुआ और जब वापस किनारे उतरे तब जान में जान आई। उधर, नाव से ही भेजे गए ये सारे विजुअल्स जब चैनल पर थोड़ी देर बाद ही चले तो जान को ख़तरे में डालने का डर कुछ कम हुआ। बाद में कमलेश ने बताया है कि एक हफ़्ते बाद भी रामपुरा में पानी पूरा उतरा नहीं है। जनरेटर से पंप चलाकर पानी बांध में डाला जा रहा है।

50

पीएम आवास योजना के अजीब गड़बड़झाले

प्रकारिता करते-करते कुछ मसलों या कहें कि मुद्दों से प्यार-सा हो जाता है। होते हैं कुछ मसले दिल के क़रीब, जिन पर कहानी करने को दिल बार-बार करता है। पीएम आवास योजना ऐसा ही विषय है जो मुझे हमेशा कहानी करने को प्रेरित करता है। वजह यह है कि देश के किसी भी इलाक़े में रहने वाले ग़रीब को पक्का घर मिलना किसी बड़े सपने के सच होने जैसा होता है। मगर सपना देखना और उसके सच होने में अड़ंगे भी बहुत हैं। तो तमाम गाजे-बाजे और प्रचार-प्रसार के बाद भी ग़रीब अवाम को आवास मिलना आसान नहीं होता। 2017 में शाजापुर के ज़फ़र मुल्तानी ने पचौरा गांव के देवीलाल की कहानी भेजी थी कि जिसमें हाथ और घुटनों के बल चलता एक विकलांग अपना आधा-अधूरा घर दिखाता है वो विजुअल आज भी आंखों के आगे घूमता है।

2018 में बिछिया के विमल पवार ने कहानी बताई थी कि बालाघाट जिले के गांवों में आधे-अधूरे मकानों पर सामने रंगाई-पुताई कर हितग्राही की फ़ोटो खींच कर बिना छत के अधबने मकानों को पूरे बने मकान की गिनती में बता दिया। यह कहानी *घंटी बजाओ* पर चली और मुझे रामनाथ गोयनका अवार्ड दिला गई। ऐसे पीएम आवास से अनुराग बढ़ता गया और जब विदिशा के प्रितेश अग्रवाल ने बताया कि शहर में ऐसे कई पीएम आवास हैं या जिनको बोलचाल की भाषा में कुटी कहा जाता है, वो आधे-अधूरे हैं, उनकी पूरी किश्तें नहीं आईं मगर बारिश आ गई है तो लोगों को पन्नी

तानकर रहना पड़ रहा है, क्योंकि कुटी की मंजूरी मिलते ही कच्चा मकान तो तोड़ ही लिया है।

विदिशा-सागर बाईपास पर थोड़ी दूर चलने के बाद बाईं तरफ़ उतरने पर करैरा रोड जा रही है, उसी पर ही कटी है आचार्य कॉलोनी। इस छोटी-सी बस्ती में क़रीब बीस से पच्चीस लोगों को पीएम आवास योजना का लाभ मिला है। दरअसल, शहरी क्षेत्रों में मकान बनाने पर ढाई लाख रुपये मकान और शौचालय के मिलते हैं, मगर यहां पर अधिकतर मकान आधे बने खड़े हैं। वजह है बैंक खातों में पूरे पैसों का नहीं आना। किसी की किश्त साल भर से तो किसी की छह महीने से रुकी पड़ी है। कहीं चुनावी आचार संहिता का रोना है तो कहीं पैसा नहीं खिलाया तो सताने का मज़ा लिया जा रहा है।

इन्हीं सबमें मिले धर्मेंद्र प्रजापति, जिन्होंने दो कमरे का पक्का मकान तो तान लिया है मगर छत की जगह नीली पन्नी टंगी है। पिछली किश्त एक लाख चालीस हज़ार की आई थी। पासबुक देखी तो ठीक उसी दिन यानी कि 30 जुलाई 2018 को हमारे कैमरामैन होमेंद्र बुदबुदाए – 'सर! यह तो किश्त की वर्षगांठ हो गई।' धर्मेंद्र के आधे-अधूरे घर में बहन की शादी की तैयारी भी हो रही है। उम्मीद है आज नहीं तो कल किश्त आएगी और इस बिना छत के मकान से बहन की विदाई कर दी जाएगी। उसी मोहल्ले में मिले रामकरण जो लकवा पीड़ित हैं। उनके बाएं हाथ और पैर में संवेदना नहीं है।

वह पहले मजदूरी करते थे, मगर अब घर पर ही रहते हैं – दो बेटों के साथ। उनका घर भी बिना छपाई के खड़ा है। फ़र्श भी नहीं हुआ तो पूरे घर में कीचड़ और गड्ढे अलग हैं। वह दुखी होकर बताते हैं कि पहले सोचा था कि जल्दी घर बन जाएगा तो इस घर में बहू ले आएंगे, मगर अभी काफ़ी पैसा बकाया है। पैसा नहीं आ रहा। क्यों नहीं आ रहा, कोई नहीं बताता। बाक़ी की किश्तें बुलाने में गांठ से कुछ पैसे ढीले हो गए मगर मकान नहीं बन पा रहा।

घर के बाहर जूता लटका है बुरी नज़र से बचाने के लिए, मगर नज़र तो लग ही गई। तभी आधा मकान ही बन सका है। कुछ और मकान इस कॉलोनी में यूं ही पड़े हैं। अधबने मकानों में बारिश में कैसे दिन-रात गुज़रते हैं कोई इन लोगों से पूछे। जब इस मसले पर हम विदिशा के कलेक्टर से

बात करने जा रहे थे तो करैयाखेड़ा रोड पर दिखा राधेलाल का मकान। इसके बाहर मकान पूर्ण होने और अनुदान राशि ढाई लाख रुपये मिलने का ज़िक्र किया था। उत्सुकतावश गाड़ी रोक कर जब मकान में गए तो वहां भी वही हाल! अंदर के कमरों में छपाई नहीं, आधी छत खुली और शौचालय का काम पूरा नहीं। राधेलाल ने सहमते हुए बताया कि लिखा ज़रूर ढाई लाख है, मगर मिले तो सवा दो लाख ही हैं। अभी भी पैसा बकाया हैं। हां, हमें इसके बगल में खड़ाकर फ़ोटो ज़रूर खींच ले गए। क्या करें नगर पालिका के अधिकारी जो कहते हैं करना पड़ता है।

शहर में आधे-अधूरे मकान पीएम आवास योजना के खड़े हैं – यह बात कलेक्टर कौशलेंद्र विक्रम सिंह जानते हैं और मानते हैं कि लंबी काग़ज़ी कार्यवाही, जियो टैगिंग और चुनाव के चलते काम अटक गया था, मगर अगले दो महीने में इन मकानों को ज़रूर पूरा करेंगे। वह यह वादा करते हैं। हमने अपने विदिशा के साथी प्रितेश से कहा कि कलेक्टर साब के वादे पर कितना अमल हुआ, यह देखने हम दो महीने बाद फिर कहानी करने आएंगे, क्योंकि पीएम आवास योजना की कहानियां हमारे दिल के क़रीब जो हैं।

51

यह है राजनीति में बाजी पलटना

वैसे तो घर पर टीवी कम देखता हूं, मगर शुक्रवार की रात में टीवी देखकर सोने से पहले फ़ेसबुक और ट्विटर पर अपडेट डाला था कि महाराष्ट्र में अब सरकार का संकट सुलझा, पवार ने किया है इशारा उद्धव ठाकरे ही बनेंगे मुख्यमंत्री। दिन भर टेलीविज़न चैनल पर राजनीति का अपडेट देने वाले मेहनती टीवी रिपोर्टरों को भी हिदायत दी गई थी कि कल का दिन बहुत ख़ास है, इसलिए एनर्जी और हौसलों में कमी नहीं आनी चाहिए। बस, एक दिन की बात और है - लगे रहिए। मुझे उम्मीद है कि टीवी रिपोर्टर भी थक-हार कर जब सोए होंगे, तब भी उनके दिमाग़ में यही समीकरण बन-बिगड़ रहे होंगे कि उद्धव की कैबिनेट में कौन विधायक मंत्री बनेगा और दोनों सहयोगी दलों के कौन-कौन से लोगों की लॉटरी खुलेगी, कौन उनकी पहचान का मंत्री बनेगा, जिससे उनको आसानी से इंटरव्यू उसी दिन मिल जाएगा?

मगर यह सब उठकर अच्छे-से तैयार भी नहीं हो पाए होंगे कि दफ़्तर से फ़ोन आने लगे होंगे और एक अविश्वनीय-सी ख़बर बताई जा रही होगी कि देखो देवेन्द्र फड़नवीस ने राजभवन में मुख्यमंत्री पद की शपथ ले ली और तुम सो रहे हो।

सच अजीब-सी हालत होती है टीवी रिपोर्टर की। कल दिन भर भले ही आप एक पैर पर खड़े रहे हों। मगर अगले दिन फिर वही एनर्जी और अलर्टनेस आपसे उम्मीद की जाती है। मुंबई जैसे बड़े शहर में कैसे सारे रिपोर्टर कहां-कहां भागे होंगे, क्योंकि तैयारी तो ठाकरे के सीएम बनने के

हिसाब से की गई होगी। कैसे भीड़भाड़ वाली मुंबई में ओबी वैन की जगह बदलवाई होगी। यह सब कुछ सोच कर लगता है - यही टेलीविज़न रिपोर्टिंग का मज़ा और सज़ा है।

वैसे ख़बरों के मामले में पीछे तो अख़बार भी रह गए। आज के सारे अख़बारों में ठाकरे के मुख्यमंत्री बनने की ख़बर पहले पेज की ख़ास सुख़ी है, मगर जब तक हम अख़बार पढ़ने की तैयारी में ही थे कि वहां मुंबई में राजभवन में ख़बर बदल चुकी थी। मुख्यमंत्री पद की शपथ विधि तो हुई मगर उद्धव ठाकरे की नहीं बल्कि देवेंद्र फड़नवीस और अजीत पवार की। रात भर में बाजी पलट चुकी थी। राजनीति अपना खेल कर चुकी थी। तीन पार्टियां सरकार बनाने के सपने ही देख रहीं थीं और बीजेपी, एनसीपी का अलग हुआ धड़ा राजभवन में जाकर सरकार बनाने का दावा कर शपथ भी ले चुका था। हमारे देश में राजनीति की अनिश्चितता का यही मज़ा है। जो हम सोच नहीं पाते वो हो जाता है जिस पर जानकार लंबा ज्ञान देते और विश्लेषण करते हैं वो होता नहीं है। राजनीति संभावनाओं का खेल इसलिए ही नहीं कहा जाता कब, कौन, कहां, किससे मिल जाए और मेल कर ले, राजनीति में पुराने गठबंधन तोड़ कर नए के साथ जाने को आप भले ही धोखा कहें, मगर जो कर रहा है वो इसे जनहित और जनता की आड़ में करता है।

हमारे मध्यप्रदेश में भी ऐसा कई बार हुआ है कि विधायकों ने अपनी पार्टी, नेताओं और जनता को सकते में डालते हुए पाला बदला है। पार्टी बदलने की यह शुरुआत हुई थी 1967 में। तब कांग्रेस के दबंग और चाणक्य समझे जाने वाले मुख्यमंत्री द्वारका प्रसाद मिश्रा की सरकार थी। शिक्षा विभाग की अनुदान मांगों पर कांग्रेस के छत्तीस विधायकों ने विधानसभा में ही पार्टी बदल ली। इस पाला बदल के सूत्रधार थे गोविंद नारायण सिंह और उनको हवा दी थी जनसंघ की विजयाराजे सिंधिया ने। पाला बदलने के बाद कांग्रेस के ये बागी विधायक आज के दिनों की तरह ही कुछ दिन दिल्ली और मुंबई घूमे थे और बाद में जब गोविंदनारायण सिंह के नेतृत्व में संविद सरकार बनी तो उसमें सत्तारूढ़ पार्टी के विधायक मंत्री बने। हालांकि यह संविद सरकार भी उन्नीस महीने ही चली थी।

हाल के सालों में हमने पाला बदलने की कहानी जुलाई 2013 में देखी, जब कांग्रेस के लाए अविश्वास प्रस्ताव पर विधानसभा में नेता प्रतिपक्ष अजय

सिंह के भाषण के दौरान ही कांग्रेस के व्हिप और वरिष्ठ एमएलए चौधरी राकेश सिंह चतुर्वेदी ने पाला बदल लिया। पार्टी के ख़िलाफ़ स्टैंड लिया और बीजेपी का दामन थाम लिया। यह पाला बदल भी अप्रत्याशित तरीक़े से हुआ। कहां कांग्रेस अविश्वास प्रस्ताव पर शिवराज सरकार को कांग्रेस घेरने की कोशिश कर रही थी और उनके ही सीनियर लीडर ने पाला बदल लिया। बस फिर क्या था? एक तरफ़ रह गया अविश्वास प्रस्ताव और अजय सिंह का भाषण। अजय सिंह इस सदमे से लंबे समय तक नहीं उबर सके, यह हमने देखा था। बाद में चौधरी राकेश सिंह का क्या हुआ, हम सबने देखा।

इस बार के चुनाव में राकेश सिंह और अजय सिंह दोनों कांग्रेस के टिकट पर चुनाव लड़े और हारकर विधानसभा में नहीं पहुंच सके। कुछ ऐसा ही पाला बदल कमलनाथ सरकार के दौरान भी हुआ। तब विधानसभा में एक बिल के समर्थन में बीजेपी के दो विधायकों नारायण त्रिपाठी और शरद कोल ने कांग्रेस के साथ बिल के पक्ष में मतदान किया। फिर बाद में उन्होंने मुख्यमंत्री के अगल-बगल में बैठकर पत्रकार वार्ता कर कांग्रेस को समर्थन देने की बात कही। यह अलग बात है कि फिर इन विधायकों का मन बदल गया है और फिर ये अपनी पुरानी पार्टी के गुण गाने लगे हैं। हालांकि पाला बदल भी इन्होंने जनता के हित में किया था और अब वापसी भी जनता के कहने पर की है। इस भोलेपन पर कौन ना मर जाए, खुदा! यह सब लिखने का मक़सद यह था कि राजनीति में ज़ोर का झटका देने की परंपरा नई नहीं है। बड़ी-बड़ी पार्टियों को ऐसे छोटे छोटे झटके लगते रहते हैं।

52

गोयनका अवार्ड के
बहाने टीवी रिपोर्टिंग

इस बार दिसंबर के आख़िरी दिनों में बड़ी धुकधुकी थी अपन को। हर अंजान फ़ोन को उम्मीद से उठाते थे कि हो ना हो यह फ़ोन भी *इंडियन एक्सप्रेस* के रामनाथ गोयनका अवार्ड की टीम से हो। पिछले साल इन्हीं दिनों तो एक फ़ोन आया था जिसने यह बता कर पूरे साल ऊर्जा भरी रही कि इस बार आपका चयन रामनाथ गोयनका एक्सीलेंस इन जर्नलिज्म अवार्ड में पॉलिटिकल रिपोर्टिंग के लिए हुआ है। चार जनवरी को अवार्ड लेने दिल्ली आइए। इस फ़ोन की ख़बर पर चार दिन बाद पूरा भरोसा तब हुआ जब मेल भी आया। वरना यह ख़बर हमने इतने दिन तक अपने मनोज शर्मा तक से छिपाकर रखी थी। वैसे उस बार हमारे एबीपी न्यूज़ के चार पत्रकारों को गोयनका अवार्ड मिला था। इस बार भी हमारे चैनल ने हमारी कुछ अच्छी स्टोरी भेजी थीं जिससे हमें दिसंबर के आख़िरी दिनों में फ़ोन आने की उम्मीद थी। मगर फ़ोन नहीं आया। ख़ैर! बीस जनवरी को जब राष्ट्रपति रामनाथ कोविंद दिल्ली में ये अवार्ड बांट रहे थे तो अपन बहुत गौर से देख रहे थे कि इस बार हमारे वो कौन-से साथी हैं जिन्होंने बेहतर काम कर यह अवार्ड जीता है।

इंडियन एक्सप्रेस के मालिक रामनाथ गोयनका इमरजेंसी के दिनों के पत्रकारिता के नायक थे। उनके नाम पर *इंडियन एक्सप्रेस* की ओर से दिया जाने वाला यह अवार्ड पत्रकारिता का सबसे नामी अवार्ड है। इसके निर्णायक मंडल में वरिष्ठ पत्रकार और रिटायर्ड अधिकारी होते हैं। वे देश भर से

आई प्रविष्टियों में से छांटकर ग्यारह कैटेगरी में प्रिंट मीडिया, इलेक्ट्रॉनिक मीडिया और डिजिटल मीडिया के पत्रकारों को सम्मानित करते हैं। इस बार सम्मानित पत्रकारों की जो सूची है उसमें बड़ा बदलाव दिखा रहा है, इसलिए आज इस विषय पर लिखने को मजबूर हुआ हूं।

इस बार कुल अठारह पत्रकारों को ये अवार्ड दिए गए हैं। इनमें डिजिटल के आठ, प्रिंट या अख़बारों के चार और चार ही अवार्ड टीवी चैनल के रिपोर्टर को मिले हैं। इससे अंदाज़ लगाया जा सकता है कि किस तरह डिजिटल या डॉट काम की पत्रकारिता तेज़ी से लोकप्रिय हो रही है और सम्मान हासिल कर रही है। आमतौर पर पहले ये अवार्ड टीवी के रिपोर्टरों और उनकी रिपोर्ट्स को ज़्यादा हासिल होते थे। जब टीवी नया-नया आया था तो ये अवार्ड अधिकतर एनडीटीवी के संवाददाताओं को मिलते थे। वो भी उनके दूर-दराज के ब्यूरो में काम करने वाले रिपोर्टरों को। वे अपने इलाक़ों से ऐसी स्टोरी करते थे जो कि देखी-सुनी नहीं होती थीं।

उसके बाद ये अवार्ड दूसरे चैनलों के रिपोर्टरों को भी मिले, मगर उनमें भी अंग्रेज़ी के रिपोर्टर ज़्यादा होते थे। कुछ साल पहले हिंदी टीवी रिपोर्टरों को भी उनकी स्टोरी के लिए यहां पर सम्मान मिला। जैसे एबीपी के चार रिपोर्टरों की कहानियों को पिछले साल ही यह अवार्ड मिला। मगर इस बार टीवी रिपोर्टरों के नाम पर सिर्फ़ चार रिपोर्ट्स हैं, जिनमें एक *टीवी टुडे* का चुनाव कार्यक्रम है तो दूसरा *बीबीसी हिंदी* की पर्यावरण को लेकर रिपोर्ट है। जो टीवी और डिजिटल दोनों के लिए की गई तो *डीडी न्यूज़* के उन रिपोर्टर और कैमरामैन को सम्मानित किया है जो बस्तर में चुनाव की कवरेज के दौरान नक्सलियों की गोली का शिकार हो गए थे और क्षेत्रीय टीवी में ये अवार्ड *मनोरमा न्यूज़* को दिया गया। मैं इन पुरस्कारों की इस सूची को इस अंदाज़ में देख रहा हूं कि अब डिजिटल मीडिया इलेक्ट्रॉनिक मीडिया की दादागिरी को तेज़ी से तोड़ रहा है। टीवी चैनलों का प्रभुत्व कम हो रहा है। वैसे भी इन दिनों टीवी चैनलों में लाइव इवेंट का दौर है।

नेताओं के भाषण, चुनावी रैलियां और उसके बाद होने वाले चैनलों के लाइव कार्यक्रम का ज़ोर पिछले कुछ सालों में लगातार बढ़ता ही गया है। यह दौर शुरू हुआ सात साल पहले निर्भया कांड के समय से, जब दिल्ली में लगातार होने वाली रैलियां, फिर रामलीला मैदान पर अन्ना का धरना

और इन सबसे उभरने वाले अरविंद केजरीवाल के दौर के बाद पीएम नरेंद्र मोदी ने इन सबका बेहतर उपयोग किया और आज भी कर रहे हैं। इसी दरम्यान हुई टीवी डिबेट ने भी समाचार चैनलों से रिपोर्टिंग को एक कोने में समेटना शुरू कर दिया। एनडीटीवी के मशहूर पत्रकार रवीश कुमार से जब मैंने इस बारे में बात की, तो उनका कहना था कि पुरस्कार को इस नज़र से नहीं देखो, क्योंकि माध्यम की कसौटी पर रिपोर्ट को परखा गया होगा। ऐसा नहीं लगता कि स्टोरी का मूल्यांकन माध्यम निरपेक्ष रहा होगा। मगर यह सच है कि डिजिटल प्लेटफ़ॉर्म लगातार बड़ी और अच्छी स्टोरी कर रहे हैं। टीवी ने पिछले दिनों चुनाव में क्या किया? डिबेट और यात्राएं ही तो कीं हैं। रिपोर्टिंग तो ग़ायब है। यही बात वरिष्ठ पत्रकार रशीद किदवई भी कहते हैं कि डिजिटल मीडिया समाज में हो रहे बदलाव व घटनाओं को बेहतर तरीक़े से पेश करने का प्रयास कर रहा है। वैसे भी हर दौर में मौलिक रचनाओं और लेखन की बड़ी मांग होती है। टीवी पत्रकारिता के लिए यह सीख और चुनौती दोनों है।

हालांकि टेलीविज़न पत्रकारिता में लंबा वक़्त गुज़ारने के बाद मैं यह देख रहा हूं कि डिजिटल की चुनौती का मुक़ाबला करने के लिए टीवी मीडिया अपने को तेज़ी से बदल रहा है। अब हम टीवी की रोज़ की रिपोर्टिंग के साथ ही एबीपी के डिजिटल के लिए ख़बरें लिखते हैं और डिजिटल में एबीपी की *अनकट* प्रस्तुति के लिए वीडियो रिपोर्ट भी बनाते हैं। ये वीडियो रिपोर्ट कुछ घंटों में ही हज़ारों लोग देख लेते हैं। इसकी वजह यह है कि यह सुविधा का मीडियम भी है। लोग अख़बार और टेलीविज़न कम देख रहे हों, मगर समाचार देखना-सुनना कम नहीं कर रहे। इन्हीं समाचारों के बीच अच्छी रिपोर्ट देखने की चाह हमेशा बनी रहेगी, फिर वो चाहे समाचार चैनल पर आए या फिर हाथ के मोबाइल में आ रहे डिजिटल मीडिया पर।

53

संन्यास और राजनीति
का मेल प्रज्ञा सिंह

छोटा क़द, पैर से कंधे तक भगवा रंग के वस्त्र और सिर पर सरदारों की तरह की भगवा पगड़ी। चलती धीरे हैं मगर बोलती हैं तो आग-सी लगाती हैं। उमर होगी कोई पैंतालीस-पचास के आसपास। अपने आपको साध्वी कहती हैं और जिस गाड़ी पर चलती हैं, उसका नंबर ही एक हज़ार आठ है। नाम के आगे श्रीश्री एक हज़ार आठ लगाने की ज़रूरत ही नहीं है। वैसे तो भिंड के लहार कस्बे की रहने वाली हैं। मगर अब ठिकाना भोपाल है। यहां भी पहले खुशीलाल शर्मा आयुर्वेदिक अस्पताल के एक ख़ास कमरे में उनका डेरा था। अब सांसद-विधायकों की कॉलोनी रिवेरा टाउन के बंगला नंबर 124 में है। इस पॉश कालोनी में उनका घर तलाशना बेहद आसान है, क्योंकि सुरक्षाकर्मियों का तंबू घर के बाहर लगा है। यूं पिछले कुछ सालों से सुरक्षा कर्मियों से घिरे रहना उनकी नियति हो गई है।

बचपन से लेकर लड़कपन तक उनका समय लहार में बीता, जहां आयुर्वेदिक डॉक्टर चंद्रपाल सिंह की कटे बाल वाली बेटी के तौर पर उनको जानते थे। तौर-तरीके ऐसे कि लहार जैसे छोटे क़स्बे में लोग उनके लड़कों जैसे कटे बाल, पैंट शर्ट पहनने और उस पर मोटरसाइकिल की सवारी करने पर हैरानी जताते थे। मगर प्रज्ञा सिंह ठाकुर ने कभी किसी की परवाह नहीं की। लहार की गलियों में उनकी दनदनाती मोटरसाइकिल फर्राटे से गुज़रती थी तो लोग कहते थे कि डाक साब की बेटी तूफ़ान है। यह तूफ़ान लहार में ज़्यादा दिन रुका भी नहीं। लहार से ग्रैजुएशन फिर भिंड से पोस्ट ग्रैजुएशन

कर प्रज्ञा भोपाल आ गईं। इस बीच, वो अखिल भारतीय विद्यार्थी परिषद, हिंदू जागरण मंच और बजरंग दल की महिला शाखा दुर्गा वाहिनी में भी बड़े पद संभाल चुकी थीं। एबीवीपी के प्रदेश सचिव बनने पर प्रज्ञा ने भोपाल में काम संभाला और बीजेपी के बड़े नेताओं की नज़र में आ गईं।

भोपाल से बीजेपी के टिकट पाने के बाद प्रज्ञा ने पत्रकारों को बताया था कि उनकी और दिग्विजय सिंह की दुश्मनी बड़ी पुरानी है। जब वो एबीवीपी के आंदोलन करतीं थीं, तभी से तत्कालीन सीएम दिग्विजय सिंह की नज़रों में चढ़ गईं थीं। उन्हीं दिनों के कारण वो भोपाल को बेहतर जानती और समझती हैं, इसलिए वो दिग्विजय से अच्छा विकास करेंगी। ख़ैर! भोपाल में एबीवीपी का आंदोलन करते करते कब प्रज्ञा साध्वी बन गईं और संन्यास ले लिया, इसकी कहानी बहुत कम लोग ही जानते हैं। प्रज्ञा ने कभी इस पर कुछ कहा नहीं, मगर साध्वी को शिखा काटकर संन्यासी बनाते हुए स्वामी अवधेशानंद का वीडियो सभी ने देखा है। साध्वी की राष्ट्रीय परिदृश्य में दोबारा एंट्री होती है मालेगांव ब्लास्ट के बाद।

28 सितंबर 2008 में मालेगांव की मस्जिद में धमाके की जांच कर रही महाराष्ट्र एटीएस उस मोटरसाइकिल के आधार पर प्रज्ञा को पकड़ती है, जिसमें बांधकर विस्फोट किए गए थे। वो मोटरसाइकिल प्रज्ञा के नाम से रजिस्टर्ड थी। बाद में जब देश की दूसरी जगहों पर भी धमाके हुए तो एनआईए ने जिस गैंग को पकड़ा उसमें स्वामी असीमानंद जैसे भगवाधारी तो कर्नल प्रसाद पुरोहित जैसे सेना के लोग निकले और इन्हीं से संपर्क में थीं प्रज्ञा भी। एटीएस और एनआईए जैसी जांच एजेंसियों के बीच घूमते-घूमते जब इस केस की चार हज़ार पेज की चार्जशीट कोर्ट में दी गई तो उसमें लिखा था कि इन सभी ने अपने कुछ साथियों से मिलकर मालेगांव, अजमेर दरगाह और समझौता एक्सप्रेस में धमाके किए, जो मुंबई में हुए ट्रेन ब्लास्ट के जवाब में थे।

असीमानंद ने कोर्ट में दिए बयान में कहा था कि प्रज्ञा इन धमाकों के लिए होने वाली हर बैठक में शामिल थीं। ये बैठकें भोपाल, पुणे, पचमढ़ी और गुजरात के कुछ शहरों में हुई। जब प्रज्ञा मालेगांव ब्लास्ट में पुलिस हिरासत में थीं, तभी देवास में दिसंबर 2007 में हुए सुनील जोशी मर्डर केस का खुलासा हुआ और उसमें भी प्रज्ञा का रोल पाया गया तो मध्यप्रदेश की

पुलिस ने प्रज्ञा को रिमांड पर फिर गिरफ़्तार किया। मगर सरकारें बदलने से जांच एजेंसियों की जांच की दिशा बदलती है। ऐसा इन मामलों में हुआ और कई सालों तक कोर्ट कचहरी और जेल के चक्कर लगाने के बाद अब प्रज्ञा पिछले दो साल से स्वास्थ्य संबंधी वजह से जमानत पर हैं। मगर लोकसभा चुनाव उनके लिए वरदान बन कर आया। लंबे विचार-विमर्श और गुणा-भाग के बाद बीजेपी ने उनको उस भोपाल से प्रत्याशी बना दिया, जहां से कांग्रेस के नेता दिग्विजय सिंह मैदान में हैं। वंदे मातरम कल्याण समिति चलाने वाली साध्वी प्रज्ञा को भोपाल के बीजेपी के नेताओं ने बड़े बेमन से स्वीकारा मगर प्रज्ञा के धुआंधार आपत्तिजनक बयानों ने प्रचार की दिशा ही बदल दी और पूरे देश को पता चल गया कि भोपाल में दिग्विजय सिंह के ख़िलाफ़ प्रज्ञा मैदान में हैं और चुनाव की दिशा बदलने जा रही है। अपने बयानों के कारण साध्वी पर दो दिन तक प्रचार पर पाबंदी भी लगी। फिर जब वोट पड़ गए तब जाकर बीजेपी के नेता राहत की सांस ले ही रहे थे कि बीजेपी के दूसरे प्रत्याशियों के प्रचार पर निकली साध्वी ने फिर गोडसे को देशभक्त बता कर पूरे देश में बीजेपी को कटघरे में खड़ा कर दिया।

ऐसा लग रहा है कि भोपाल की एक फंसी हुई सीट निकालने के लिए साध्वी को लड़ाकर बीजेपी ऐसे जाल में फंस गई है जिससे निकलने की कोशिश में वो बार-बार उलझती जा रही है। उधर, बैख़ौफ़ बिंदास साध्वी इस सबसे बेपरवाह होकर कह रही हैं हम तो ऐसे ही थे, आपको मालूम नहीं था क्या?

बाद में जब चुनाव परिणाम आए तो भोपाल संसदीय सीट का यह चुनाव प्रज्ञा ने दिग्विजय सिंह को साढ़े तीन लाख से ज़्यादा वोटों से हराकर जीता।

54

सरकार गिराने बचाने का मिशन होली

वो शाम को भोपाल से दिल्ली जाने वाली इंडिगो की फ़्लाइट थी। इसमें दो ऐसे किरदार थे जो एक दूसरे से परिचित तो थे ही, साथ ही एक दूसरे के विरोधी भी थे। विधानसभा के फ़्लोर से लेकर चुनावी सभाओं और सार्वजनिक मंचों पर एक दूसरे के ख़िलाफ़ आग उगलते थे। दोनों एक ही काम से दिल्ली जा रहे थे। दोनों अपनी-अपनी पार्टी की सेवा पर थे। एक को अपना काम बनाना तो दूसरे को वही काम बिगाड़ना था। आमने-सामने पड़े तो मुस्कराए और अभिवादन किया, मगर एक दूसरे को लेकर दोनों सशंकित भी हुए। दोनों ने अपने-अपनों को कॉल किया – 'अरे वो भी है फ़्लाइट में!' दोनों को एक दूसरे से सतर्क रहने और अपने काम की भनक दूसरे को नहीं मिलने की चेतावनी मिली, मगर दोनों समझ रहे थे कि दोनों एक ही मिशन पर हैं, मिशन होली।

मिशन होली के किरदारों को राजधानी दिल्ली के बाहर उस बड़े पांच सितारा रिसॉर्ट में ठहराया गया था, जो अपनी भव्यता के लिए जाना जाता है। यहां के अलग-अलग कमरों में किरदार आकर ठहरते जा रहे थे। कुछ को रुके एक दिन हुआ था, तो कुछ दो दिन से ठहर कर यहां की अलौकिक सुविधाओं का उपभोग कर रहे थे। एक विशाल काया वाले किरदार ने आते ही इस रिसॉर्ट में स्पा की मांग की और दो दिन में ही उस पांच सितारा स्पा में हज़ारों रुपये का बिल बनवा दिया। मुफ़्त की हड्डी पर कबड्डी का अलग ही मज़ा है। बिना पैसों की परवाह किए सब इस रिसॉर्ट में आने वाले

उन अच्छे दिनों की कल्पना करने में मगन थे और साथ मिलते ही 'अपना टाइम आएगा' का सुर मिलाते थे।

ये सारे जनता से जुड़े लोग थे, मगर जनता की सेवा की शपथ और विचारधारा की बंदिश को रोज़ शाम सोडे में घोलकर पी रहे थे। ये किरदार अपने साथियों की संख्या दहाई में होने तक यहां इंतज़ार कर रहे थे। संख्या पूरी होने पर इनको किसी दूसरे दक्षिणी राज्य में जाकर ऐसी ही कुछ दिन और एकांतवास में फ़ाइव स्टार तपस्या कराने की योजना तैयार थी। इन किरदारों के कुछ साथी, जो मध्यप्रदेश के उत्तरी संभाग से जुड़े थे, हवाई जहाज से नहीं जाकर अपनी गाड़ी से ही यहां पहुंचने का आश्वासन दे चुके थे, मगर रात में रस-रंजन करते हुए उनको यहां पहुंचने में देरी हुई तो देर रात वो दक्षिण दिल्ली के एक सरकारी ठिकाने पर जा ठहरे। सुबह उनकी अपने इन साथियों से मिलने की योजना थी।

रिसॉर्ट में ठहरे किरदारों में एक दबंग महिला भी थी, जो अपनी बिंदास शख़्सियत के कारण सुर्खियों में रहती थी। वो भी एक दिन पहले अपनी बेटी के साथ यहां आ गई थी मगर मिशन होली को जिस गोपनीयता से अंजाम दिया जा रहा था, उतनी ही गोपनीयता से उन पर नज़र भी रखी जा रही थी। इन किरदारों के विरोधियों ने पहले दिल्ली फिर भोपाल में यह बात फैलानी शुरू कर दी कि कुछ लोग जनता के साथ छल करने जा रहे हैं और इसके लिए इन किरदारों को करोड़ों रुपये का नज़राना दिया जा रहा है। ये किरदार इस शोर-शराबे के बाद भी जाग जाते तो इनका मकसद कामयाब हो जाता मगर ऐशो-आराम में दिमाग़ भी थोड़ा सुस्त हो जाता है। इन सबकी नींद तब उड़ी जब एक रात यहां पर अचानक हंगामा होने लगा।

यहां ठहरे किसी किरदार के सुरक्षा कर्मी ने यहां की सारी लोकेशन जिन लोगों को दी, वही लोग इंडिगो की फ़्लाइट से भागे-भागे आए और सीधे यहां पहुंचे। यहां अचानक आए लोगों ने आरोप लगाया कि इन सारे किरदारों को बंधक बनाया गया है। मगर जो बंधक थे, वो बंधक होने के लिए ही यहां आए थे, इसलिए उनमें से कोई भी उनको कथित तौर पर छुड़ाने पहुंचे लोगों के साथ आने को तैयार नहीं थे। पहले इन लोगों को एक आदिवासी बुज़ुर्ग किरदार दिखे, उनको उनके कमरे में घुसकर उनकी उमर

और विचारधारा का हवाला देकर पैर छूकर वापस चलने को कहा, मगर जो लोग इनको लाए थे, उनको ख़बर लग गई।

फिर क्या था? कथित बंधक के संरक्षकों और कथित रक्षकों के बीच होने लगी हुज्जत, झूमा-झटकी और ख़ूब गाली-गलौज। उधर, बंधक जाने को तैयार नहीं। ऐसे में रक्षक ढीले पड़ गए। उनके सामने ही बुजुर्गवार को दूसरे कमरे में जाया गया, जहां पहले से ही तीन दूसरे किरदार ठहरे थे। रक्षक पार्टी ने फिर दबंग महिला किरदार के कमरे का रुख़ किया क्योंकि उम्मीद थी कि वो वाकई बंधक होगी। मगर ये क्या? यह कथित बंधक भी इन रक्षकों को खरी-खोटी सुनाने लगी। ऐसे में रक्षक फिर ढीले पड़ गए मगर एक मौक़ा ऐसा आया कि रक्षकों ने कमरा बंद कर महिला का संवाद उनसे करा दिया, जिनके कहने पर ये इनको छुड़ाने आए थे और ऐसे में काम आई महिला की बेटी जिसने मां को इस लड़ाई-झगड़े के बीच निकल चलने को कहा। जैसा कि आजकल होता है, ऐसी मारामारी में पीड़ित पक्ष का सहारा मोबाइल का वीडियो कैमरा ही होता है। लगातार इन सारे दृश्यों की रिकॉर्डिंग की जाने लगी।

ये रिकॉर्डिंग सुबह-सुबह समाचार चैनलों पर हैडलाइन के रूप में चली। उधर, रक्षक लोग इस किरदार को लेकर उसी सरकारी रिहाइश पर पहुंचे, जहां पर देर हो जाने के कारण गुरुग्राम के ग्रुप से जुड़ने जा रहे किरदार थोड़ी देर के लिए रुके हुए थे। रक्षकों को मुंहमांगी मुराद मिल गई। कुल मिलाकर चार किरदार हो गए जिनको बंधक बनाने का दावा किया जा रहा था। उधर, इस मारामारी में गुरुग्राम के चार किरदारों को उनके साथी दक्षिणी राज्य के और आलीशान एकांतवास में ले गए। उधर, हाथ आए बंधकों को रक्षक शान से सरकारी हैलीकॉप्टर में बैठाकर राजधानी लाए। दक्षिण गए बंधक एकांतवास के ऐश का भंडाफोड़ होने पर घबराए और उनमें से एक किरदार वापस आ गए हैं। इस वापसी को लोकतंत्र की जीत बताया जा रहा है, मगर लोकतंत्र तो उसी दिन हार गया था, जब ये किरदार नज़राना लेने इस रिसॉर्ट में पहुंचे थे।

नोट : इस कथा के किरदार काल्पनिक हैं। यदि किसी का कुछ साम्य हो तो वो संयोग है।

(सरकार गिराने से जुड़ी इस घटना पर लेखक की किताब 'वो सत्रह दिन' पढ़ें।)

55

सिंधिया से शिवराज
तक कोरोना से कोई नहीं बचा

दृश्य एक : भोपाल में छह नंबर मार्केट में यदि बाईं तरफ़ से प्रवेश करें तो घुसते ही नीचे फ़ुटपाथ पर चादर बिछा कर, उस पर लाल रेशमी राखियां रखकर, धूप से बचने के लिए लाल छाता लगाकर बैठे हुए थे कमल किशोर। आंखों में पढ़ा-लिखा होने का सबूत चश्मा और पेन तो था ही साथ ही जानलेवा करोना से बचने के लिए मास्क की जगह सफ़ेद रूमाल था। एक दिन बाद लगने वाले लॉकडाउन की आहट ने उनकी राखी की बिक्री की संभावनाएं ख़त्म कर दीं थी, जिसकी चिंता की रेखाएं माथे पर थीं। सुंदर-सा विजुअल देख मोबाइल से दो फ़ोटो खींची और कमलकिशोर से झुक कर बात करने लगा। कहानी कुछ यूं थी कि पिछले लॉकडाउन में एनवीडीए दफ़्तर से बाहर कर बेरोज़गार कर दिए गए थे कमलकिशोर। इसलिए इन दिनों परिवार पालने के लिए छोटे-मोटे काम कर रहे थे। राखी आती देख हज़ार रुपये उधार लिए और राखियां ख़रीद कर कमाई के इरादे से बैठे ही थे कि लॉकडाउन रिटर्न का आदेश आ गया। दुखी होकर कहने लगे - 'पहले लॉकडाउन ने बेरोज़गार बनाया तो दूसरे लॉकडाउन ने क़र्ज़दार। पढ़े-लिखे ग़रीब आदमी का जीना ही मुश्किल है, इस कोरोना काल में।'

दृश्य दो : भरत जाटव और उनके भाई मुरैना के रहने वाले हैं। छह नंबर पर नूतन कॉलेज के सामने गोलगप्पे का ठेला लगाते हैं - रंजना गोलगप्पे। यह काम वो धौलपुर से सीखकर आए थे। जब कॉलेज चलता था तो सारी भीड़ इनके ठेले के आसपास रहती थी और भाईयों का फुलकी

खिलाते हाथ नहीं रुकता था। मगर पिछले लॉकडाउन में गलियों में सब्ज़ी बेचकर गुज़ारा किया था। लॉकडाउन रिटर्न के एक दिन पहले फिर दिख गए सब्ज़ी ठेले के साथ। मैंने हंस कर पूछा कि क्या हाल हैं? 'बस, भाईसाहब! अब फिर इसी सब्ज़ी का सहारा है। कल से दस दिन तक यही काम करना है यदि सरकार बेचने दे। वरना दस दिन बहुत होते हैं, बच्चों को खिलाना मुश्किल होगा।'

दृश्य तीन : लॉकडाउन का पहला दिन है। ख़बर बनाने निकले हैं। साथ में एनडीटीवी के अनुराग द्वारी हैं। नए और पुराने भोपाल को जोड़ने वाली जगह कमला पार्क पर खड़े हैं। वहीं मुलाक़ात होती है पुलिस के तेज़-तर्रार अफ़सर डीआईजी इरशाद वली से। 'आप यहां कैसे?' 'लॉ ऐंड ऑर्डर के साथ हमें व्यवहार भी निभाने पड़ते हैं। एक परिचित ड्राइवर का कल रात इंतकाल हो गया। पुराने शहर में रोज़ तीन-चार मौतें बुज़ुर्गों की हो रही हैं। कोरोना की रिपोर्ट बाद में आती है, पहले बुज़ुर्ग दम तोड़ देते हैं। हम आपको कुछ नहीं लेकिन बुज़ुर्गों पर कहर बन कर टूट रहा है कोरोना। मगर इतने के बाद भी जनता समझने को तैयार नहीं है। जब तक पुलिस रहती है तो अंदर रहते हैं। हमारे हटते ही फिर गली में उसी तरीक़े से उतर आते हैं, जैसे कुछ हुआ ही नहीं हो।' इस झुंझलाहट के साथ वो चले गए गिन्नौरी की संकरी-सी गलियों में अपने परिचित के घर संवेदना जताने।

दृश्य चार : कमला पार्क से न्यू मार्केट के रास्ते के बीच में ही मुख्यमंत्री शिवराज सिंह चौहान का ट्वीट धमाके की तरह गिरता है। अपने कोरोना पॉज़िटिव होने की जानकारी उन्होंने स्वयं ट्वीट कर दी और यह ख़बर थोड़ी देर बाद ही सारे समाचार चैनलों पर सबसे बड़ी ब्रेकिंग न्यूज़ थी। अनुराग और मैं अपने-अपने चैनलों पर हो रहे फोनो के लिए और जानकारी जुटाने में लग गए। लोग यह ख़बर जानकर हैरान थे और जो ट्विटर पर नहीं थे, वो हम सबसे वाट्स एप इस खबर की सच्चाई जानने में लग गए थे। मगर ख़बर सच थी। प्रदेश के सबसे बड़े नेता को कोरोना ने अपनी जकड़ में ले लिया था। शिवराज जी की सक्रियता क़ाबिल-ए-तारीफ़ है। अपने आपको वो हमेशा व्यस्त रखते हैं। सरकारी कामकाज हो या फिर पार्टी की ज़िम्मेदारी, किसी काम को वो मना नहीं करते और यही व्यस्तता उनको भारी पड़ी। दिन की चार सरकारी बैठकें और फिर पार्टी दफ़्तर का एक चक्कर उनका रोज़ लगता ही था। थोड़ी देर बाद ही उनके चिरायु अस्पताल में जाते हुए

विजुअल्स चैनल पर चलने लगे और लोग उनके स्वास्थ्य की बेहतरी के लिए शुभकामनाएं देने लगे।

'दादा! जब सिंधिया, अमिताभ और शिवराज भी कोरोना से नहीं बच पाए तो हमारा, आपका और आम जनता का क्या होगा?' यह अनुराग थे। वह अब चिंतन के मोड में आ गए थे। उनके इस सवाल का मेरे पास कोई जवाब नहीं था। गिन्नौरी की संकरी गलियों के बुजुर्गों से लेकर श्यामला हिल्स के प्रदेश के सबसे सुरक्षित घर तक कोरोना की यह दस्तक, अब वाकई डराने लगी है।

पुरानी महामारियों का इतिहास खंगाला जाए तो सबसे हाल की महामारी 1918 का स्पेनिश फ़्लू थी। यह पहले विश्व युद्ध के दौरान सैनिक कैंपों से फैली और सैनिकों के साथ ही उनके देशों में जाकर फैली। इस बीमारी के ख़िलाफ़ एक साल में रोग प्रतिरोधक क्षमता विकसित हुई, तब जाकर यह ख़त्म हुई मगर इस एक साल में इसने दुनिया के पांच से दस करोड़ लोगों की जानें लीं। कोरोना कब तक रहेगा, यह कहना मुश्किल है। बस, उम्मीद की ख़बरें रोज़ अख़बारों में वैक्सीन के टेस्टिंग को लेकर छपती हैं, मगर वैक्सीन खोजना और उसे बड़े पैमाने पर बनाना कुछ महीनों की बात नहीं होती, लंबा वक़्त लगता है। तब तक लॉक डाउन में जीना ही समाधान है। बेकारी और बेरोज़गारी हो तो हो। यह साल अपनी और अपने वालों की जान बचाने का साल है। यह हमेशा याद रखना होगा।

56

कहानी दो जुड़वां हमशक्लों की

वैसे मैं गया तो था भोपाल कलेक्टर तरुण पिथोड़े से मिलने, जो किसी बैठक के सिलसिले में पुलिस कंट्रोल रूम आए हुए थे। वो सामने सोफ़े पर बैठे थे और मुझे बता रहे थे कि पटना और पुणे में पानी गिरा तो हाहाकार मचा, मगर भोपाल में औसत से सत्तर फ़ीसदी ज़्यादा बारिश होने के बाद भी हल्ला नहीं हुआ। उनसे बात ख़त्म कर मैंने पीछे मुंह घुमाया ही था कि हैरान रह गया। एक जैसी शक्ल-सूरत और कपड़े वाले दो लोग एक ही सोफ़े पर अगल-बगल में बैठे थे। पहले तो एक पल को झटका-सा लगा कि सब कुछ सही देख रहा हूं या आंखों का ये धोखा हो रहा है। मगर अगले ही पल अपने को संभाला और फिर दोनों को गौर से ऊपर से नीचे तक देखने लगा। मेरी हैरानी देखकर वहीं बैठे एसएसपी इरशाद वली बोले – 'अरे! परेशान मत हो। ये भोपाल की बड़ी चर्चित जुड़वां जोड़ी हैं। पहली बार इनको देखकर सबको झटके लगते हैं।'

'अरे भैया! झटके नहीं, हमें देखकर कई दफ़ा लोग सदमे में आ जाते हैं।' एमपी नगर के अपने ऑफ़िस में अगल-बगल में एक जैसे कपड़े पहनकर बैठे गौरव शर्मा और सौरभ शर्मा यह हमें बता रहे थे।

यह क़िस्सा सौरभ ने बताया कि एक बार वो किसी अफसर से मिलने सरकारी दफ़्तर में पहुंचा। उसी वक़्त एक और व्यक्ति उसी अधिकारी से मिलने जा रहा था। मैंने और उसने एक साथ रजिस्टर पर एंट्री की। मैं सीढ़ियों से दो मंज़िल चढ़ा मगर वो लिफ़्ट से उस अफसर के पास पहुंचा जहां पहले से ही गौरव मौजूद था। कमरे में एंट्री करते ही जैसे ही उस

व्यक्ति ने गौरव को देखा तो सीना पकड़कर धम्म से सोफ़े पर बैठ गया और जब तक सौरभ सीढ़ियों से उस कमरे में आ नहीं गया, उसकी सांस ऊपर-नीचे होती रही। वो यह देखकर हैरान था कि जिस व्यक्ति को वो सीढ़ियों पर छोड़कर आ रहा है, वो मुझसे पहले कैसे इस कमरे में मौजूद है। हंसते-हंसते गौरव-सौरभ ने कहा कि वो बोल भर नहीं रहा था, मगर उसके हाव-भाव ऐसे ही थे जैसे कोई ज़िंदा भूत देख लिया हो।

ऐसे एक नहीं कई क़िस्से हैं। भिंड के बस स्टैंड मोहल्ले के अस्पताल वाले शर्मा जी के ये दोनों लड़के गौरव शर्मा और सौरभ शर्मा बचपन से ही अपनी मिलती-जुलती शक्ल-सूरत और कपड़ों के कारण चर्चा में रहते आए हैं। 'सलमान खान की *जुड़वां* फ़िल्म का यह असर रहा कि स्कूल में कितनी भी शरारत करो, टीचर मारते नहीं थे क्योंकि उस फ़िल्म में बताया गया था कि एक जुड़वां भाई को मारो तो दूसरे को भी चोट लगती है। बस फिर क्या था? खूब ऊधम करो। सारे शिक्षकों ने एक दूसरे को *जुड़वां* फ़िल्म का क़िस्सा सुना दिया था। ऐसे में अपना बचपन अच्छे से गुज़रा। कक्षा के दूसरे दोस्तों की टुकाई होती मगर अपन भिंड के स्कूल में पिटाई से बचते रहे। हां, यह ज़रूर हुआ कि कभी सड़क पर गौरव के हिस्से की पिटाई सौरभ को खानी पड़ी। गौरव के दोस्त का झगड़ा हुआ तो झगड़ा कर गौरव भाग गया, रह गया मैं, तो मुझे गौरव समझकर पीट दिया।' सौरभ ने हंसकर बताया।

आमतौर पर जुड़वां बच्चों को बचपन में ही एक जैसे कपड़े पहनाए जाते हैं, मगर बचपन की यह आदत गौरव-सौरभ में बड़े तक क़ायम है। दोनों एक जैसे ही कपड़े पहनकर निकलते हैं। शर्ट, पेंट, जूते, घड़ी, पेन और हाथों में पहनने वाली अंगूठियों के नग तक दोनों के एक जैसे हैं। चेहरा-मोहरा और क़द-काठी तो भगवान ने दोनों को समान दी हुई है। साथ ही बालों में आ रही सफ़ेदी भी तक़रीबन एक जैसी है। इसका असर यह होता है कि इनको देखने वाला तुरंत धोखा खाकर सदमे में आने को उतावला हो जाता है।

फ़र्क़ बस यही है कि एक भाई इंजीनियर तो एक डॉक्टर है, मगर कंपनी दोनों मिलकर आईटी सॉल्यूशन की चला रहे हैं। एक साथ एक कंपनी में काम करना ही लोगों की उलझन का कारण बनता है। दफ़्तर में काम करने वाले लोग तो चकित हो ही जाते हैं। पहली या दूसरी बार में बड़े

अफ़सर भी नहीं मानते कि कोई दूसरा जुड़वां भी होगा, जब तक मिला ना दिया जाए। इस बीच एक-दो एपिसोड ऐसे हो जाते हैं कि सदमे की नौबत आ जाती है।

'एक जैसे दिखना और एक जैसे कपड़े पहनना ही हमारी पहचान है।' यह कहते हैं इंजीनियर गौरव। डॉक्टर सौरभ कहते हैं – 'यही हमारी टीआरपी है, यही हमारी ख़ासियत है। हम जहां जाते हैं, वहां हमारी ही चर्चा होने लगती है। सड़क पर चलते कोई हमें राम-श्याम कहता है तो कोई लव-कुश मगर हमें सब अच्छा लगता है। किसी बात का हम बुरा नहीं मानते क्योंकि चीन में जुड़वां लोगों को भगवान के भेजे विशेष लोग माना जाता है। हम भी मानते हैं कि हम सबसे अलग हैं, विशेष हैं।'

इन जुड़वां भाइयों की कहानी में एक ट्विस्ट और है कि उनकी बीबियां भी जुड़वां हैं और वो भी हुबहू एक जैसी दिखती हैं। गौरव-सौरभ ने बताया कि हमने अपनी जल्दी होने वाली शादी टालने के लिए किन्हीं सजातीय जुड़वां बहनों से ही शादी करने की अजीब-सी शर्त रखी और शिवपुरी की सोनी-मोनी से गौरव-सौरभ की तीन साल पहले शादी भी हो गई। ये जुड़वां लड़कियां भी बचपन से एक साथ ही रहीं हैं और एक साथ रहने के सपने देखती थीं। अब ये चारों रोहित नगर में एक साथ ही रहते हैं और जुड़वां होने को एंजॉय करते हैं। हमने पूछा – 'जैसे सड़क चलते लोग आपको देखकर चक्करघिन्नी होते हैं, क्या आपकी पत्नियों को कभी सदमे की हालत नहीं बनी?' 'नहीं, कभी-कभार हो जाता है मगर साथ-साथ रहते-रहते हम दोनों को फ़र्क़ समझ में आने लगते हैं। हां, शुरुआत में थोड़ी दिक़्क़त आती थी।' शर्माते हुए गौरव सौरभ ने बताया। मगर दिक़्क़त क्या आई? यह हमने नहीं पूछा।

57

सेरेनडिपिटी सिनरिन योकू और सरकारी फ़रमान

आॅफिस को जब तामिया जाने का बताया था तो यही मक़सद था कि मुख्यमंत्री कमलनाथ से बेहतर तरीक़े से संवाद हो जाएगा और मीडिया की भीड़-भाड़ कम रही तो फुरसत में अच्छा सा इंटरव्यू, जिसे टीवी की घनघोर भाषा में टिक-टैक कहा जाता है, भी किया जा सकता है। मगर हमारे नए सीएम कमलनाथ जी के पास जो नहीं है वो है - फुरसत। उनका मिनट-मिनट का शेड्यूल होता है और वो पूरे वक़्त नए-नए काम में अपने आपको व्यस्त रखते हैं। चलते-चलते ही बाइट देते हैं और यदि वो ज़रूरी सगझेंगे तो आपको बैठकर इंटरव्यू दे देंगे तो इन सारी परिस्थितियों के मद्देनज़र यह तो मालूम था कि टिक-टैक या इंटरव्यू की गुंज़ाइश कम ही है, मगर यह उत्साह ज़रूर था कि अपने राष्ट्रीय चैनल के दोस्तों के साथ एक नई जगह देख ली जाए वो जगह थी - तागिया। जहां पर सीएम कमलनाथ एक नए रिसॉर्ट सेरेनडिपिटी का उद्घाटन करने आने वाले थे।

रात के अंधेरे में तो सेरेनडिपिटी एक सामान्य-सा रिसॉर्ट ही लगा, जिसके नागपुर के रहने वाले मालिक डॉक्टर सुश्रुत बाभुलकर दिलचस्प व्यक्ति लगे। उन्होंने अपने परिवार की डॉक्टरी की कमाई से तामिया में यह रिसॉर्ट बनाया और कोशिश की कि जितना लंबा वक़्त लगे, उतना अच्छा ताकि स्थानीय लोगों को लंबे समय तक रोज़गार मिलता रहे। रात में बातों-बातों में उन्होंने हम सबको पास की पहाड़ की चोटी पर ब्रेकफ़ास्ट करने का आइडिया दिया। इसे वो ब्रेकफ़ास्ट ऑन टॉप कह रहे थे। पहले

तो यह बात अनोखी लगी कि सुबह-सुबह पहाड़ी की चोटी पर कौन बैठकर नाश्ता करेगा? फिर उनकी सबसे कठिन शर्त यह थी कि इसके लिए सुबह छह बजे उठकर जाना होगा। उफ़! जब यह बात हो रही थी, उस वक़्त तक रात के साढ़े बारह बज गए थे और अगले एक-दो घंटे हम दोस्तों को और गपियाना था। ऐसे में सुबह उठना कितना मुश्किल था, हम सब जानते थे मगर अपने होस्ट का दिल रखने के लिए एक सुर में हम सभी ने हामी भरी और चल दिए अपने कमरों की ओर। वहां एकाध घंटे की पंचायत और हुई और सोते-सोते रात के दो-ढाई बज गए। ऐसे में सुबह पास के कमरे से छह बजे फ़ोन बजा तो भरोसा नहीं हुआ कि कोई उठ भी गया है। 'अरे यार! उठना नहीं है, पहाड़ पर चलना नहीं है?' ऐसे में हम कुनमुनाए तो फ़ोन पर ही गालियां और ताने मिलने एक साथ शुरू हो गए। 'क्या इस सब के लिए आए थे? एक दिन उठ नहीं सकते?'

मरता क्या नहीं करता? उठे तो यह सेरेनडिपिटी कुछ और ही लगा। बिलकुल अपने नाम के मुताबिक़ यानी कि अकस्मात कुछ खोज लेना या आकस्मिक लाभ। हम आए तो तामिया थे मगर यह बड़ी-सी ख़ूबसूरत जगह अचानक ही मिल गई। चारों तरफ़ जंगल की हरियाली से घिरे और बीच में छोटी-सी झील के किनारे बने इसे रिसॉर्ट की ख़ूबसूरती देखकर हम सब लगभग चमत्कृत थे, मगर बड़ा सरप्राइज तो पहाड़ की चोटी पर हमारा इंतज़ार कर रहा था। बड़े बेमन से बिस्तर छोड़ने के बाद कमरे से बाहर आकर चेहरे पर जो तेज़ ताज़ा हवा लगी तो सारा का सारा मूड ही बदल गया। बस फिर क्या था? उसके बाद दोस्तों को उठाया और चल पड़े पास के पहाड़ की ओर पैदल।

रिसॉर्ट के बाहर निकलते ही लंबे-लंबे साल के पेड़ों के बीच से निकलकर ठंडी धीमी-धीमी हवा हमें छूकर ऐसी गुज़र रही थी, मानो हाल पूछ रही हो हमारा। हम हवा से क्या कहते? बहुत दिनों के बाद ऐसी हवा को महसूस किया था। साथ चलने वाले नेचुरलिस्ट पराग देशपांडे ने बताया कि यहां पर हवा पचासी फ़ीसदी से ज़्यादा शुद्ध है, क्योंकि शुद्ध हवा का संकेत होती है यहां पर कुछ पेड़ों पर चिपकी हुई लाइकेन। हरे रंग की इस लाइकेन को हम आसान शब्दों में काई और फफूंद का मिश्रण कह सकते हैं। वाकई वो ऐसी हवा थी जो हमें तेज़ी से तरोताज़ा कर रही थी।

पराग ने बताया कि जापानी पद्धति है – सिनरिन योकू यानी कि जंगल स्नान! हममें से किसी ने हंसकर कहा – 'क्या जंगल में आकर नहाना?' तब पराग ने समझाया कि पहाड़ और जंगल के परिवेश की ताज़ा हवा, सुबह की रोशनी और चहचहाते पक्षियों के मधुर कोलाहल को महसूस कर उसमें अपने आपको डुबा कर ताज़ादम होना ही जंगल स्नान है।

हम जंगल स्नान करते हुए और कवि भवानी प्रसाद मिश्र की कविता 'सतपुड़ा के घने जंगल, नींद में डूबे हुए-से, ऊंघते अनमने जंगल' को गुनगुनाते हुए ऊपर चढ़ रहे थे और तामिया की इस नैसर्गिक सुंदरता के दीवाने होते जा रहे थे। ऊंची-नीचे खुरदुरी चट्टानों पर चढ़ते हुए जब हम ऊपर पहुंचे तो हवा का स्वर ही बदल गया था। अब वो हमें गुदगुदाकर पूछ रही थी कि कैसा लगा यहां आकर? और हम क्या बोलें।

हम समुद्र सतह से तकरीबन तेरह सौ फ़ीट ऊपर आ गए थे। सामने लाल पहाड़ी थी, जिसे वल्चर पॉइंट कहा जाता है। बस फिर क्या था? मोबाइल के कैमरे चमकने लगे। कोई फ़ेसबुक लाइव, तो कोई सेल्फ़ी, तो कोई ग्रुप फ़ोटो के लिए चिरौरी कर रहा था। जब इससे फ़ुरसत मिली तो उधर लाल कुर्सियां और सफ़ेद टेबल हमारा इंतज़ार कर रही थीं – ब्रेकफ़ास्ट ऑन टॉप के लिए।

गर्मागर्म चाय और कॉफ़ी के साथ सैंडविच, पोहा और दही-पराठा खाकर हम तृप्त हो गए थे, मगर लंबा सुकून हम टीवी पत्रकारों के नसीब में नहीं होता। फिर वही पुरानी कहानी दोहराई गई। रास्ते में ही दिल्ली के किसी अख़बार में छपी ख़बर से चैनलों में जो हंगामा मचा तो वो पूरे दिन रहा। फिर दिन भर हमारे साथी सेरेनडिपिटी की ख़ूबसूरती छोड़ लाइव और एक अदद बाइट की मारामारी में जुट गए। ख़बर नसबंदी को लेकर जारी हुए एक अजीबो-ग़रीब सरकारी फ़रमान से जुड़ी हुई थी, जिसमें सुबह से लेकर शाम तक सरकारी अधिकारियों के विकेट गिरते रहे।

58

यूं जाना एक भले आदमी का

बस थोड़ी देर पहले ही भदभदा विश्राम घाट से लौटा हूं, और अब सोच रहा हूं कि कितना अच्छा होता कि जिस व्यक्ति की देह को अग्नि में समर्पित कर लौटे हैं, उसकी यादें भी उसी तरह धुआं बनकर, उड़ कर, अनंत में विलीन हो जातीं तो दिल-दिमाग़ में बैचेनी तो नहीं होती। फिर शायद मैं यह सवाल भी नहीं उठाता कि भगवान को अपने पास भले लोगों को बुलाने की क्यों इतनी जल्दी होती है। क्या वो जानते नहीं कि भले लोग तो दुनिया में वैसे भी कम हैं और रोमी जी जैसा भला आदमी तो मैंने अपनी अब तक की ज़िंदगी में नहीं देखा। यह बात मैं बिना किसी भावुकता के कह रहा हूं।

हमारे रोमी जी यानी कि तरंग इलेक्ट्रॉनिक्स के तजिंदर सलूजा। मझोला क़द, भारी-सा सरदारों वाला शरीर, खुली बिखरी हुई दाढ़ी, बेपरवाही से बांधा हुआ पग्गड़ और चेहरे पर हर वक़्त रहने वाली सदाबहार मुस्कान, जिसमें हर किसी को अपना बना लेने की चाहत दिखती है। मैंने उनको पहली बार छह अक्टूबर 2009 को देखा था - न्यू मार्केट के इंडिया होटल में उड़न परी पीटी उषा के कमरे में गुमसुम बैठे हुए। उस दिन उषा जी भोपाल आई थीं और उनके रहने का ठीक-ठाक इंतजाम नहीं होने से वो दुखी थीं। टीवी चैनल पर उनके आंसू देख न्यू मार्केट की अपनी दुकान छोड़ उन तक पहले पहुंचने वाले पहले शख़्स रोमी जी ही थे, जो उनसे किसी दूसरे होटल या अपने घर चलने का आग्रह कर रहे थे। उसी दरम्यान हम पहुंचे और बाद में पता चला कि ये रोमी सलूजा हैं जो उस रात उषा जी को होटल जहांनुमा तक छोड़ने के बाद ही घर गए।

इस ख़बर के बाद तो मेरी रोमी जी से गाहे-बगाहे मेल-मुलाक़ात होती रही। बजट के मौक़ों पर उनकी दुकान के इलेक्ट्रॉनिक्स के विजुअल्स और बाइट लेने के दरम्यान ही पता चला कि रोमी जी खेल के शौक़ीन तो हैं ही साथ में पढ़ने-लिखने में भी उस्ताद हैं। वो *जनसत्ता* के साथ ही सुबह-सवेरे में रविवार को छपने वाली ग्राउंड रिपोर्ट बिला नागा पढ़ते और मौक़ा मिलता तो फ़ोन कर चर्चा भी करते। उन दिनों मैंने एक रिपोर्ट पीटी उषा पर लिखी तो उनका भी ज़िक्र कर दिया। इस पर वो बेहद सकुचाए और कहा – 'इतना तो कुछ किया नहीं मैंने।' मेरी किताब *ऑफ़ द स्क्रीन* में यह पूरा क़िस्सा है।

धीरे-धीरे रोमी जी खुले तो यह भी पता चला कि उनके विशाल शरीर में बेज़बान जानवरों के लिए भी नन्हा-सा दिल धड़कता है। उत्तराखंड पुलिस के घोड़े शक्तिमान को एक प्रदर्शन के दौरान कथित तौर पर बीजेपी के विधायक के डंडे से पैर में चोट आई थी। तब रोमी जी उसके लिए बहुत दुखी हुए। मुझसे अक्सर उस घायल घोड़े की बात करते और कहते कि आदमी असहाय जानवर को क्यों मारता है? शक्तिमान के दम तोड़ने पर रोमी जी ने सिख होने पर भी अंडा खाना छोड़ दिया। मैंने पूछा, क्यों? तो उन्होंने कहा कि उस जानवर की मौत पर किसी ना किसी इंसान को प्रायश्चित तो करना ही चाहिए।

रोमी जी की बिट्टन मार्केट में दुकान के दरवाज़े पर ही अनेक गली के कुत्ते बैठे मिल जाते। उनमें से कोई बीमार होता था, तो किसी को जानवरों ने घायल कर दिया होता था तो किसी को गाड़ी ने कुचल दिया होता था और इन सबका सहारा बनते थे हमारे रोमी जी। वह जगह-जगह से इनको यहां लाते, उनका इलाज कराते, खाने-पीने की व्यवस्था करते। कोरोना के दरम्यान जब लॉकडाउन लगा तो एक दिन मुझे शाम को रोमी जी अपनी पत्नी के साथ कार में जाते दिखे। मुझे देख कर कार रोकी तो मैंने पूछा, 'आप दोनों लॉकडाउन में क्यों बाहर तफ़रीह कर रहे हैं? इस पर पता चला कि सलूजा दंपति लॉकडाउन में पास बनवाकर जानवरों को खाना देने रोज़ निकलते हैं। कार में पीछे बिस्कुट, खिचड़ी, भजिया भरी हुई थी। कुत्तों से लेकर गायों तक वो रोज़ खाना देने निकलते थे।

विनम्रता और सौम्यता में रोमी जी का कोई सानी नहीं था। जिसे भी उनकी दुकान पर भेजा, वो उनका मुरीद बनकर लौटता था। दिल जीतने की

कला कोई उनसे सीखे। दुकान पर सामान लेने वालों को वो कभी पूरे पैसे देने पर ज़ोर नहीं देते थे। हर बार यही कहते आ जाएंगे पैसे, पैसों का क्या है। रोमी जी के परिचित मोहन शर्मा कभी उनके सामने ही हंस कर कहते थे कि भगवान ने रोमी जी को बनाने के बाद वो सांचा ही तोड़ दिया, जिससे उनके जैसे लोग दूसरे हुए ही नहीं। वो उधार लेकर दोस्तों की मदद करने वालों में से थे। तभी तो भदभदा के विश्राम घाट पर उनके दोस्तों और चाहने वालों की भारी भीड़ लगी थी उनको अंतिम विदाई देने।

भले आदमी के बारे में आपने कहानियों में पढ़ा होगा, मगर रोमी जी से मिलकर आप ज़रूर कहते कि मेरी भले आदमी से मुलाक़ात हो गई। ऐसे भले आदमी को भगवान ने 27 जनवरी 2021 को भोपाल-होशंगाबाद के बीच हुई सड़क दुर्घटना में हम सब से छीन लिया। विनम्र श्रद्धांजलि!

59

अथ श्री एमपी की टाइगर कथा

मध्यप्रदेश वैसे भी पुराना टाइगर स्टेट है। पीली-काली धारियों वाले टाइगर से लेकर सफ़ेद टाइगर की दहाड़ें यहां के छह टाइगर रिजर्व पार्क में सालों से सुनाई देती रहीं हैं। यह भी संयोग ही है कि कुछ साल पहले टाइगर की संख्या में कमी आने पर प्रदेश से टाइगर स्टेट का दर्जा छिन गया था। मगर पिछले साल मध्यप्रदेश में बाघों की संख्या पांच सौ से ज़्यादा होते ही टाइगर स्टेट का दर्जा मिला और अब जंगल तो जंगल, राजधानी से भी टाइगर की दहाड़ें सुनाई देने लगीं हैं। *टाइगर अभी ज़िंदा है* नाम की सलमान खान की साधारण फ़िल्म मध्यप्रदेश की राजनीति में इन दिनों ग़ज़ब प्रासंगिक हो गई है।

पंद्रह साल बाद जब बीजेपी मध्यप्रदेश की सत्ता से हटी और विपक्ष में गई तो उसे जिस किसी जुमले से सबसे ज़्यादा सहारा मिला तो वो यही था – 'टाइगर ज़िंदा है।' जैसा कि प्रदेश की जनता ने देखा कि सत्ता से हटने के बाद पूर्व मुख्यमंत्री शिवराज सिंह ने हार नहीं मानी और वो कुछ दिनों बाद ही सड़कों पर उतर पड़े। प्रदेश के लंबे-लंबे दौरे करने लगे। बीजेपी कार्यकर्ताओं पर हमले होते या फिर उन पर जहां परेशानी होती, शिवराज अपने काफ़िले के साथ दूर-दूर तक निकल पड़ते। किसानों के बीच जाते उनकी परेशानी अपनी बताकर उनकी लड़ाई लड़ने का जज़्बा जगाते। इसी बीच किसी दिन उनके मुंह से यह जुमला निकल पड़ा – 'चिंता नहीं करना क्योंकि टाइगर अभी ज़िंदा है।'

शायद सबसे पहले यह जुमला उन्होंने सीहोर जिले की किसानों की सभा में बोला था। इस जुमले में दम था और टीवी चैनलों पर यह डायलॉग

जमकर चला। फिर क्या था? यह डायलॉग शिवराज अपनी हर सभा में बोलने लगे और जनता उस पर ख़ूब ताली पीटती। हालांकि शिवराज फ़िल्मी नेता नहीं हैं। गांव-ज़मीन और खेती-किसानी वाले आदमी हैं तो उनकी ज़बान से यह बात उतनी जमती नहीं थी, मगर जनता थी कि इस डायलॉग पर रीझ कर तालियां पीटती।

इस दरम्यान उनसे मुलाक़ात होने पर हमने उत्सुकतावश पूछा कि मंचीय सभाओं में तो आप चौपाई, दोहे और सूक्तियां बोलते हो। यह 'टाइगर अभी ज़िंदा है' सरीखा फ़िल्मी डायलॉग आपको कहां से याद आ गया? आप तो फ़िल्में-विल्में वैसे ही कम ही देखते हो। जैसा कि होता है शिवराज अपने राज को राज ही रखते हैं। हंस कर कहा – 'अरे बस! याद आ गया कि हमारे लोगों को सताओगे तो हम पीछे नहीं हटेंगे और लड़ता तो टाइगर ही है। हमने हाथ उठाया और कह दिया कि चिंता मत करो टाइगर अभी ज़िंदा है। जनता खुश हुई तो लगा कि अब तो टाइगर बन कर ही लड़ना है, इस कांग्रेस की सरकार से।'

शिवराज लड़े कांग्रेस की सरकार से और पंद्रह महीने बाद अकल्पनीय तरीक़े से बीजेपी की सरकार में वापसी हो गई। सरकार वापस ही नहीं आई, मुख्यमंत्री भी शिवराज सिंह चौहान ही बने। वो भी चौथी बार। जो लोग यह कयास लगा रहे थे कि इस बार आलाकमान अपने मन की करेगा और शिवराज को साइड लाइन कर यहां भी हरियाणा और झारखंड दोहराया जाएगा यानी कि किसी अंजान चेहरे को सीएम बनाया जाएगा, मगर एक बार फिर तमाम अनुमान झूठे निकले और ज़िंदा टाइगर फिर मुख्यमंत्री बन गया।

मगर सरकार बनने के बाद मंत्रिमंडल गठन के बाद मध्यप्रदेश की राजनीति में एक टाइगर और आ गया। यह ज्योतिरादित्य सिंधिया थे जिन्होंने राजभवन से निकल कर टीवी कैमरों की भीड़ के सामने कहा, 'जो लोग दो महीने से उनके ख़िलाफ़ चरित्र हनन की कोशिश कर रहे हैं, वो जान लें कि टाइगर अभी ज़िंदा है।' मगर पुराने टाइगर डायलॉग और नए टाइगर डायलॉग में अंतर था। पुराना डायलॉग अनगढ़, अचानक और बिना तैयारी का था।

नए वाले में टाइगर के बाद पॉज़ और हल्की-सी मुस्कराहट थी, ऐसा लगता था कि डायलॉग बोलने की तैयारी थी। जैसा कि तय था नया डायलॉग

भी हिट हो गया। सिंधिया ने दूसरे दिन भी बीजेपी दफ़्तर में यह डायलॉग मारा कि कुछ चीलें मुझे नोचना चाहती हैं, मगर टाइगर अभी (पॉज) ज़िंदा है। तालियां यहां भी पिटीं। इसी के साथ टाइगर को जवाब देने का सिलसिला शुरू हो गया। दिग्विजय ने छोटे सिंधिया को बताना चाहा कि वो बड़े सिंधिया के साथ टाइगर का शिकार करते थे तो कमलनाथ ने 'काग़ज़ी और सर्कस का शेर' तक कह कर सिंधिया की हंसी उड़ाई। हमारे जैसे राजनीति पर लिखने और समझने की कोशिश करने वाले लोग यह अनुमान लगाने लगे कि मध्यप्रदेश की शांत-सी राजनीति में अचानक टाइगर क्यों दहाड़ने लगे?

राजनीति में बड़ा नेता कुछ भी यूं ही नहीं बोलता और जो वो बोलता है, उसके पीछे बहुत सारे मायने होते हैं और वो पहले से तय होता है। गुरुवार को सिंधिया राजभवन से अपने दस समर्थकों को शिवराज सरकार में मंत्री बनवा कर निकले थे। कमलनाथ सरकार में उनके छह मंत्री थे तो नई सरकार में उनके बारह मंत्री हो गए हैं। स्वाभाविक है कि यह उनके अंदर की उमंग और अपने विरोधियों को संदेश देने का समय था जो उनको बीजेपी की भीड़ में गुम होने वाला नेता करार देकर खुशियां मना रहे थे। यह उनको सिंधिया का जवाब था।

अब बीजेपी में दो टाइगर हो गए हैं। कौन-सा टाइगर ज़्यादा ताक़तवर होगा। यह भी बड़ा सवाल है जिसका जवाब लोग अपने-अपने तरीक़े से तलाश रहे हैं। पुराने टाइगर का ट्रैक रिकॉर्ड अद्भुत है। वो बिना गुर्राए, बिना नाखून दिखाए अपनी विनम्रता और सहजता में ही पिछले चौदह सालों में मध्यप्रदेश में बीजेपी के बड़े-बड़े टाइगर और टाइग्रेस को प्रदेश की राजनीति के जंगल से बाहर खदेड़ चुका है। तभी वो टाइगर चौदह साल सीएम रहने के बाद भी आलाकमान को ज़्यादा मुफ़ीद लगता है और बार-बार उसे ही प्रदेश की कमान दे दी जाती है।

60

वाह जी महाराज वाह,
राजा महाराज संवाद

'वाह जी महाराज! वाह, वाह जी महाराज!!' ये वो शब्द थे, जो राज्यसभा में राष्ट्रपति के बजट भाषण पर हुए धन्यवाद प्रस्ताव पर हुई बहस के बीच में सुनाई दिए। सुनाने वाले थे कांग्रेस के सांसद दिग्विजय सिंह और सुनाए गए थे बीजेपी के सांसद ज्योतिरादित्य सिंधिया को। राज्यसभा में हुआ यह राजा, महाराजा संवाद हम मध्यप्रदेश की राजनीति की समझ रखने वालों के लिए दिलचस्प और कई मायने में निराला है।

हुआ यूं कि जैसी कि सदन की परंपरा है, राष्ट्रपति के धन्यवाद प्रस्ताव पर बीजेपी के सांसद ज्योतिरादित्य सिंधिया ने मोदी सरकार का पक्ष लेते हुए सरकारी नीतियों की तारीफ़ की। उन्होंने पूर्व प्रधानमंत्री अटल बिहारी वाजपेयी को याद करते हुए कहा कि जो सपना अटल सरकार ने देखा, उसे मोदी सरकार ने पूरा कर दिखाया है।

अपने लंबे भाषण में ज्योतिरादित्य सिंधिया ने कोरोना लॉकडाउन और इमरजेंसी का ज़िक्र कर अपनी पुरानी पार्टी को घेरने की कोशिश की। सिंधिया जब भाषण ख़त्म कर बैठे तो जिसका नाम सभापति वैंकेया नायडू ने पुकारा तो सदन में सबके चेहरे पर मुस्कराहट आ गई। यह नाम था कांग्रेस सांसद दिग्विजय सिंह का, तो इस पर नायडू भी मुस्कराए बिना नहीं रह सके और बोल उठे मैंने कोई परिवर्तन नहीं किया। जिसका नाम लिस्ट में आया है उसे ही पुकार दिया। बस फिर क्या था? हंसते-मुस्कराते दिग्विजय सिंह खड़े हुए और बोले - 'सभापति जी! मैं आपके माध्यम से सिंधिया जी को

बधाई देता हूं कि जितने अच्छे ढंग से वो यूपीए सरकार का पक्ष रखते थे उतने ही अच्छे ढंग से उन्होंने आज भाजपा का पक्ष रखा। आपको बधाई हो!' फिर अपने दोनों हाथ उठाकर बोले, 'वाह जी महाराज! वाह, वाह जी महाराज!!' उधर दिग्विजय सिंह के इन व्यंग्य बाणों पर सिंधिया मंद-मंद मुस्कराते रहे और फिर बोल उठे – 'आपका आशीर्वाद बना रहे।' इस पर फिर दिग्गी राजा मुस्कराते हुए बोले – 'वो तो हमेशा रहेगा। आप जिस पार्टी में रहें, आगे भी जो हो, हमारा आशीर्वाद आपके साथ था, है और रहेगा।' इस राजा-महाराजा संवाद पर पूरा सदन ठहाका लगाकर हंस पड़ा और इस ठहाके की गूंज दूर मध्यप्रदेश तक सुनाई देती रही।

इस दुर्लभ संवाद के कुछ घंटे बाद मैं भोपाल के कांग्रेस दफ़्तर में था और वहां पर बने प्रवक्ताओं के कक्षों में भी बार-बार यही वीडियो देखा जा रहा था और इसी पर चर्चा हो रही थी। कांग्रेस में लंबे समय से सक्रिय एक नेता बोल उठा – 'यार! देख कर दुख होता है कि इस इंदिरा भवन में पंद्रह साल बाद रौनक लाने वाले भी ये दोनों ही थे, तो रौनक लुटाने वाले भी ये दोनों ही हैं। दोनों ही राज्यसभा में पहुंच ही गए हैं और एक दूसरे की तारीफ़ कर रहे हैं, एक दूसरे से आशीर्वाद मांग और आशीष दे रहे हैं।'

इस पर मुझसे रहा नहीं गया। मैंने कहा – 'आपको दुख क्यों हो रहा है? हमारे मध्यप्रदेश के दो दिग्गज नेता राज्यसभा में प्रदेश हित की बात कर रहे हैं, संवाद कर रहे हैं तो आप दुबले क्यों हो रहे हैं? गर्व करिए इस पर।' मगर वो नेता जी तो सुलगे हुए थे – 'भैया! हमारा दुख तो यह है कि पंद्रह साल पहले भी हम इस बेरौनकी में थे और आज भी हैं। अरुण यादव जी के साथ भी प्रदर्शन कर पुलिस के लट्ठ खाए थे, तो अभी कुछ दिनों पहले कमलनाथ जी के साथ भी आंसू गैस झेली। क्या हमारी क़िस्मत में लाठी और आंसू गैस ही लिखी है? जिसको जो मिलना था, मिल ही गया।' नेताजी की बात तो गहरी ही थी। एक महीने बाद ही साल भर होने को है, जब मध्यप्रदेश में ऑपरेशन लोटस हुआ था और उन सत्रह दिनों में ही कमलनाथ की सरकार पंद्रह महीने में ही पूर्व हो गई थी।

आम कांग्रेसी सरकार गिरने की जो बात जानता है, वो यह कि झगड़ा राज्यसभा की सीट का था। प्रदेश से कांग्रेस के हिस्से दो सांसद जाने थे और इसके लिए राजा, महाराजा का नाम चल रहा था। नाम घोषित करने

की देरी में महाराज सिंधिया नाराज़ हो गए और बीजेपी से जा मिले। उसके बाद कांग्रेस से राजा दिग्विजय सिंह और बीजेपी से महाराज ज्योतिरादित्य सिंधिया उम्मीदवार बने और निर्विरोध निर्वाचित होकर अब संसद के उच्च सदन की शोभा बढ़ा रहे हैं। मगर हम जानते हैं कि बात सिर्फ़ इतनी-सी नहीं थी। कमलनाथ सरकार बनने के बाद से ही कांग्रेस में बहुत कुछ सुलग रहा था, जो बाद में राज्यसभा की सीटों के झगड़े और बड़े नेताओं के मनमुटाव के तौर पर सामने आया। कांग्रेस की सरकार कम उमर में ही अपनी गति को प्राप्त हो गई।

राज्यसभा के इस एपिसोड को राजनीतिक विश्लेषक और पत्रकार रशीद किदवई अलग नजरिए से देखते हैं। उनका कहना है कि प्रदेश के दो लोकप्रिय और भारी जनाधार वाले नेता संसद के सदन में चुन कर जाने की जगह यदि निर्वाचित होकर जा रहे हैं तो समझिए कि अब राजनीति किस दिशा की ओर जा रही है। यदि लोकसभा चुनावों के परिणाम इन दोनों नेताओं के ख़िलाफ़ नहीं आते तो शायद कांग्रेस की सरकार को लेकर इस तरह का आत्मघाती झगड़ा भी नहीं होता और ये हास्य-व्यंग्य और तंज हम राज्यसभा में मध्यप्रदेश के दो ताक़तवर नेताओं के बीच देख नहीं पाते। हम भी कहेंगे कि बात में दम तो है, अब तंज मारने से कुछ नहीं होगा। सरकार जाने का अफ़सोस लंबे समय तक कार्यकर्ताओं को सालता रहेगा। नेताओं का क्या है? लोकसभा नहीं तो राज्यसभा में चल देंगे।

61

वो वसुंधरा राजे जिनको हम जानते नहीं थे

वैसे तो सुबह हम निकले थे सहकारिता मंत्री गोविंद सिंह के घर की ओर, मगर चौहत्तर बंगले के पास पहुंचते ही फॉलो गार्ड के साथ गाड़ियों का काफ़िला निकला। सोचा, कौन हो सकता है? तभी याद आया कि हो ना हो ये राजस्थान की पूर्व मुख्यमंत्री वसुंधरा राजे सिंधिया होंगी जो बीजेपी के नेता कैलाश सारंग के घर जा रहीं हैं। बस फिर क्या था? अपनी गाड़ी घुमाई और सारंग जी के घर पर पहुंचे। बाहर मीडिया के साथी इंतज़ार कर रहे थे वसुंधरा जी के बाहर आने का जो भोपाल आई हुईं थीं – पार्टी की ओर से थारा 370 पर प्रबुद्ध लोगों से मिलने।

मेरे अंदर जाते ही दिख गए विश्वास सारंग, जो कैलाश सारंग के बेटे और भोपाल के नरेला से विधायक हैं। उन्होंने मेरा हाथ पकड़ा और अंदर बैठा दिया उस ड्राइंग रूम में जहां सामने के सोफ़े पर ग्रे और पिंक शिफ़ॉन साड़ी पहने राजस्थान की दो बार की सीएम वसुंधरा राजे सिंधिया बेहद घरेलू तरीक़े से बैठी हुईं थीं। उनके बाईं तरफ़ बैठे थे कैलाश सारंग जी और सामने बैठा था पूरा सारंग परिवार। जिनसे वसुंधरा एक-एक कर परिचय ले रहीं थीं।

वो विश्वास के बड़े भाई विवेक के दोनों बेटों से मिलकर पूछ रहीं थीं कि पढ़ाई के बाद क्या करने का सोचा है, तो थोड़ी देर बाद विश्वास के परिवार के बच्चों को उनके दादा जी के बारे में बता रहीं थीं। दरअसल, वसुंधरा राजे की मां विजयाराजे सिंधिया और कैलाश सारंग जी जनसंघ के

जमाने से साथ थे। वसुंधरा कह रहीं थीं कि जब हमारी मां प्रचार के लिए निकलती थीं तो हम सब उनके साथ उस शहर के सर्किट हाउस या होटल के बजाय किसी कार्यकर्ता के घर पर ही रुकते थे। रात में सभाएं ख़त्म कर ग्यारह बजे जब झिझकते हुए किसी के घर पहुंचते थे तो उस घर की बहुएं जागती हुई मिलती थीं। हमको बुरा लगता था कि अम्मा महाराज इतनी रात में किसी के घर परेशान करने क्यों जाती हैं? मगर वो हमें प्यार से झिड़कती और कहतीं – अरे! किसी दूसरे के घर नहीं, अपने परिवार में ही तो जा रहे हैं। फिर उस घर में पहुंचने के बाद रात को ही सबका साथ में खाना होता था और होती थीं ढेर सारी बातें। इस घर में कितनी बहुएं और कितने बच्चे हैं? बहुएं कहां की हैं? उनको क्या पसंद है? वगैरह-वगैरह। मगर अब यह सब वीआईपी कल्चर और ख़ासकर हैलीकॉप्टर आने के बाद ख़त्म हो गया है। अब प्रचार के लिए हम सुबह नौ बजे जयपुर से उड़ते हैं तो दोपहर की चार या पांच सभाएं कर पांच बजे तक हैलीकॉप्टर से उड़कर वापस आ जाते हैं। हैलीकॉप्टर शाम के बाद उड़ता नहीं, इसलिए उस मारामारी में किसी परिचित कार्यकर्ता के घर जा नहीं पाते और वो कार्यकर्ता भी उतनी सहूलियत से मिल नहीं पाता। इससे नेताओं के परिवार के बीच की बाउंडिंग ख़त्म हो गई है, मगर अब जब मुझे भोपाल आने को मिला तो मैं उन जगह ज़रूर जा रही हूं, जहां अपनी मां के साथ पुराने दिनों में जाती थी।

इन बातों के बीच में ही सारंग परिवार के किसी सदस्य ने उनको मोबाइल पर उनकी पुरानी फ़ोटो दिखा दी जिसमें वो विजयाराजे सिंधिया और सारंग जी के बीच खड़ी नज़र आ रही थीं। बस फिर क्या था? वसुंधरा बच्चों जैसे ऐसे प्रसन्न हो गईं जैसे कोई बहुत पुरानी चीज़ मिल गई हो। 'अरे देखो, देखो! मैं उन दिनों कैसे लगती थी।' फिर सारंगजी की तरफ़ मुख़ातिब होकर कहा कि आपसे मिलकर जनसंघ के दिनों के संघर्ष याद आने लगते हैं। फिर परिवार के सदस्यों की तरफ़ देख कहा कि उन दिनों हम अपनी मां और उनके साथ रहने वाले इन सब पर हंसते भी थे। ऐसी राजनीति क्यों कर रहे हैं ये सब? क्या हासिल होगा इससे मगर मालूम नहीं चला कि कब हम भी वही करने लगे जो ये सब कर रहे थे। आज देखो जनसंघ से भारतीय जनता पार्टी और हमारी पार्टी की पूर्ण बहुमत की सरकार।

इस बीच, वसुंधरा को नाश्ते के लिए हलवा और गुलाब जामुन पेश किया गया। देखते ही वो 'नो स्वीट्स, नो स्वीट्स' करने लगीं तो उनकी

मनुहार करने विश्वास की पत्नी आगे आईं और कहा – 'खाइए ना,' तो वसुंधरा ने पलटकर जवाब दिया, 'तुम खाती नहीं और मुझे खिला रही हो, अच्छा चलो तुम एक खाओ तो मैं दो खाऊंगी। मुझे मालूम है ऐसा नहीं होगा मगर तुम्हारा दिल रखने चलो, हलवा टेस्ट करते हैं। मैंने कहा, 'आप बहुत दिनों के बाद भोपाल आई हैं,' तो वो बोलीं – 'अरे दिनों नहीं, सालों में। अब मैंने भोपाल और ग्वालियर आना छोड़ दिया है।' 'क्यों?' हंसकर उन्होंने कहा – 'अरे! यहां पहले ही सिंधिया कम हैं क्या?' मैंने फिर छेड़ा – 'यदि आप 1984 में भिंड का संसदीय चुनाव जीत जातीं तो एमपी से ही राजनीति करतीं और आज आप मध्यप्रदेश बीजेपी की बड़ी नेता होतीं।'

वे बोलीं – 'अरे नहीं! वो चुनाव तो हमको हारना ही था। मेरी मां वहां से पिछला चुनाव लंबे मार्जिन से जीती थीं। फिर वहां से ज़्यादा संपर्क नहीं रहा था। इंदिरा जी की हत्या की सहानुभूति भी थी। फिर भी अपनी मां की ज़िद के कारण मुझे वहां से लड़ना पड़ा।' फिर हंस कर बोलीं – 'राजनीतिक परिवार से होना हर वक़्त फ़ायदा नहीं देता। मगर मेरी मध्यप्रदेश से राजनीति करने की इच्छा कभी नहीं हुई।'

इस बीच, कमरे में और पत्रकार साथी आ गए थे और सभी कुछ ना कुछ पूछने लगे। वसुंधरा ने सारे सवालों के जवाब पूरे भरोसे और बिना डरे दिए। वरना आजकल तो नेता ऐसे मौक़ों पर भी पहले ही चेता देते हैं कि देखो जो बोल रहा हूं, कुछ छापना नहीं। करीब डेढ़ घंटे की इस मुलाक़ात में हमने उस वसुंधरा को देखा जिनको सिंधिया राजघराने और दस साल तक राजस्थान का सीएम रहने का ज़रा भी गुमान नहीं था। वो बेहद गर्मजोशी और पारिवारिक तरीक़े से सबसे ऐसे मिल रहीं थीं, जैसे परिवार का कोई सदस्य बहुत दिनों के बाद मिलने आया है। सबके साथ फ़ोटो खिंचवा रहीं थीं और सारंग परिवार के बच्चों से कह रहीं थीं कि देखो भूलना नहीं। हम सब एक परिवार के लोग हैं। मिलते रहना।

62

कमलनाथ : जंबूरी मैदान के मंच से सीएम हाउस के पंडाल तक

दृश्य एक : वो सत्रह दिसंबर 2018 की गुनगुनी दोपहर थी, जब भोपाल के बाहर जंबूरी मैदान पर ऊंचा मंच सजा था और उस मंच पर मध्यप्रदेश के सत्रहवें मुख्यमंत्री के रूप में शपथ ले रहे थे 72 वर्षीय कमलनाथ। इस मंच पर देश भर के राजनेता अतिथि के तौर पर इस क्षण का गवाह बनने आए हुए थे। इनमें बहुत ख़ास थे कांग्रेस के तत्कालीन अध्यक्ष राहुल गांधी और यूपीए के अनेक नेता। मगर मंच का ख़ास आकर्षण बने थे - हरे रंग की बिना बांह की जैकेट पहने हुए कांग्रेस के नौजवान नेता ज्योतिरादित्य सिंधिया।

इसी मंच पर एक मौक़ा ऐसा आया जब सिंधिया के सामने 'माफ़ करो महाराज, हमारा नेता शिवराज' का नारा देने वाले शिवराज ही आ गए। बस फिर क्या था? एक यादगार फ़ोटो बन गया उस दिन का जिसमें शिवराज के एक तरफ़ सिंधिया और एक तरफ़ कमलनाथ खड़े थे और तीनों एक दूसरे का हाथ थामे थे। हमारे देश के लोकतंत्र में संभव है कि अलग–अलग विचारधारा वाली पार्टियों से चुनाव मैदान में उतरे लोग बाद में एक साथ बैठकर जनता के हित में सरकारें चलाते हैं। इन तीनों नेताओं की यह तसवीर बता रही थी अब प्रदेश सरकार सही दिशा में चलेगी, क्योंकि सत्ताधारी दल का एक युवा नेता और एक अनुभव से भरे राजनेता के साथ सार्थक विपक्ष की भूमिका वो नेता निभाने के लिए हाथ मिलाकर खड़ा था, जो तक़रीबन पिछले पंद्रह सालों से सरकार चला रहा था।

दृश्य दो : तारीख़ बीस मार्च 2020। जगह छह, श्यामला हिल्स भोपाल यानी कि मुख्यमंत्री निवास। दोपहर के बारह बजने को थे। निवास के गेट के पास के मैदान पर लगे डोम के मंच पर एक सफ़ेद कवर वाली अकेली कुर्सी रखी थी, जिसके सामने की मेज़ पर अनेक माइक आईडी रखे गए थे। कुर्सी के ठीक पीछे बड़ा-सा फ़्लेक्स लगा था जिसमें कमलनाथ की बड़ी-सी तसवीर थी और स्लोगन लिखा था – 'उम्मीदें रंग लाईं, तरक़्क़ी मुस्कराई।' मगर फ़्लेक्स के स्लोगन के ठीक उलट पंडाल में माहौल नाउम्मीदी का था। सामने एक तरफ़ लगी कुर्सियों पर कांग्रेस के विधायक आ-आकर बैठ रहे थे। ये वही विधायक थे जो कुछ दिन पहले जयपुर से लौटे थे और इन दिनों भोपाल के होटल मैरियट में डेरा डाले थे।

विधायकों की कुर्सियों में पीछे की ओर आकर चुपचाप तरीक़े से आ बैठे थे दिग्विजय सिंह। वो एक दिन पहले तक बेंगलुरु में थे और कांग्रेस से टूटे-छिटके विधायकों से मिलने के लिए सत्याग्रह कर रहे थे। वो किसी से बात नहीं कर रहे थे। हर मौक़े पर मीडिया के सवालों के हंस कर जवाब देने वाले दिग्गी राजा आज चुप थे। उनकी भाव-भंगिमा बता रही थी कि वो बेहद थके और उदास हैं। मगर दिग्गी राजा के छोटे भाई लक्ष्मण सिंह आगे की कुर्सी पर बैठ मीडिया के सवालों का जवाब उसी अंदाज़ में दे रहे थे जिस अंदाज़ के लिए वो जाने जाते हैं। बारह बजने के कुछ मिनट बाद ही मुख्यमंत्री कमलनाथ आते हैं और सामने लगे मीडिया के कैमरों की तरफ़ मुस्कराते हुए देखते हैं। कमलनाथ के चेहरे पर हमने ऐसी मुस्कान हमेशा आत्मविश्वास से भरी हुई देखी है, लेकिन आज रंग उतरा हुआ था। वो अपने कुर्ते के जेब से तीन पेज का लिखा हुआ ड्राफ़्ट निकालते हैं और बोलना शुरू करते हैं।

बड़ा ही भावनात्मक बयान देने के बाद वो कहते हैं, 'मैं अब अपना इस्तीफ़ा देने जा रहा हूं।' बस, इस एक लाइन को सुनते ही जहां हम टीवी चैनल वाले ब्रेकिंग न्यूज़ बताने में लग जाते हैं, वहीं सामने बैठे कुछ विधायकों की आंखें गीली हो उठती हैं। कमलनाथ के पीछे कतार में खड़े उनके मंत्रिमंडल के अनेक युवा मंत्री भी भावुक हो उठते हैं। एक बड़ी ब्रेकिंग न्यूज़ के आते ही थोड़ी देर बाद ही यह मजमा ख़त्म हो जाता है। मंच के एक तरफ़ हाई-टी का इंतज़ाम था। मगर हमने वहां किसी विधायक या नेता को जाते नहीं देखा। पर ख़बर कितनी ही बड़ी हो, हम मेहनतकश पत्रकार

चाय-नाश्ते में परहेज नहीं करते। अतः उन स्टालों पर टीवी के साथियों की भीड़ थी। कमलनाथ इस्तीफ़े का ऐलान कर जा चुके थे।

इस राजनीतिक प्रहसन के दोनों दृश्यों के बीच तकरीबन चार सौ साठ दिन का ही फ़ासला रहा। कमलनाथ जब जंबूरी मैदान पर अपनी पार्टी के अध्यक्ष और हज़ारों समर्थकों के सामने मुख्यमंत्री पद की शपथ ले रहे थे, तब उन्होंने कम से कम अगले पांच साल तक का वक्त तो इस पद के लिए मुकर्रर किया ही होगा। मगर राजनीति की राह कितनी रपटीली होती है, यह उन्होंने सोचा भी नहीं होगा। जो लोग पंद्रह महीने पहले उनके साथ जंबूरी मैदान पर हाथ उठाकर फ़ोटो खिंचवा रहे थे, वो आज यहां नहीं थे। वो महाराज आठ दिन पहले 12 मार्च को शिवराज के साथ खचाखच भरे बीजेपी के दफ़्तर में फ़ोटो खिंचवा रहे थे। कमलनाथ सरकार की विदाई ऐसी होगी, किसी ने सोचा नहीं था। जब कमलनाथ आए थे तो उनके पास कई सालों का केंद्र की राजनीति करने का अनुभव था। यूपीए की सरकार में वो कई बार संकटमोचक की भूमिका में रहे। पीवी नरसिंह राव की अल्पमत की सरकार में भी वो फ़्लोर मैनेजमेंट के लिए जाने जाते थे।

देश के वो सारे नेता जो आज अपनी-अपनी पार्टियों के अध्यक्ष बनकर बैठे हैं, जिनमें शरद पवार से लेकर मायावती, ममता बनर्जी, अखिलेश यादव और नवीन पटनायक तक से कमलनाथ की दोस्ती के संबंध हैं। वो सीधा उनसे फोन लगाकर बात करते हैं। उनके पास संपर्क और सियासत का ऐसा अनुभव था जिसके सामने एमपी के सारे नेता बौने दिखते थे। उन्होंने प्रदेश में कांग्रेस सरकार की जब कमान संभाली तो लगा कि बीजेपी से कम वोट पाकर भी कांग्रेस ने सरकार तो बना ली है, मगर इसे यदि कोई चला सकता है तो वो कमलनाथ ही थे, क्योंकि राजनीतिक हलके में उनका नाम मान-सम्मान सब कुछ था। कमलनाथ एक ब्रांड थे, जिसका दिल्ली से लेकर दावोस तक में सिक्का चलता है। कमलनाथ की ताकत का एक तिलिस्म-सा था, जिसके आधार पर माना जाता था कि कमलनाथ हैं, तो मुमकिन है।

इस्तीफ़े से एक दिन पहले जब मुझे उन्होंने एबीपी न्यूज़ के लिए इंटरव्यू दिया। मेरा पहला सवाल यही था कि कमलनाथ सरकार संकट में है और कमलनाथ के चेहरे पर शिकन नहीं है। इस आत्मविश्वास का राज क्या है? उस पर कमलनाथ मुस्कराए और कहा था कि वो जो बेंगलुरु गए

हैं, वो मेरे अपने लोग हैं, उनसे मेरे संबंध है। हमारा उनसे संपर्क है, जब वो आएंगे तो हमसे दूर नहीं जा सकते, हमारी सरकार उनकी सरकार है जिसके लिए उन सभी ने मेहनत की है। मगर कमलनाथ जो कह रहे थे, वो बीजेपी भी जानती थी, इसलिए इन विधायकों को भोपाल आने ही नहीं दिया और रही-सही कसर सुप्रीम कोर्ट के फ़ैसले ने कर दी जिसने कहा कि इन विधायकों का भोपाल जाना ज़रूरी नहीं है।

कहते हैं इतिहास अपने को दोहराता है। कमलनाथ की सरकार ज्योतिरादित्य सिंधिया के पाले बदलने से गिरी वरना बीजेपी नेता तीन बार पहले भी ऑपरेशन लोटस कर चुके थे। यदि आप इतिहास के पन्ने पलटें तो जानेंगे कि ज्योतिरादित्य सिंधिया की दादी विजयाराजे सिंधिया ने भी 1967 में कांग्रेस के एमएलए को पहले दिल्ली और फिर ग्वालियर ले जाकर सरकार गिराई थी, तब मुख्यमंत्री थे डीपी मिश्र और सरकार बनने के बाद सीएम बने थे गोविंदनारायण सिंह। मगर गोविंदनारायण सिंह भी लंबे समय तक मुख्यमंत्री नहीं रह पाए। विजयाराजे सिंधिया के सरकार में लगातार दख़ल देने से नाराज़ होकर उन्होंने भी उन्नीस महीने बाद ही इस्तीफ़ा दे कर कांग्रेस में वापसी कर ली थी। वैसे इतिहास से सबक़ लेते रहना चाहिए। हालांकि लोग लेते नहीं हैं।

63

तो क्या हम अपने
घर भी परमीशन लेकर जाएंगे

वो चले जा रहे थे इलाहाबाद के पथ पर यूं तो हम उस रोज़ सुबह हबीबगंज (अब रानी कमलापति) स्टेशन पहुंचे थे। पनवेल से रेलगाड़ी आने वाली थी, जिसमें मध्यप्रदेश के प्रवासी श्रमिकों को वापस लाया जा रहा था। प्रवासी श्रमिक इन दिनों बड़ी ख़बर हैं, जिसमें दुख, त्रासदी और इंसानियत सब कुछ है। मगर सुबह पांच बजे आने वाली रेल दस बजे तक नहीं आई थी और यह हमारे लिए हैरानी की बात थी कि जब देश में अधिकतर ट्रेनें ही नहीं चल रहीं, तब उस दौरान चलने वाली इक्का-दुक्का ट्रेनें भी क्यों कई घंटे देरी से चल रहीं थी। ख़ैर! हमने यही कह कर अपने को समझाया कि भारतीय ट्रेन का मतलब ही देरी से चलने वाली रेलगाड़ियां हैं।

श्रमिक स्पेशल ट्रेन अब बारह बजे आने वाली थी। अब चूंकि दफ़्तर बंद हैं, तो दो घंटे क्या किया जाए। ऐसे में हम निकल पड़े भोपाल के बाहर होशंगाबाद की ओर ग्यारह मील की तरफ, जहां एक तरफ़ होशंगाबाद आने वाला राजमार्ग था, जो भोपाल के बाहर से होते हुए विदिशा, इंदौर और ग्वालियर की तरफ़ निकलता था।

दरअसल, पूरे देश में प्रवासी श्रमिक अब सड़कों पर है। जेट और बुलेट ट्रेन के जमाने में वो सैकड़ों किलोमीटर पैदल सफ़र कर रहे हैं। असंभव-सी दूरियां वो अपने हौसले से तय करने निकल पड़े हैं। हमने आज़ादी के बाद का बंटवारा तो नहीं देखा, मगर मजदूरों के विस्थापन के

दृश्य देखकर कलेजा मुंह को आता है। ये ग़रीब मजदूर हर सरकार के भाषणों में सबसे ऊपर होते हैं, मगर सच्चाई में ये सरकारों से कितने दूर हैं, यह बात इन दिनों पता चली।

कोरोना से पूरा देश मिल-जुलकर लड़ रहा है और आगे भी लड़ेगा, मगर क्या बेहतर नहीं होता कि लॉकडाउन एक, लॉकडाउन दो और लॉकडाउन तीन का सरप्राइज देने से पहले सरकार इन मजदूरों के रोज़गार खाना-पीना और उनके घर जाने के बारे में भी सोचती। सड़कों पर उतरे ये मजदूर ख़ुशी-ख़ुशी घर नहीं जा रहे, ना ही इनको अपने घर से बुलावा आया है कि *आजा उमर बड़ी है छोटी, अपने घर में भी है रोटी।* मजदूरों के फ़ोटो देखकर ही उस पर कमेंट करने वाले हमेशा यही कहेंगे कि ये ग़रीब क्यों शहरों से निकल पड़े हैं, ये गांव क्यों जा रहे हैं? यहां इनको किसने भगाया? अरे! इनको इतना भी नहीं मालूम कि रेल पटरी पर सोया नहीं जाता।

ये घरों से क्यों निकले? हमें सरयू यादव ने बताया। सरयू यानी कि क़रीब पैंसठ साल की आयु वाले बुजुर्ग, जो पांच दूसरे साथियों के साथ मुंबई के बोरीवली से 29 तारीख़ को निकले हैं, इलाहाबाद जाने के लिए। वह पिछले आठ दिनों से चलते हुए भोपाल के ग्यारह मील वाले बाईपास पर पहुंचे थे। अभी इनका साढ़े सात सौ किलोमीटर का सफ़र हुआ है। लगभग इतना ही इनको और चलना पड़ेगा, अपनी मंज़िल तक पहुंचने के लिए। पैरों में प्लास्टिक की चप्पलें, तहमत जैसी लपेटी हुई सफ़ेद धोती, ऊपर मोदी कट यानी कि बिना बांहों वाला कुर्ता, कंधे पर लटका हुआ एक बड़ा-सा झोला। एक हाथ में कुछ दूर पहले मिला हुआ कुछ खाने का सामान तो दूसरे हाथ में प्लास्टिक की पुरानी से बोतल से पानी को ठंडा रखने की नाकाम कोशिश! सिर के बाल लगभग उड़ ही गए हैं। चेहरा धूप में चलने के कारण झुलसा हुआ-सा और इन दिनों सबसे ज़रूरी चेहरे पर आधा लगा, आधा गिरता हुआ ढीला-सा मैला मास्क जिसके एक ओर कान पर बुझी हुई बीड़ी फंसी थी।

लगभग यही हाल इनके साथ चल रहे पांच दूसरे साथियों का भी था। हां, यह ज़रूर है कि इनमें से दो लोगों के पैरों में छाले पड़ कर फूट चुके थे और उन पर पट्टियां बांधकर घाव को ढंके रखने की कोशिश हो रही थी। दादा क्यों चल पड़े इतनी दूर इस धूप में? क्या भूख-प्यास नहीं लग रही?

वहीं मुंबई में रुके रहते तो क्या बिगड़ जाता? मेरे मुंह से ये बचकाने-से सवाल निकलते ही। सरजू दादा चलते-चलते रुके। मेरी आंखों में झांका और बोले - 'हां भैया! रुकना तो हम भी वहीं चाहते थे। पिछले आठ सालों से तो वहां रुके ही थे। खोली में रहते थे हम सब एक साथ। हम बुनकर हैं। हर सात दिन में पगार मिलती थी, जिसमें से कुछ ख़र्च करते, कुछ घर भेजते थे मगर जब पहले हफ़्ते काम बंद हुआ तो हमारे मालिक ने हमें पगार दी। फिर दूसरे हफ़्ते भी बंद रहा तो पगार नहीं दी, राशन-पानी दिया। फिर तीसरे और चौथे हफ़्ते भी काम नहीं खुला तो वो भी क्या करे, हमसे खोली करवा कर कह दिया कि दूसरा ठिकाना तलाशो। अब बताओ भैया हमें रोज़गार और खाना-पीना, रुकना मिलता तो हम क्यों इन तेज धूप भरी सड़कों पर पागलों के समान अपने गांव की ओर चलते क्या?'

उन्होंने बताया - 'सुबह चार बजे से चलना शुरू करते हैं, तो बारह-एक बजे तक चलते हैं फिर दो-तीन घंटे कहीं छांह देखकर रुकते हैं। जो रास्ते में मिलता है, खाते हैं। नहीं मिलता है तो पानी पी-पीकर भूख-प्यास दोनों मिटाते हैं और रात में जहां सड़क किनारे थोड़ी साफ़-सुथरी जगह मिल जाती है, कुछ घंटे सो जाते हैं। कभी कोई ट्रक वाला बैठा लेता है तो कभी कोई गाड़ी वाला, इस तरह सफर चल रहा है पिछले आठ दिनों से। हम सबके पास यह छोटा-सा मोबाइल है, जिससे कभी-कभार घर-परिवार से बात हो जाती थी मगर चार्ज नहीं हुआ तो बंद पड़ा है। यही कहानी हम सबकी है। निकल पड़े हैं तो पहुंच ही जाएंगे मगर इस उमर में यूं निकलना हमें भी अच्छा नहीं लग रहा और उस पर भी आप पूछते हो क्यों निकले? इसी सवाल का जवाब पुलिस को देते-देते थक गए और अब तुम भी पूछ रहे हो। क्या हम अपने घर भी पूछ-पूछ कर जाएंगे?' यह कहते-कहते सरजू भाई की आंखों में आंसू आ गए और वो सुबक-सुबक कर रोने लगे। सरजू भाई के साथ के लोगों ने उनको संभाला और बिना मेरी तरफ देखे वो फिर चल पड़े इलाहाबाद की ओर जो यहां भोपाल से सात सौ किलोमीटर दूर है।

64

बहुत सवालों के जवाब राम के ही पास हैं

अयोध्या में राम मंदिर भूमिपूजन का दिन यानी कि पांच अगस्त। ऑफ़िस से झोंतेश्वर जाने का आदेश था। जहां शंकराचार्य स्वामी स्वरूपानंद जी महाराज का लाइव इवेंट करवाना था। बहुत दिनों के बाद बाहर जाने का मौक़ा मिल रहा था। वरना इस कोरोना काल में बाहर आने जाने की झिझक बढ़ गई है। नरसिंहपुर जाने के लिए एक दिन पहले दोपहर में गाड़ी आ गई। साफ़-सुथरी झक्क सफ़ेद गाड़ी। विनम्र ड्राइवर का हमसे बात करने का अंदाज़। गाड़ी चलाने का तरीक़ा। हमारी गाड़ी का ड्राइवर हमें हमसे ज़्यादा खुश दिखा। अंदाज़ लगाया कि हो ना हो यह राम मंदिर के भूमि पूजन के आम जनता में कथित हर्षोल्लास का असर हो। ड्राइवर का नाम था – रामपूजन।

थोड़ा आगे चलते ही हमने पूछ लिया कि रामपूजन जी, बहुत प्रसन्न दिख रहे हो, अयोध्या में राममंदिर अब बनने जा रहा है क्या इसलिए? अब उसका जवाब हमारे लिए हैरान करने वाला था। 'सर! मंदिर बन रहा है अच्छी बात है, पर हमारी खुशी का कारण दूसरा है।' 'क्या? बताओ, ज़रा हम भी तो सुनें।' 'सर! बात यह है कि इस महीने में यह हमारी गाड़ी पहली बार निकली है। वो भी पंद्रह दिनों के बाद। पिछले पूरे महीने केवल तीन बार बुकिंग मिली। क्या करें सर! लॉक डाउन में ज़िंदगी लॉक हो गई है। हमारे ट्रैवल कंपनी के मालिक बहुत अच्छे हैं, सर! उन्होंने अप्रैल महीने में काम नहीं था, फिर भी हमें पूरी तनख़्वाह दी, सर! भगवान उनका भला

करें। मगर मई में तनख़्वाह आधी हो गई। फिर भी हमने उनका अहसान माना। सर! बताइए कौन करता है इतना? उनकी सारी गाड़ियां खड़ीं हैं। कोई बुकिंग, कोई काम नहीं मगर सर! जून में तो ज़रा भी काम नहीं आया तो बेचारों ने कह दिया कि भाई, जितना काम उतना पैसा। सर! चार बार काम आया। खींचतान के दो हज़ार मिले। ऐसा ही जुलाई में हुआ। अब अगस्त में पहले हफ़्ते में ही काम मिल गया। उम्मीद है काम की गति बढ़ेगी, इसलिए बहुत खुश हूं, सर। वैसे आप बुरा मत मानना। मैं हिंदू हूं। दोनों टाइम घर पर ही भगवान राम की पूजा करता हूं। रामरक्षास्तोत्र पढ़ता हूं। मगर क्या करूं, सर! मंदिर बनने की खुशी नहीं हो रही। यह तो काम मिलने की खुशी है। काम मिलेगा तो बच्चे पाल पाऊंगा, घर चला पाऊंगा।'

रामपूजन की बात में सच्चाई का डोज इतना कड़वा था कि फिर पूरे रास्ते बात करने की हिम्मत नहीं हुई। बीच में उसने कुछ गाने-वाने चलाने की पूछी तो हमने मना ही कर दिया। मन अनमना हो गया था। रास्ते भर दाएं-बाएं ही देखता रहा। हालांकि रास्ते में दाएं-बाएं कुछ देखने को था नहीं। जो दिख रहा था तो वो यह कि कड़ाके की धूप में खेतों में लगी धान के पौधे सूख रहे थे। अच्छे दिन होते तो ये पौधे पानी में डूबे होते मगर पानी पूरी जुलाई भर नहीं बरसा और अगस्त भी अब तक सूखा ही जा रहा था।

रास्तों पर ट्रैफ़िक बेहद कम था। रक्षाबंधन का त्यौहार एक दिन पहले ही गुज़रा था तो मोटरसाइकिलों पर लदे-फदे परिवार ही एक गांव से दूसरे गांव जाते दिख रहे थे। सार्वजनिक परिवहन महीनों से बंद है, तो सामाजिकता निभाने ये मोटर साइकिलें ही सहारा बनी हुई हैं। हालांकि इनके चलते दुर्घटनाएं भी ज़्यादा हो रहीं हैं। रास्ते में बहुत सारे बंद पड़े ढाबों के बाद एक छोटा-सा ढाबा खुला दिखा। सोचा चलो, चाय ही पी ली जाए। 'रामपूजन गाड़ी रोको। यहां पर ही चाय पीते हैं। चाय-वाय पीते हो कि नहीं?' 'अरे सर! आजकल चाय ही चाय पी जा रही है। दिन भर अपने ट्रेवल सेंटर पर बैठकर चाय ही पीते रहते हैं - हम ड्राइवर लोग। बैठे-बैठे दस-दस चाय हो जाती हैं, सर। मैं आपको बहुत अच्छी जगह चाय पिलाना चाहता था, मगर सारे अच्छे ढाबे बंद पड़े हैं। मालूम नहीं कब खुलेंगे। सर! आप बताइए ना - आप तो पत्रकार हैं। यह कोरोना कब तक चलेगा?'

अचानक मुझे वही चुटकुला याद आ गया, जब किसी मरीज ने डॉक्टर से पूछा कि यह कोरोना कब ख़त्म होगा तो उसने कहा कि मैं डॉक्टर हूं,

पत्रकार नहीं। मैंने मुस्कराकर कहा कि रामपूजन जी, सच्चाई तो राम जाने मगर मुझे लगता है यह महामारी बहुत लंबी चलेगी। मेरी हंसी रामपूजन पर भारी पड़ी। वो उदास होकर अपने आप से बोला – 'यदि बीमारी लंबी चलेगी तो फिर घर कैसे चलेगा?'

रामपूजन से ध्यान हटाकर मैंने रामसहाय ढाबे वाले से पूछा – 'अब तो मंदिर बन रहा है। खुश हो?' मगर उसका जवाब फिर मुझे पलट कर लगा – 'अरे साहब! मंदिर तो जब बनेगा, तब बनेगा। मगर यह हमारा एनएच बारह का रोड कब बनेगा? बीस सालों से बन ही रहा है। जाने कितने ठेकेदार बदल गए। रात-दिन धूल उड़ती है। आप शायद तैयारी से नहीं चले वरना इस रोड से नहीं आते। एक तो यह सालों से धूल उड़ाती टूटी सड़क, उस पर कोरोना। अब तो यहां ताला डालकर खेती करने का मन है, अब इससे गुज़ारा नहीं हो रहा।'

भोपाल से छह घंटे में नरसिंहपुर आ ही गया, जहां पर रात में रुकने के लिए होटल तलाशा। होटल में प्रवेश करते ही पूरा स्टाफ़ मुस्कराया। काउंटर पर बैठे मैनेजर से यूं ही हंसी-ठिठोली में पूछ लिया – 'भई रूम ख़ाली हैं कि नहीं?' मगर मैनेजर मुझसे शातिर निकला, बोला – 'आप रूम की बात कर रहे हैं। यहां तो पूरा होटल ख़ाली पड़ा है, दो-तीन महीने से। जहां चाहे वहां रुक जाएं।' अब झेंपने की बारी मेरी थी। मैनेजर भी रामदयाल था, बताने लगा – 'सर! ख़र्चा नहीं निकल रहा। एक-दो बार स्टाफ़ की छंटनी हो चुकी है। किस दिन अपनी हो जाए, राम जाने।'

भोपाल से नरसिंहपुर आने के ढाई सौ किलोमीटर के सफ़र में ही लग गया कि अयोध्या में मंदिर जल्दी बनना चाहिए, क्योंकि अब इस देश की बहुसंख्यक जनता के बहुत सारे सवालों के जवाब भगवान राम के ही पास हैं!

65

कुछ मीठा हो जाए
बस गजक हो जाए

मुरैना के जीवाजी गंज के टाउन हॉल में इस बार रौनक ही दूसरी है, कहने को मेला है, मगर साड़ी-कपड़ों का नहीं, गजक का। यदि आप हैरान होकर पूछेंगे कि मेला और वो भी गजक का? तो मुरैना आइए यहां 'गजक मीठोत्सव' चल रहा है, जहां दुकानें गजक की, बातें भी गजक की और शाम को होने वाला कवि सम्मेलन में कविताएं भी गजक की। ऐसा गजकमय माहौल आपने पहले कभी नहीं देखा होगा।

टाउन हॉल में प्रवेश करते ही तिल और गुड़ की महक हर ओर से आती है और हर स्टाल आपको अपनी ओर खींचता है। इसी गजक के मेले में नंदराम शिवहरे की तीसरी पीढ़ी ने भी अपनी गजक का स्टाल लगाया है। मुरैना में गजक की मिठास का अहसास आज जनता को कराने की शुरुआत करने का श्रेय इन्हीं नंदराम को जाता है। उन्होंने करीब सत्तर साल पहले गुड़धानी और तिलकुट्टा को गजक का नाम देकर उसे बेहतर किया, गजक की पहचान दिलवाई और मुरैना को सम्मान भी। आज मुरैना की गजक पूरे देश में जानी जाती है। मुरैना शहर में ही इस धंधे से जुड़ी सैकड़ा भर दुकानें हैं, जिनमें रोज़ सैकड़ों किलो तिल और गुड़ या शक्कर से गजक बनाई जाती है। कुटीर उद्योग के रूप में फैले इस धंधे में करीब हज़ार लोग काम करते हैं और लगभग इससे दोगुने लोग इसी काम को लेकर पूरे देश में फैले हैं।

इस इलाके में गजक की लोकप्रियता से प्रभावित होकर मुरैना की कलेक्टर प्रियंका दास ही इस गजक मेले के आयोजन में आगे रहीं और अब

वो इसे जीआई टैग दिलवाकर अंतरराष्ट्रीय स्तर पर भी मुरैना की गजक की मार्केटिंग करना चाहती हैं। उनका दावा है कि आने वाले छह महीने में मुरैना गजक के नाम से जीआई टैगिंग मिल जाएगी और बाहर के लोग मुरैना गजक के नाम से इसे बेच नहीं पाएंगे। वो कहती हैं कि यह वैसे भी गजक के शौकीनों के साथ धोखा है कि आप कहीं की भी गजक को मुरैना की गजक के नाम से बेचते हैं।

वैसे तो गजक मुरैना के अलावा ग्वालियर में भी बनती है। मुरैना की गजक ही क्यों सर्वोत्तम है, इसका जवाब देते हैं अपनी दुकान कमल गजक भंडार में बैठकर गजक तौलते हुए पिंकी पचौरी। 'आप फ़र्क़ नहीं समझेंगे। इसके लिए पहले गजक को खाना पड़ता है, फिर हम आपको इसका फ़र्क़ बताएंगे कि क्यों हमारे शहर की गजक का डंका पूरी दुनिया में बजता है?' जब हमने कहा कि नहीं, हम थोड़ा मीठा कम खाते हैं तो पिंकी का जवाब था – 'फिर क्या लिख पाएंगे गजक पर? इस पर लिखने के लिए पहले आपको गजक का शौकीन बनना पड़ेगा, तभी इसके स्वाद में डूब कर लिख सकेंगे। दरअसल, यह जो हमारी मुरैना की गजक है इसमें चंबल का पानी और मौसम का असर होता है, इसलिए यह गजक बेमिसाल होती है। फिर गजक के कारीगर यहां अधिकतर वो हैं जिन्होंने बचपन से ही काम करना सीखा है।'

कमल गजक की दुकान में जब हम यह समझने बैठे कि इसे कैसे बनाया जाता है तो परिचय हुआ मोहम्मद रऊफ़ से। वह सचमुच में बचपन से ही गजक के काम में लगे हैं। हमने पूछा – 'इसी काम में क्यों ज़िंदगी गुज़ार रहे हो?' इस पर उन्होंने शर्माते हुए बताया कि छुटपन से ही मीठा पसंद था। स्कूल आते-जाते गजक बनते देखते थे और इसे बनाने को ही दुनिया का सबसे बड़ा काम मानते थे। बन बैठे गजक बनाने वाले और अब दिन भर गजक बनाते और खाते हैं बिना रुके और बिना थके।'

अब ऐसी दीवानगी गजक की रहेगी तो भला कैसे नहीं गजक अच्छी बनेगी? यही सोचते हुए हमने पूछा – 'हमें बताओ भई कि यह मीठी, कुरकुरी गजक बनती कैसे है?' रऊफ़ ने कहा कि कहना आसान बहुत है, मगर बनाना कठिन है। पहले शक्कर या गुड़ की मीठी चाशनी बनाकर उसे साफ़ पत्थर पर फैलाते हैं। इसके बाद इस चाशनी को सुखा कर खींचते हैं, जिससे इसमें

लोच आ जाए। उधर, दूसरी तरफ़ साफ़ सफ़ेद महीन तिल को थोड़ा-सा भून कर इसमें मिलाते हैं। ठीक आटे के जैसा गूंधते हैं। फिर इस चाशनी और उसमें मिले गुड़ को लकड़ी की कूटनी से अच्छा कूटते हैं, जिससे तिल टूट कर मिल जाएं और कहावत भी है गजक जितनी कुटेगी, उतनी कुरकुरी बनेगी। अच्छी कूटने के बाद इस जमी हुई गजक को कटर से काट कर पीस बनाए जाते हैं और इन कुरकुरे, मुलायम मीठे पीसों को ही गजक कहकर बेचा जाता है। एक जमाने में सिर्फ़ गुड़ और शक्कर की ही गजक बनती थी। मगर अब आलम यह है कि गजक के पचास से ज़्यादा रूप दुकानों पर दिखते हैं। यदि आपने गजक ही खाई हो तो इनको भी ट्राय कर सकते हैं। जैसे – ड्राय फ्रूट वाले गजक रोल, गुझिया गजक, चॉकलेट गजक, काजू गजक, सोन गजक, फेनी गजक, समोसा गजक, मावा गजक, लड्डू गजक, तिल बरफ़ी, तिल पट्टी और भी बहुत सारे नाम हमें पिंकी पचौरी ने गिना दिए और सामने के रैक में रखे दिखा भी दिए। हालांकि बिकती तो गुड़ और शक्कर गजक ही है, बाक़ी तो नाम और नए फ़ैशन के लिए ही हैं।

गजक की लोकप्रियता की एक वजह यह भी है कि इसे ग़रीबों की मिठाई कहते हैं। इन दिनों जब दूध, मावे की मिठाइयां ढाई सौ से पांच सौ रुपये किलो तक मिल रही हैं। वहां गजक डेढ़ सौ से ढाई सौ रुपये किलो की रेट पर लेकर लोग अपना मिठाई का शौक पूरा कर सकते हैं। वैसे गजक का सीजन दीवाली से होली तक का ही होता है। इसके बावजूद जैसे अब आइसक्रीम सिर्फ़ गर्मियों में ही नहीं बल्कि पूरे साल खाई जाती है, वैसे ही गजक भी अब बारह महीने खाई और बनाई जाती है। मगर सीजन में बनी और खाई गई गजक की मिठास पूरे साल रहती है। इसलिए सर्दियों में गजक खाइए और साल भर की मिठास पाइए!